·国家社会科学基金项目“‘土·汉’接触下的土家语历史演变层次研究”
立项号 24BYY071
·湖北省社会科学基金一般项目（后期资助） 立项号 HBSKJJ20233339
·中南民族大学学术创新团队经费项目 项目号 XTS24006

土家语核心词研究

熊 英 著

民族出版社

序

黄树先

熊英女士的《土家语核心词研究》，是十年前完成的学位论文，经过多年的细心打磨，即将正式出版。这是值得庆贺的盛事，不只是她个人的喜事，也是学术界的大事。

土家语是很有特色的民族语言，值得深入研究。土家族地处大陆腹地，长期与各民族交往交流交融，其语言也受到其他民族语言特别是汉语的影响。土家语与汉语的互动，较之其他民族语言，要深刻得多，复杂得多。在民族语言不断衰退、逐渐退出交际的当下，土家语仍能顽强地存活下来，真乃奇迹。个中原因值得学界认真探究。

土家语也是最早为学者关注的民族语言之一。土家语深处内陆，能吸引其他民族学者关注，是很自然的事情。早在2000多年前，扬雄的《方言》就记载了若干土家语的词语——尽管那个时候还没有土家语这个名称，尽管土家族及土家语的识别，更是20世纪50年代的事情。王静如先生在50年代撰写的《关于湘西土家语的初步意见》，结合《方言》，对土家语进行了讨论。民族语言大多没有文字，用汉字记录的民族语就显得特别的珍贵。熊英女士挖掘了多个用汉字标记的土家语材料，也是研究土家语的宝贵材料。尽管这些用汉字记录的材料比扬雄的记载晚了2000年。

有了这些零零散散的记录，再结合土家语本体研究，可以获得更多的语言信息。这也是土家语的独特价值，其他民族语，可能没有这样的优势。

熊英的土家语研究，起步很早，研究的范围很广，现在又以土家语的核心词研究收束，学术研究之路是独特的。在进入华中科技大学攻读博士之前，熊英就做了大量的田野调查。田野调查是她研究土家语的起始，也是她研究土家语的重点。80年代调查时，部分地区尚有为数不少的中老年人在使用土家语，若干年后，再下去，就发现这些老人早已作古。这些老人的离去，使得古老的语言也随之消散了。在叹息之余，我们也应该感到庆幸，感谢熊英这些语言人，留住了语言，尽管只能留在书本上。

熊英也做了不少语言使用、语言转换、语言保护这些较为外围的研究工作。近些年来，结合语保，还做了系列的土家语调查和整理。应该说，持续的、多维度的跟踪研究，使得她对土家语的理解更为深刻。

多年的持续研究，落脚点落在核心词上，这个点选得高明。土家语历经几千年，仍有旺盛的生命力，可以从土家语的核心词寻找原因。语言的接触，引发语言的变化，这是极为正常的语言变化。语言的几个要素里，就数词语最奇特。都说词语最容易变。其实，词语也是最顽固的，最不容易变异的——我们指的当然是语言里的核心词。核心词也会变，我们应该研究，哪些核心词会变，哪些核心词不会变？变的是哪些，不变的是哪些？变易的词如何变，变的规律是什么？在这本《土家语核心词研究》里，都应该可以找寻到我们所需要的答案。

核心词的研究，是研究语言的钥匙，研究起来，也很难。熊英女士有系列的成果，持续的关注，不断的探索，这些都是本书能成功的主要原因。在华中科技大学作土家语核心词研究的那段时间，熊英还申请到了国家社科基金项目，对土家语的基本词进行了研究。

土家语在湖广地区都有分布，形成了南北不同的方言。作者在书里把土家语分为南部方言、北部方言，对土家语的核心词作深入的探讨。这样的安排是合适的。土家语核心词的研究，不仅有田野调查所得，还挖掘文献，利用书面记载。这样的研究，视野更开阔，角度多维，研究就更加饱满，更加有深度，结论也更加可信。

田野调查是熊英的强项，大量的鲜活语料，给土家语核心词研究提供了坚强的保障。她还借鉴了历史语言学方法，把土家语的研究放在藏缅语乃至整个汉藏语的大背景下进行探讨。这是值得推广的研究思路。核心词的研究，除了词语的更替，更应该研究的是语义的变易。语言里的词语，尽管数量庞大，但核心词的数量应该是有限的。有限的核心词语，语义不断派出，增加新的义项，形成新的词语。语义演变，以往没有评判的标准，操作也很随意，见仁见智，各有想法。本书的语义演变，借鉴了比较词义的方法，把土家语词义的变化放在人类自然语言语义演变的框架下来进行。这是民族语言语义演变的一个革新。值得学界重视。

本书的核心词研究是深入的，材料丰富，分析细致，读者可以发现很多有趣的语言现象。把核心词的语义演变梳理清晰，除了研究土家语核心词，还可以有其他的专题研究，比如还可以用词典的形式，把核心词以及派生出来的新词新义，一一呈现出来。每一个词条下面，备列详细的用例。丰富的词条，详细的解释，鲜活的语言实例，这样的大型词典，可以完整地呈现语言词汇系统，也是保留语言最好的方式。用语义类型学作指导，编纂大型的语言词典，是语言学者亟需要做的事情。希望熊英女士，能够再接再厉，一鼓作气，编纂出完善的《土家语词典》。

新一年度的国家社会科学基金项目近日正式公布了，熊英申报的“土家语历史层次研究”已列入国家社科基金资助名录。在核心词研究的基础上，在土—汉语言接触的大背景下，对土家语的历史展开研究，又是一个新的研究视角，是一个新的起点。相信在国家基金的支持下，熊英的土家语研究将更加深入，成果也会越来越多。

2024 年 9 月 15 日草拟于望京寓所

目　录

绪　论

土家族主要分布在湘、鄂、渝、黔交界的武陵山区，据最新统计数据显示，总人口为9,587,732人。[①] 早在先秦时期，土家先人的活动就见于记载，"廪君""武陵蛮""澧中蛮""五溪蛮""施州蛮""溪州蛮""土兵""土丁""土人""土蛮"，等等，不绝于史书。《史记》称"西南夷"，《后汉书》称"五陵蛮""五溪蛮"，《南齐书》称"武陵蛮""荆州蛮"，唐末五代称"武陵蛮""溪州蛮""酉水蛮"，《宋史》称"南北江诸蛮"。直到中华人民共和国成立后的1957年1月3日，土家族被正式确定为单一的少数民族。土家人以土家语自称"毕兹卡［$pi^{24}tsi^{55}kha^{21}$］"或"毕吉卡［$pi^{24}tɕi^{33}kha^{21}$］"，以汉语自称"土家"；以土家语交际时自称"［$pi^{24}tsi^{55}kha^{21}$］毕兹卡"，以汉语交际时自称"土家"。

第一节　课题缘由

一、土家族

对土家族这个民族所进行的科学、系统的研究，发轫于20世纪50年代，当时的研究，主要是围绕"土家族"这个民族成分的识别和落实民族区域自治政策的现实需要进行的，主要侧重于对土家族族源、历史文化习俗的研究，也包括土家语的调查研究。

① 国家统计局编：《中国统计年鉴－2021》，北京，中国统计出版社，2021。

（一）土家族的族源

在土家族被认定为单一民族之时，人类学、历史学，包括一部分语言学学者纷纷著文讨论土家族族源问题。学者们从历史学、考古学、人类学、语言学、遗传学等不同角度探讨土家族族源，但是，迄今，土家族族源问题尚未达成较为普遍的共识。

学者们的观点归纳起来，大致可分为以下几种。

1. 巴人说

"巴人说"是土家族源最早的一种说法，也是影响最大的一种说法。此说由潘光旦在《湘西北的"土家"与古代的巴人》①中最早提出。潘运用大量的历史文献材料，从自称、信仰、语言、姓氏等方面，论证了土家族与古代巴人的关系，为国家确认土家族为单一民族提供了有力证据。此后，不少学者继续从各方面加强巴人说的论证。80年代后，单纯的"巴人后裔说"逐渐修正为"巴人主体说"，即以巴人为主体，逐渐整合其他民族而发展成为土家族。董珞②还特别指出，土家语南、北部方言有差异，北部方言区的主体先民是廪君蛮，南部方言区的主体先民是板楯蛮。

2. 氐羌说

南宋罗泌《路史·后记》③（卷一）云："伏羲生咸鸟，咸鸟生乘厘，是司水土，生后炤，后炤生顾相，夅处于巴，是生巴人。"

此条资料为持氐羌说学者广泛引用。巴人的先祖是伏羲，而伏羲是西方部

① 潘光旦：《湘西北的"土家"与古代的巴人》，见中央民族学院研究部编：《中国民族问题研究集刊》（第四辑），内部资料，1955。

② 董珞：《巴人族源辨——人类学与考古学的审视》，载《中南民族学院学报》（哲学社会科学版），1997（2）。

③ 本书引用的古籍文献信息集中在"主要参考文献"，正文不再一一标注。

落，属氐羌系。何光岳[①]、刘尧汉[②]、彭官章[③]、朴永子[④]、彭武文[⑤]、何天贞[⑥]、张正明[⑦]、谢选华[⑧]等分别从历史文献、考古、民俗、语言、遗传学等方面论证土家族与氐羌的关系。其中何天贞利用400个同源词，论证土家语属羌语支。[⑨]复旦大学现代人类学研究中心谢选华等通过选取湖北恩施、湖南吉首两地土家族人群血样，利用14个Y染色体非重组区（NRY）单倍群分型技术对土家族的遗传结构进行分析，"实验结果表明，恩施和吉首的大部分土家族和周边民族群体间的血缘交流频繁；而龙山和永顺的土家族更能代表土家先民的遗传结构，他们与西部氐羌族群密切相关"。[⑩]

实质上，氐羌说与巴人说并不矛盾，只不过对巴人说做了进一步的溯源，认为巴人来源于西部的氐羌部落，廪君不是巴人始祖，土家族的族源序列是古羌人—巴人—土家。

3. 东夷说

《山海经·海内经》云："西南有巴国，大皞生咸鸟，咸岛生乘厘，乘厘生后照，后照是始为巴人。"

这是东夷说最重要的一条文献证据。大皞（即太皞、太昊）部落在东方，属

① 何光岳：《冉、駹的来源和迁徙——兼论土家、布依族的一支先民》，载《湖南民族论坛》，1985（4）；何光岳：《相（襄）人的来源和迁徙——论土家族向氏的先民》，载《民族论坛》，1986（2）；何光岳：《虎方、白虎夷的族源和迁徙——论土家族主要的一支先民》，载《中南民族学院学报》（社会科学版），1986（1）；何光岳：《蛮人的来源和迁徙》，载《中南民族学院学报》（哲学社会科学版），1988（5）。

② 刘尧汉、杨和森：《彝族和土家族同源于虎伏羲》，载《吉首大学学报》（社会科学版），1984（2）；刘尧汉：《中华民族龙虎文化论——联结中国各族的龙虎文化纽带渊源于远古女娲、伏羲的合体葫芦（一）》，载《贵州民族研究》，1985（1）；刘尧汉：《中华民族龙虎文化论——联结中国各族的龙虎文化纽带渊源于远古女娲、伏羲的合体葫芦（二）》，载《贵州民族研究》，1985（2）。

③ 彭官章：《再论土家族与古羌人的关系》，载《民族论坛》，1986（3）；彭官章：《巴人源于古羌人》，载《吉首大学学报》（社会科学版），1987（3）。

④ 彭官章、朴永子：《羌人·巴人·土家族》，载《吉首大学学报》（社会科学版），1982（1）。

⑤ 彭武文：《从葬俗特征论述土家族的族源》，载《民族论坛》，1983（1）。

⑥ 何天贞：《土家语的支属问题》，载《中南民族学院学报》（人文社会科学版），2003（1）。

⑦ 张正明：《巴人起源地综考》，载《华中师范大学学报》（人文社会科学版），2004（6）。

⑧ 谢选华、李辉、毛显赟：《土家族源流的遗传学初探》，载《遗传学报》，2004（10）。

⑨ 何天贞：《土家语的支属问题》，载《中南民族学院学报》（人文社会科学版），2003（1）。

⑩ 谢选华、李辉、毛显赟：《土家族源流的遗传学初探》，载《遗传学报》，2004（10）。

东夷集团。何光岳论述了从虎方—东夷—白虎复夷—土家的演变过程。① 肖国松认为，东夷族一支约于四千年前从黄河流域迁入鄂西南清江流域的武落钟离山，成为土家族的先民。② 杨铭从巴人的世系、名号、姓氏、迁徙路线等几个方面，论证了巴人源出东夷集团的分支徐夷，以及其迁徙路线。③

4. 土著说

提出这个观点的是历史学家谭其骧，他认为永顺、保靖的彭姓土司是土生土长的"蛮人"血统④。之后也有些学者持此观点，尤其是叶德书从语言的角度进行了论证。他认为：从语言上看，土家和"巴语"无亲缘关系，因而巴人就不能是土家族的源，而只能是流；和土家语有着共同的本质属性的，倒是繁衍生息在湘、鄂、渝、黔边境的土著先民的共同语。所以，土著先民才是土家族的源而不是流。⑤

5. 乌蛮说

1981 年出版的《中国少数民族》，在介绍土家族族源时，共提到了三种观点：巴人说、乌蛮说和江西说。

一说是古代由贵州迁入湘西的乌蛮的一部。此说根据《溪州铜柱记》说："盖闻牂牁接境，盘瓠遗风，因六子以分居，入五溪而聚族。"认为土家族来自贵州。贵州境内一直有"比兹"族……和土家族的自称相近。据历史记载，中唐以后，"越嶲"一带的"乌蛮"曾入侵贵州。"兵敷出，侵地数千里。"当地土著一部分被其征服，就是"白罗罗"称谓的起源，一部分与他们进行长期的斗争，最后被迫迁入湘西和云南。"土家"这个名称即是对新入侵的"乌蛮"而言。土家族的语言与西南彝族比较接近，也是土家族来自贵州的一佐证。⑥

王承尧认为："土家族和乌蛮有着渊源关系。土家族应该是隋唐时期进入土

---

① 何光岳：《虎方、白虎夷的族源和迁徙——论土家族主要的一支先民》，载《中南民族学院学报》（社会科学版），1986（1）。

② 肖国松：《古代巴人从黄河流域迁到武落钟离山略考》，载《湖北少数民族》，1991（6）。

③ 杨铭：《巴人源出东夷考》，载《历史研究》，1999（6）。

④ 谭其骧：《近代湖南人中之蛮族血统》，见谭其骧：《长水集》，349 ~ 392 页，北京，人民出版社，1987。

⑤ 叶德书：《"巴语"和土家语有亲缘关系吗》，载《贵州民族研究》，1986（4）。

⑥ 国家民委民族问题五种丛书编辑委员会《中国少数民族》编写组：《中国少数民族》，477 ~ 478 页，北京，人民出版社，1981。

家地区乌蛮的一支，融合土著居民和巴人一部分而形成的人们共同体。”① 罗维庆认为：“土家族中虽有‘巴人’的成分，但‘巴人’不是形成土家族的主体，土家族是乌蛮的一支，自黔西北进入湘鄂川黔边融合一些其他民族而形成的。”②

6. 江西说

土家族聚居区流传着祖先来自江西的传说，笔者儿时就曾听祖辈说祖先来自江西。湘西土家族聚居区流传的口传历史，称湘西土家族所崇拜的彭公爵主、田老汉、向老官人是在唐末五代时从江西吉安府迁来的。

向泽新、彭继清、彭秀枢等论证了彭氏土司来自江西。③“唐末至五代初年（910 年前后），由彭瑊率百艺工匠自江西迁居湘西。一部分人在沅陵定居下来，至明洪武二年（1369 年）又由阮陵莲花池迁往湘鄂西山区。”④

7. 濮人说

徐中舒认为：“巴、濮的上层统治部族虽然不同，但是他们的人民，原来都是江汉平原上农业公社的成员，他们本来就是一家。”⑤ 从这个意义上，土家族来源于巴人和濮人。随后有学者附议。何介均⑥、邢敏建⑦ 从考古的角度利用新发掘的考古材料，认为酉水流域早期居民的先后顺序应该是濮人（或百濮）—巴人（或百濮、巴人）—楚人（或濮人、巴人、楚人）。

8. 賨人说

田荆贵较早提出土家先民賨人说，他从语言和部分风俗上论述了二者之间的渊源关系。⑧ 彭秀模《“𡰪孳”考》从历史文献和文字角度，论述了秦襄王时射杀白虎的“板楯蛮”、世号“白虎复夷”就是𡰪孳，即“𡰪孳夷”的简称，结论是

---

① 王承尧：《古代的乌蛮与今天的土家族——土家族族源初探》，载《中南民族学院学报》（哲学社会科学版），1984（1）。

② 罗维庆：《土家族源于乌蛮考》，见湘西土家族苗族自治州民族事务委员会编：《土家族历史讨论会论文集》，115 页，163 页，内部资料，1983。

③ 向泽新：《湘西土家族来源于江西》，彭继清：《彭士愁来自江西考》，彭秀枢：《溪州彭土司来自江西考——兼与谭其骧教授商榷》，见湘西土家族苗族自治州民族事务委员会编:《土家族历史讨论会论文集》，内部资料，1983。

④ 国家民委民族问题五种丛书编辑委员会《中国少数民族》编写组：《中国少数民族》，544 页，北京，人民出版社，1981。

⑤ 徐中舒：《论巴蜀文化》，98 页，成都，四川人民出版社，1982。

⑥ 何介均：《从考古发现看先秦湖南境内的民族分布》，载《求索》，1983（3）。

⑦ 邢敏建：《从酉水流域考古发掘看楚文化与诸民族的关系》，载《民族研究》，1997（1）。

⑧ 田荆贵：《土家族的语言、风俗与古代賨人》，载《民族研究》，1983（3）。

"艮孳"就是賨人的自称，今天土家族自称"毕兹"，与賨人自称一脉相承。[①] 田荆贵 1994 年又明确提出土家族是古代賨人后裔的观点。[②] 罗安源等《土家人和土家语》亦持此观点。[③]

土家族族源问题上，学者们的分歧意见如此之多，可见土家族族源问题之复杂，也侧面反映了土家族族源之多元化。族源问题同时伴随着另一个问题，即土家族民族共同体形成的时期，这两大问题迄今尚未形成较为明确的共识。就如同土家语的系属问题一样，观点不一，各有理据。

（二）土家族居住区域历史沿革

隋唐时期开始，封建中央王朝开始直接统治土家族聚居区。唐、宋羁縻时期，设立羁縻州郡，实行羁縻制度。在土家部族首领所辖领域的基础上，"设置州县，其大者为都督府，其首领为都督、刺史"，"树其酋长，使自镇抚，以达其以夷治夷"。元明清时期，实行土司制度，实行"以土治土"政策。土司制度完备于元、明，终止于清，历时达八百余年。[④] 清雍正四年至十三年（1726—1735 年），清王朝在土家族聚居区大力推行"改土归流"，废除土司，实现流官统治。[⑤]

（三）土家族的人口分布

土家族主要分布在湖南省的西北部、湖北省的西南部、重庆市的东南部和贵州省的东北部。这片区域在地理上属于云贵高原的东北部，是中国由西向东逐渐降低的第二阶梯的东缘山区。这片山区，在地理上是一个整体，但在行政区划上分属不同的省市。

据 1990 年第四次全国人口普查统计，全国共有土家族人口 5,725,049 人[⑥]，主要分布在湘、鄂、渝、黔四省交界地区的湘西土家族苗族自治州（后文简称湘西州）、张家界市、恩施土家族苗族自治州（后文简称恩施州）、长阳土家族

---

① 彭秀模：《"艮孳"考》，载《吉首大学学报》（社会科学版），1991（4）。

② 田荆贵：《古代賨人与现今土家族的共同之处》，载《民族论坛》，1994（2）。

③ 罗安源等：《土家人和土家语》，北京，民族出版社，2001。

④ 龙山县修志办公室编：《龙山县志·土家族》，606 ~ 608 页，内部资料，1985。

⑤ 彭官章：《土家族地区的改土归流》，载《中央民族学院学报》，1982（2）。

⑥ 国家民族事务委员会经济发展司、国家统计局国民经济综合统计司编：《中国民族统计年鉴 2000》，431 页，北京，民族出版社，2000。

自治县、五峰土家族自治县、秀山土家族苗族自治县、沿河土家族自治县、印江土家族苗族自治县等。据2000年第五次全国人口普查显示，土家族总人口8,028,133人，在我国少数民族中居第六位；其中，湖南省2,639,537人，湖北省2,177,409人，重庆1,424,352人，贵州省1,430,286人。[①] 据2020年第七次全国人口普查资料显示，土家族总人口9,587,732人。[②] 地理分布上与汉族、苗族等其他民族交错杂居，保持着“大杂居、小聚居”的特点。土家族与汉族等民族的这种历史的和现代的“大杂居、小聚居”居住格局对土家族的社会发展、语言文化发展等有着相当重要的影响。

二、土家语

有关土家语的研究始于土家族的民族识别工作，即20世纪50年代。80年代出版的《土家语简志》[③] 是第一部全面介绍土家语的专著，它以湘西州龙山县靛房乡的土家语代表北部方言、泸溪县潭溪乡的土家语代表南部方言，从语音、词汇、语法、方言、系属5个方面作了介绍。此后，时有学者从语音、语法、借词等各个角度对土家语进行研究。21世纪以来，对土家语的研究渐趋丰富。

（一）土家语概况

土家族有自己的语言，没有文字。历史上，曾有人用汉字作为记音符号记录土家语。清雍正、乾隆年间，首任永顺知县李瑾撰修、刻印于乾隆十年（1745年）的《永顺县志》中，用汉字记录的土家语词语有140余个。如：天曰墨、地曰理、土亦曰理、人曰那、日曰碗、月曰舒舒、云曰麦浪翁、雾曰所帕、风曰热暑……[④] 嘉庆年间，严如煜在《苗防备览》“苗疆风俗”中介绍“永葆土人”，提到“土人言语，呢喃难辨。近闻开辟渐久，能道官音者十有五六”，并用汉字记

① 国家统计局人口和社会科技统计司编：《中国人口统计年鉴－2003》，92页，北京，中国统计出版社，2003；国务院人口普查办公室、国家统计局人口和社会科技统计司编：《中国2000年人口普查资料》（上册），25页，北京，中国统计出版社，2002。

② 国家统计局编：《中国统计年鉴－2021》，北京，中国统计出版社，2021。

③ 田德生、何天贞等编著：《土家语简志》，北京，民族出版社，1986。

④ 田恒金：《清代〈永顺县志〉中的土家语词》，载《民族语文》，2004（2）。

录了 100 多个土家语常用词。[①]

土家语已然是临近濒危的一种语言，20 世纪 90 年代以来，土家语使用人口、使用区域和场合、使用频率急剧萎缩，使用者年龄趋大，母语传承的断代现象越来越普遍。例如，学界与当地土家人公认的目前土家语保存状况最好、使用最多的湘西州龙山县坡脚乡（现已并入靛房镇），“1984 年及以前，坡脚乡 7 岁的入学儿童不会讲汉话，只会讲土话（土家语）。2006 年，（儿童的语言）情况完全倒过来（只会讲汉话，不会讲土话）”。笔者的土家语发音合作人之一彭英子如此描述当前土家语生存状况。

2004 年，笔者寻访《鹤峰县志》[②] 中提到的恩施州境内土家语残留地，结果是：该书中提到的 20 世纪 80 年代鹤峰县马头山的 20 多位可以讲土家语的老人早已故去，土家语也随之消失。在来凤县百福镇舍米湖，我们找到了几位 70 多岁的长者，但他们也只能在我们的提示之下回忆起一些零星的土家语词语。21 世纪以来，出于当地旅游、民俗文化经济发展等需要，当地政府或有关机构也开始实施一些挽救土家语的措施，例如在一些小学、旅游窗口机构等开展实用性土家语学习，其成效还未可预知。就目前情况来看，越来越多的土家语母语人完全放弃学习、使用和传承土家语。

（二）土家语方言

土家语是一种有声调的音节语言，每个音节由声母、韵母、声调组成，属汉藏语系藏缅语族，分南、北两个方言区。不同方言区方言差别较大，相互之间不能通话。北部方言分布于湘西北的永顺、龙山、保靖、古丈及其周边的湖北省、重庆市、贵州省的一些县区。北部方言内部分歧不大，各地能够相互通话。南部方言分布在泸溪县。南部方言泸溪土家语与北部方言在语音、词汇方面均有较大差别，彼此不能通话。语音方面，泸溪土家语保留浊塞音和浊塞擦音声母，北部方言代表龙山话没有这两套浊声母。词汇方面，据粗略统计，泸溪话只有 8% 的基本词汇与龙山话相同，27% 有对应关系，65% 的完全不同。[③]

---

① 陈廷亮：《〈苗防备览〉所记土家语词汇校释》，载《中南民族大学学报》（人文社会科学版），2010（6）。

② 湖北省鹤峰县史志编纂委员会编纂：《鹤峰县志》，95 页，武汉，湖北人民出版社，1990。

③ 李敬忠：《泸溪土家语》，1 ~ 2 页，北京，中央民族大学出版社，2000。

1. 北部方言音系[①]

声母有 21 个，塞音有双唇、舌尖中、舌根 3 套，塞擦音有舌尖、舌面 2 套，擦音有舌尖、舌面、舌根 3 套。塞音、塞擦音有清无浊，有送气与不送气的对应。擦音有清有浊。

塞音：p，ph，t，th，k，kh；

塞擦音：ts，tsh，tɕ，tɕh；

擦音：s，z，ɕ，x，ɣ；

鼻音：m，ȵ，ŋ；

边音：l；

半元音：w，j。

韵母 25 个，其中单元音韵母 5 个，复元音韵母 12 个，半鼻音韵母 6 个，鼻音尾韵母 2 个。

单元音韵母：i，a，o，u，ɯ；

复元音韵母：ie，ia，iu，ai，au，ou，ui，ua，ɯi，ɯe，iau，uai；

半鼻音韵母：in，an，ən，ian，uan，uən；

鼻音尾韵母：oŋ，ioŋ。

北部方言声调的基本调类有 4 个：高平调，调值 55；高降调，调值 53；中升调，调值 35；低降调，调值 21。

2. 南部方言音系[②]

声母有 30 个，塞音有双唇、舌尖中、舌根 3 套，塞擦音有舌尖、舌面 2 套，擦音有舌尖、舌面、舌根 3 套。塞音、塞擦音有清浊对立和送气与不送气的对应。擦音有清有浊。

塞音：p，ph，b，t，th，d，k，kh，g，ʔ；

塞擦音：ts，tsh，dz，tɕ，tɕh，dʑ；

擦音：f，s，z，ɕ，ɣ，h，ç；

鼻音：m，n，ȵ，ŋ；

① 主要参考田德生、何天贞等编著：《土家语简志》，北京，民族出版社，1986；叶德书：《土家语研究》，吉首大学湘楚文化研究所，内部资料，1995；陈康：《土家语研究》，北京，中央民族大学出版社，2006。

② 主要参考李敬忠：《泸溪土家语》，3～10 页，北京，中央民族大学出版社，2000；陈康：《土家语研究》，北京，中央民族大学出版社，2006。

边音：l；

半元音：w，j。

韵母30个，其中单元音韵母6个，复元音韵母13个，半鼻音韵母9个，鼻音尾韵母2个。

单元音韵母：y，i，a，o，u，ɯ；

复元音韵母：yi，ye，ie，ia，io，iu，iau，ou，ai，au，ui，ua，ɯe；

半鼻音韵母：yin，yan，in，ian，ien，an，əin，uin，uan；

鼻音尾韵母：oŋ，ioŋ。

南部方言声调的基本调类有5个：高平调，调值55；中平调，调值33；中升调，调值35；低升调，调值13；低降调，调值21。

三、土家语的系属

土家语隶属汉藏语系藏缅语族，这是迄今学界普遍认同的观点。但对于土家语在藏缅语族内的支属问题，至今尚未定论。

罗常培、傅懋勣认为："土家语言中有些特点跟彝语近似，也应暂时列入彝语支。"①

王静如认为："这个语言不属于汉语，更不是汉语的方言；也不是苗瑶语族的语言；又不是侗傣语族的语言。湘西土家语乃是在汉藏语系中属于藏缅语族、比较接近彝语的语言，甚至于可说是彝语支内的一个独立的语言。"②

《土家语简志》选用800基本词，将土家语与汉藏语系的藏语（拉萨）、彝语（凉山）、壮语（武鸣）、侗语（榕江）、苗语（养蒿）、瑶语勉话进行比较，得出结论：

土家语比较接近于藏缅语族的藏语、彝语、羌语和景颇语，但很难说和哪个语言更接近。

从基本词汇看，土家语并不接近彝语支语言，同时与藏语支和景颇语支语言也有相当大的差异，所以很难把土家语归入藏缅语族中的某一个语支中去。

---

① 罗常培、傅懋勣：《国内少数民族语言文字概况》，载《中国语文》，1954（3）。

② 王静如：《关于湘西土家语言的初步意见》，见中央民族学院研究部编：《中国民族问题研究集刊》（第四辑），内部资料，1955。

从句子成分的语序来看，土家语为“主＋宾＋谓”（即SOV）式语言，并动词有复杂的“体”范畴，应属于藏缅语族。

从语音体系看，土家语有大量复元音而有别于以单元音为主的藏缅语族语言；土家语浊声母少，元音不分松紧和大量的元音半鼻化而有别于彝语支语言；土家语缺乏韵尾，元音不分长短和有三个（或四个）声调而别于壮侗、苗瑶语族语言。

所以，目前我们暂认为：土家语为汉藏语系藏缅语族中的一个独立的语言。①

马学良将土家语列入藏缅语族中，语支待定。②

马学良、胡坦、戴庆厦、黄布凡、傅爱兰所著《藏缅语新论》，将“藏缅语族”分为“北部语群”和“南部语群”两大类。其中“南部语群”包括3个语支，即“缅彝语支”“白语支”和“土家语支”，并且特别说明：“我们在分类表中将白语、土家语独立为白语支、土家语支，是因为它们在语族共同语阶段，与缅彝语支还有密切联系，但由于受汉语影响，在语支特征上偏离了南部语言的发展趋势，走了一条独特的发展道路。”③

戴庆厦主张藏缅语族分南北两个语群，土家语属于南部语群中的土家语支，跟彝缅语支和白语支并列。④

孙宏开将土家语归入彝语支内。⑤

戴庆厦认为：“土家语是藏缅语中比较特殊的一种语言。它既有藏缅语的共同特点，又有许多不同于藏缅语的特点；既有与这一支语言相同的特点，又有与另一支语言相同的特点。对其系属归类，至今意见不一。”⑥

何天贞通过400核心词将土家语与藏缅语族5个语支39种语言54个调查点的词汇材料进行对比，认为：“从发生学关系上看，土家语是藏缅语族中属于羌语支的一个语言，是从羌语支语言中最早分化出来的一个语言，也是简化最多最

① 田德生、何天贞等编著：《土家语简志》，128～163页，北京，民族出版社，1986。

② 马学良主编：《汉藏语概论》，2页，北京，北京大学出版社，1991。

③ 马学良、胡坦、戴庆厦等：《藏缅语新论》，15页，北京，中央民族学院出版社，1994。

④ 戴庆厦主编：《二十世纪的中国少数民族语言研究》，15页，太原，书海出版社，1998。

⑤ 孙宏开：《二十世纪中国少数民族语言文字研究》，见刘坚主编：《二十世纪的中国语言学》，658～659页，北京，北京大学出版社，1998。

⑥ 戴庆厦：《泸溪土家语》，“序”，北京，中央民族大学出版社，2000。

快的一个语言。”①

由上可见，土家语在藏缅语族中的地位特殊。其系属未定，归结其原因：一是土家语本体研究不够，尤其是土家语历史研究成果更是鲜见；二是土家语与相关藏缅语族语言的历史比较研究不够。

四、核心词研究在历史比较语言学研究中的重要意义

历史比较语言学发轫于19世纪的欧洲，它采用历史比较法来研究语言的亲属关系以及语言的发展演变。西方学者采用历史比较法研究印欧语，很成功。这一成功运用极大地鼓舞人们关注以中国为中心的亚洲大陆的大片语言，汉藏语系假说由此诞生。

汉藏语系的系属分类、亲属关系证明，是汉藏语系研究中的重要问题。而如何证明、拿什么证明，则是更重要的问题。由于核心词在各语言中相对比较稳固，学者们不约而同地拿核心词作为基本比较对象。

目前，学界很少见到关于土家语核心词比较集中而深入的研究，从核心词入手梳理土家语词汇、探索土家语早期语音面貌的研究亦不多见。

第二节　国内外研究现状

一、国内研究现状

（一）研究概况

对土家语进行科学、系统的研究始于20世纪50年代。当时的研究紧紧围绕民族身份识别这一现实需要。迄今所见研究成果显示，对土家族、土家语的研究更多的是从人类学、民族学的角度进行的，即有关土家族的人类学、民族学研究成果远胜于土家语的语言学研究成果。

---

① 何天贞:《土家语的支属问题》，载《中南民族大学学报》（人文社会科学版），2003（1），88～97页。

（二）土家语研究现状

1. 对土家语的语言学研究起步不早，发展缓慢

对土家语的语言学研究起步于20世纪50年代的民族识别工作，《土家语简志》[①]可视为第一部全面介绍土家语的专著。此后，参与《土家语简志》调研工作的学者们有一些关于土家语的论著发表，如：田德生《土家语概况》[②]、《土家语四音格分析》[③]，叶德书《土家语研究》[④]、舒志武《土家语形容词的“级”》[⑤]，等等。

21世纪以来，语言濒危问题开始凸显，土家语作为濒危语言的一种，开始引起更多学者的关注。除了老一辈的专家学者，更多的青年学者加入研究土家语的行列，其中以博士、硕士居多。这期间的成果，除了老一辈学者的专著、论文外，还有本民族学者的论著，以及相当数量的博士、硕士学位论文。老一辈学者的著作有陈康的《土家语研究》[⑥]，李敬忠的《泸溪土家语》[⑦]，何天贞的《土家语的支属问题》[⑧]，叶德书的《土家语言与文化》[⑨]，张伟权的《土家语汉语词典》[⑩]和《汉语土家语词典》[⑪]，等等。博士、硕士学位论文有田静的《仙仁土家语研究》、田恒金的《土家语言历史比较研究》、张军的《土家语语音研究》等。此外，还有发表在《民族语文》《中央民族大学学报》《湖北民族学院学报》《吉首大学学报》等学术期刊上的相当数量的研究土家语的论文。这些研究成果或者描写土家语概貌，或描写土家语个别的、微观的语言现象，或讨论土家语作为濒危语言的濒危情况，或观察汉语与土家语的语言接触问题，基本上都是关于土家语的共时研究，只有田恒金的《土家语言历史比较研究》[⑫]研究土家语语言历史问题，一如其书封面上的标注“第一部研究土家语历史问题的专著”。

---

① 田德生、何天贞等编著：《土家语简志》，北京，民族出版社，1986。

② 田德生：《土家语概况》，载《民族语文》，1982（4），66～79页。

③ 田德生：《土家语四音格分析》，载《民族语文》，1986（3），30～34页。

④ 叶德书：《土家语研究》，吉首大学湘楚文化研究所，内部资料，1995。

⑤ 舒志武：《土家语形容词的“级”》，载《语言研究》，1994（2），194～198页。

⑥ 陈康：《土家语研究》，北京，中央民族大学出版社，2006。

⑦ 李敬忠：《泸溪土家语》，北京，中央民族大学出版社，2000。

⑧ 何天贞：《土家语的支属问题》，载《中南民族大学学报》（人文社会科学版），2003（1）。

⑨ 叶德书：《土家语言与文化》，贵阳，贵州民族出版社，2008。

⑩ 张伟权编著：《土家语汉语词典》，贵阳，贵州民族出版社，2002。

⑪ 张伟权编著：《汉语土家语词典》，贵阳，贵州民族出版社，2006。

⑫ 田恒金：《土家语言历史比较研究》，石家庄，河北人民出版社，2006。

2. 语言调查成果较多，研究较少；共时描写成果较多，历史研究较少

就目前学界所见的土家语研究成果来看，以土家语的调查、描写成果、共时研究成果居多，深入的历时研究成果较为少见。

“第一部研究土家语历史问题的专著”《土家语言历史比较研究》全书共五章，各章内容如下：第一章，介绍分析土家族族源问题和土家语在历史上的使用情况，认为土家族及其先民廪君巴蛮来源于古羌人，贵州东北部、重庆东南部、湖北西南部广大地区的土家族在历史上曾经使用土家语北部方言。第二章，运用曾晓渝提出的研究借词问题的理论和方法对土家语中的汉语借词进行识别，并将其分为现代、近代、中古、上古 4 个时间层次，对每一个层次汉语借词的语音进行比较分析，总结归纳出了各个层次汉语借词的语音特点。第三章、第四章，对土家语南北两个方言进行语音方面的历史比较，并结合部分词语的词源考证、文献考证等，构拟了早期共同土家语时期的语音系统。早期共同土家语声母系统：双唇音组 *p-、*b-、*p^{h}-、*m-，舌尖前音组 *ts-、*dz-、*ts^{h}-、*s-、*z-，舌尖中音组 *t-、*d-、*t^{h}-、*n-、*l-，舌面音组 *tɕ-、*dʑ-、*tɕ^{h}-、*ɕ-、*ʑ-、*ȵ-，舌根音组 *k-、*g-、*k^{h}-、*ŋ-、*x-、*ɣ-、*ø（零声母）。早期共同土家语韵母系统：*a、*an、*as、*ai、*au、*o、*on、*os、*ou、*e、*en、*es、*ie、*ies、*i、*in、*is、*u、*us、*ɯ、*ɯs、*ɨ、*ɨs、*oŋ。第五章，运用基本核心词比较法，从同源词、语音对应规律、音系特点、语法特点、族源几个方面对土家语与其他藏缅语言之间的共性和差异进行比较分析，最后得出结论：“土家语是藏缅语族内部跟缅、彝两语支语言在发生学关系上比较接近的一个独立语支。”[①]

3. 对土家语本体各方面的深入研究亟待加强

除了以上论著，21 世纪以来，还有相当数量的土家语研究成果以论文形式出现。例如：《土家语名量词研究》[②]、《土家语北部方言中特殊的名词后缀》[③]、《土家语的判断句》[④]、《土家语的形态》[⑤]、《土家语的颜色词》[⑥]、《土家语语音的接触

① 田恒金：《土家语言历史比较研究》，石家庄，河北人民出版社，2006。

② 邓佑玲：《土家语名量词研究》，载《中南民族学院学报》（人文社会科学版），2001（5）。

③ 田恒金：《土家语北部方言中特殊的名词后缀》，载《河北师范大学学报》（哲学社会科学版），2005（2）。

④ 叶德书：《土家语的判断句》，载《民族语文》，2006（4）。

⑤ 张军：《土家语的形态》，载《民族语文》，2008（2）。

⑥ 谭志满：《土家语的颜色词》，载《中央民族大学学报》（哲学社会科学版），2008（3）。

性演变》[1]、《土家语近义词语义的方言差异》[2]、《土家语的差比句》[3]，等等。以上研究成果，对土家语语音、词汇、语法、借词等方面进行了描写和研究。总的来说，从目前研究成果看，共时描写成果相对较多，深入研究成果相对较少，也就是说对土家语本体各方面的研究不够。研究局面基本上还只是一个个的“点”，尚未形成全面的、系统的研究“面”。

二、国外研究现状

国外研究土家语的学者不多见，一般是把土家语作为零星的语料呈现在有关研究中，例如法国国家社科院的沙加尔、日本北海道大学的成谷武男等。专门的土家语研究成果仅见英国人 Cecilia Brassett、Philip Brassett 夫妇编著的 The Tujia language[4]，是一部土家语北部方言描写的著作。

三、汉藏语系类型学核心词研究

孙宏开认为，汉藏语系是中国语言学界的“歌德巴赫猜想”[5]。这个猜想还有很多需要解开的结。例如，汉藏语系分类[6]，亲属关系证明，等等。如何证明，拿什么证明，是这个猜想中一个比较重要的问题。由于核心词具有较强的稳固性，多数学者自觉地选择了核心词作为比较的基本对象。这方面的研究成果较多，陈保亚《语言接触与语言联盟——汉越（侗台）语源关系的解释》[7]，丁邦新、孙宏开《汉藏语同源词研究（一）：汉藏语研究的历史回顾》[8]，吴安其《汉

---

① 徐世璇：《土家语语音的接触性演变》，载《民族语文》，2010（5）。
② 向亮：《土家语近义词语义的方言差异》，载《中南林业科技大学学报》（社会科学版），2011（6）。
③ 李启群、鲁美艳：《土家语的差比句》，载《民族语文》，2013（1）。
④ Cecilia Brassett、Philip Brassett：The Tujia language，Munich: Lincom. Europa,2006。
⑤ 孙宏开：《汉藏语系假设——中国语言学界的“歌德巴赫猜想”》，载《学术探索》，2009(3)。
⑥ 我们比较赞同李方桂的提法：汉藏语系包括4个语族，即汉语、侗台语、苗瑶语、藏缅语。
⑦ 陈保亚：《语言接触与语言联盟——汉越（侗台）语源关系的解释》，北京，语文出版社，1996。
⑧ 丁邦新、孙宏开主编：《汉藏语同源词研究（一）：汉藏语研究的历史回顾》，南宁，广西民族出版社，2000。

藏语同源研究》[①]，张惠英《汉藏系语言和汉语方言比较研究》[②]，黄树先《汉缅语比较研究》[③]，吴安其《历史语言学》[④]，金理新《汉藏语系核心词》[⑤]，孙宏开《藏缅语族羌语支研究》[⑥]，等等，这些论著从语源、语言接触等角度对汉藏语系常用词进行了深入的对比研究。

本书借用汉藏语系类型学核心词研究的方法来研究土家语核心词以及基本词汇，借鉴汉藏语系核心词研究成果，全面深入地研究土家语的核心词及常用基本词汇，为土家语系属问题的研究提供语言历史基础。

第三节　选题意义

一、濒危语言研究

保持语言的多样性如同保持生物多样性一样，保护和研究濒危语言的重要性和意义，学界有着一致共识。

土家语是一种濒危语言。2000 年第五次全国人口普查资料显示，全国共有土家族 8,028,133 人，而操土家语的人口仅 3.9 万。操土家语的人口约占整个土家族人口的 0.49%，比例是很小的。根据 2020 年第七次人口普查数据，土家族有 9,587,732 人，而此时土家语的使用人口是小于 3.9 万的，那么操土家语的人口比例更低于 0.49%。徐世璇认为："土家语在 1900 年有 40 万人使用，1950 年使用人数降到 20 万，当前的使用人数约在 6.5 万人左右。尽管 6.5 万人比一些小语言的群体总人口还多，但这是在短短的 100 年中从 40 万降下来的，前一个 50 年使用人数的下降率是 50%，后一个 50 年的下降率超过了 50%，这一急剧削减的比例和

① 吴安其：《汉藏语同源研究》，北京，中央民族大学出版社，2002。
② 张惠英：《汉藏系语言和汉语方言比较研究》，北京，民族出版社，2002。
③ 黄树先：《汉缅语比较研究》，武汉，华中科技大学出版社，2003。
④ 吴安其：《历史语言学》，上海，上海教育出版社，2006。
⑤ 金理新：《汉藏语系核心词》，北京，民族出版社，2012。
⑥ 孙宏开：《藏缅语族羌语支研究》，北京，中国社会科学出版社，2016。

过程，显示了土家语衰变的严重状况。”① 张军认为，当今土家语使用人口为46267人，占土家族总人口的0.58%，也就是说土家语的使用人口已经不足5万人。②

由于土家语在汉藏语系中的特殊地位，使其可作为濒危语言研究中一种很有价值的语言样品。研究土家语核心词的历史发展过程，可以为濒危语言研究提供有价值的参考。

二、土家语本体研究

迄今为止，对土家族、土家语的研究，更多的是人类语言学、人类学、民族学、社会学研究，对土家语本体的深入研究亟待加强。用历史语言学比较法研究土家语的成果更是罕见。

从核心词入手，记录和研究土家语，梳理其词汇系统，是土家语本体深层研究的一项基础而又十分重要的工作。

三、汉藏语系语言研究

本书从词汇入手，通过核心词比较研究，梳理土家语词汇历史、构拟其早期语音面貌、与汉藏语系藏缅语族亲属语言对比，为土家语在藏缅语族中的系属问题提供证据和解释。

第四节　研究方法

一、历史比较法

“进行比较工作有两种不同的方式：一种是从比较中提出普遍的规律，一种是从比较中找出历史的情况。”“比较研究是语言学家用来建立语言史的唯一有

① 徐世璇：《论语言的接触性衰变——以毕苏语的跟踪调查分析为例》，载《语言科学》，2003（5）。

② 张军：《从母语使用人口锐减看土家语的濒危状态》，载《暨南学报》（哲学社会科学版），2006（5）。

效的工具。”[①] 西方利用历史比较法在印欧语言史研究中获得了成功，因此历史比较法也成为语言史研究中的必备方法。本书旨在探索土家语历史，也首选历史比较法进行研究。

二、比较词义法

“比较词义法”是黄树先率先使用的，黄树先在《汉语核心词探索》[②]《汉语身体词探索》[③] 等著作中，主张在类型学的视野下，研究汉语词义的发展，提出了“比较词义”这个基本方法。“比较词义”即考察语言中某一个核心概念会有哪些共同的演变。

以一个核心概念作为一个语义场，全面搜集语言材料，系联词族，词族的底下再对单个的词进行研究。这种按照“语义场—词族—词”来整理语言材料，并跟其他语言进行比较，我们把它称为“三级比较法”。

本书讨论的土家语核心词，基本上按照“三级比较法”进行：根据一个“核心词”语义场，把土家语中与之相关的词语都找出来，然后根据音义关系，把有关联的词放在一起，再对单个词进行分析。

土家语在藏缅语族内的语言亲属关系不甚明确，除了土家语本身的特性以外，之前讨论其系属分类的比较方法或许不适合土家语。“语义场—词族—词”模式的“三级比较法”和“词义比较法”有可能为确立土家语与藏缅语族语言的亲属关系提供新的思路和方法。

第五节　语料来源

本研究使用的土家语语料、词汇主要有三部分：笔者的田野调查结果；前辈

① ［法］梅耶：《历史语言学中的比较方法》，岑麒祥译，1～22 页，北京，世界图书出版公司，2008。

② 黄树先：《汉语核心词探索》，武汉，华中师范大学出版社，2012。

③ 黄树先：《汉语身体词探索》，武汉，华中科技大学出版社，2010。

学者的调查结果；其他参考语料。

一、笔者的田野调查以及调查结果使用说明

笔者对土家语的田野调查始于 2004 年，在此之后，常利用假期到土家语点实地调研。调研点基本覆盖了土家语的主要分布地点。

本阶段的词汇集中调查分别于 2013 年 12 月 20 日至 2014 年 12 月 6 日、2014 年 4 月 9 日至 2014 年 4 月 22 日（整理完上次的调查材料之后再次核对调查）完成。词汇集中调查选择一致公认的土家语保存最完整、使用频率最高的原坡脚乡（行政区划上现已并入靛房镇）作为北部方言代表语言点，泸溪县潭溪镇作为南部方言代表语言点。

发音合作人：彭英子，1954 年 1 月出生于坡脚乡石堤村，世居坡脚乡。1975 年永顺民族师范学校毕业，进入坡脚乡中心完小任教。1986 年开始具体组织实施了坡脚乡民族中心完小“土家 · 汉双语双文接龙教学实验”。2008 年开始，湘西州重新启动学校土家语教学，彭英子、彭秀模培训土家语教师，编写土家语传承教材。2013 年，湘西州政府下文确认彭英子为“土家语传承人”。

发音合作人：田禹顺，1945 年 9 月出生于坡脚乡联星村多湖那寨，世居联星村，中专文化。2013 年湘西州政府下文确认田禹顺为“土家语山歌传承人”。两位发音人居住地相距约 4 千米。

发音合作人：向远松，1964 年 5 月出生于湘西州泸溪县潭溪镇且己村，世居潭溪镇。1983 年毕业于永顺民族师范学校以来，一直在本地小学任教。

本次田野调查，主要采用的是声母、韵母、声调拼合规则的调查方法，即以 1 个声母配合上 1 个韵母和 1 个声调，组合成 1 个音节，然后穷尽搜集这个音节的意义，以及包含这个音节的多音节的意义。例如：声母 p 配合韵母 a 和高平调 55，组合成 pa^{55}，尽量穷尽搜集 pa^{55} 这个音节的各种意义，以及包含 pa^{55} 这个音节的其他多音节的意义。如此组合类推。以往调查少数民族语言，大多以词汇调查表作为调查大纲。许多少数民族语言与汉语迥异，故以汉语词汇表作为调查大纲，往往存在着调查大纲设置的词目，少数民族语言鲜有对应，或者出现于少数民族语言的内容，调查大纲亦无反映的现象，最终导致以汉语词汇表作为调查大纲，难以反映少数民族语言实况的后果。此次调研表明，以声母、韵母、声调

拼合规则的调查方法来调查土家语，确实发掘了一些汉语词汇调查大纲问不出来的土家语基本词。这一点，得到了发音合作人的高度认同。

为了区别前贤的调查成果，本人调查的土家语前面一般注有语言代表点，如“坡脚话”。

二、前辈学者的调查研究成果

本书主要参考的土家语调查研究成果如下：

[1] 田德生、何天贞等编著：《土家语简志》，北京，民族出版社，1986。

[2] 陈康：《土家语研究》，北京，中央民族大学出版社，2006。

[3] 李敬忠：《泸溪土家语》，北京，中央民族大学出版社，2000。

[4] 张伟权编著：《土家语汉语词典》，贵阳，贵州民族出版社，2002。

[5] 戴庆厦、田静：《仙仁土家语研究》，北京，中央民族大学出版社，2005。

[6] 杨再彪：《湖南西部四种濒危语言调查：土家语、小章苗语、关峡平话、麻塘话》，北京，民族出版社，2011。

[7] 黄布凡主编：《藏缅语族语言词汇》，北京，中央民族学院出版社，1992。

[8]《藏缅语语音和词汇》编写组：《藏缅语语音和词汇》，北京，中国社会科学出版社，1991。

[9] 叶德书：《土家语常用口语半月通》，北京，民族出版社，2003。

[10] 叶德书：《土家语言与文化》，贵阳，贵州民族出版社，2008。

[11] 叶德书：《土家语研究》，吉首大学湘楚文化研究所，内部资料，1995。

[12] 田恒金：《清代〈永顺县志〉中的土家语词》，载《民族语文》，2004(2)。

[13] 李启群等编著：《土家语汉语词典》，北京，商务印书馆，2021。

[14] 向魁益、贾心惠、向治学编著：《保靖县土家语实录》，长沙，湖南师范大学出版社，2012。

三、其他参考语料

其他参考文献，如《梯玛歌》《摆手歌》等；史志，如清乾隆十年刻印的《永顺县志》《来凤文史资料》等；网站，如 The Tujia Language and Culture Website: http://www.brassett.org.uk/tujia/chome.html、http://www.freelang.net/dictionary/tujia.php 等。

第一章　名称词

第一节　人物指称

一、人（person）

“person 人”居 M.Swadesh 斯瓦迪士“100 核心词表”[①] 的第 18 位，是基本核心词，它跟我们讨论的“男”“女”等核心词在语义及词源上有关联。

（一）词源分析

1.“人”

土家语“人”可分为南北两个方言讨论。

北部方言：坡脚话 lo^{55}，他砂话 lo^{53}，龙山话 no^{55}，仙仁话 no^{54}，保靖话 lo^{55}，永顺话 lo^{53}，古丈话 $lo^{55}//lo^{53}$；

南部方言：$ȵia^{55}//ȵia^{33}$。[②]

北部方言中，边音声母 l 与鼻音声母 n 在元音 a、o 前面，老年人一般只读为边音声母 l，且明确区分 l 和 n，年轻人则存在边音声母 l 也读为鼻音声母 n 的情况。在单元音前高元音 i 或者以 i 开头的复元音前面，边音声母 l 与鼻音声母 n 明确区分，不可混淆。鼻音声母 n 在前高元音 i 或者以 i 开头的复元音前面，实际发音为 ȵ。土家语北部方言早期应该是读 l，读 n 是后来受当地汉语方言西南官话鼻音 n、边音 l 不分的影响。[③]

① 以下简称“百词表”。

② 所引语言、方言名称以及语言材料形式尽量遵从原出处，不强作统一或改动。以下全书同。

③ 熊英：《土家语颜色词探源》，载《民族语文》，2020（1）。

清代首任永顺知县李瑾撰修的《永顺县志》①，用汉字记录的土家语词“人”为“人曰那（上声）”。《康熙字典》：“那，又上聲。《正韵》：奴可切；《集韵》：乃可切，㚢音娜。《集韵》：何也。《玉篇》：俗言那事。”“改土归流”以后，作为朝廷派往治所的流官，一种可能是使用以《康熙字典》为代表的主流语言文字，还有一种可能，便是用当地汉语方言西南官话读音来记录土家语。在这两种可能中，“那”都是鼻音声母字。

南部方言中，边音声母 l 和鼻音声母 n 自由变读，n 并入 l，ȵ 只和 i 以及以 i 开头的复元音或带鼻化音的韵母相拼②。

黄树先讨论了汉语“男”系列的字词③：汉语“男”*nuum//*nom，《说文》：“男，丈夫也。从田力，言男子用力於田也。”很奇怪，汉语的“男”不能直接跟汉藏语其他语言进行比较。吴安其构拟的原始藏缅语“男人”是 *s-la，其依据材料是：藏语夏河话 ɕələ（tɕho），景颇语 la^{33}，景颇语星颇话（Singpho）l ā - ʃ ā，博多语 zala，迪布拉语（Tipura）chal ā，库基 – 钦语支他多语 pɑ-sɑl。④

早期汉藏语，这个词有可能就是当“人”讲，后来在有些语言里特指男人，而在另外一些语言里则专指女人。这样就在词义方面产生了分歧。

所以笔者初步认为，土家语的“人”早期共同语读 *la，来自原始藏缅语的 *s-la，土家语在后来的发展中，前缀 s- 脱落。

2.“民”

坡脚话：$ma^{55}lo^{55}$。北部方言中，*ma 概括义为“女人，女性，奶奶”，见“女”词条。从土家语坡脚话 $ma^{55}lo^{55}$“民”这个词中，可见“女人”与“人”密切相关。

《永顺县志》用汉字记录土家语，这类记录一般采用汉字记音，其中载录“人曰那，民曰马那”，永顺县为土家语北部方言区，“马”按照当时当地的汉语方言语音应该是 *ma。这个语义的形式广泛保留在现代土家语里，表示“……的人”：

北部方言的 ma^{55}“……的人”：$thi^{55}ma^{55}$“术士”，$sɿ^{21}tɕie^{55}ma^{55}$“猎人”，$sɿ^{21}lu^{21}ma^{55}$“屠夫”，$ɕie^{35}ma^{55}$“富人”，$thai^{35}ma^{55}$“穷人”，$lo^{53}lu^{21}ma^{55}$“人贩子”，

① 转引自田恒金：《清代〈永顺县志〉中的土家语词》，载《民族语文》，2004（2）。以下引用的《永顺县志》材料均转自于此，不再一一注明。

② 陈康：《土家语研究》，154 页，北京，中央民族大学出版社，2006。

③ 黄树先：《汉语身体词探索》，31 ～ 42 页，武汉，华中科技大学出版社，2012。

④ 吴安其：《汉藏语同源研究》，190 ～ 191 页，北京，中央民族大学出版社，2002。

xu^{35}zɿ^{55}ma^{55} “工人”，tɕie^{35}zɿ^{55}ma^{55} “农民”，tshi^{55}thu^{55}ma^{55} “学生”，jie^{21}ɣɯe^{35}ma^{55} “小偷”，sa^{21}zɿ^{55}ma^{55} “干部”。

南部方言的 ȵia^{33} “……的人”：dzɿ^{13}$_{\text{猪}}$ʔɨ33$_{\text{杀}}$ȵia^{33}ŋɨ^{21} “屠夫”，ȵia^{33}tɕhi^{33}ŋɨ^{21} “大人”，ku^{13}fu^{55}zɿ^{13}ȵia^{33} “农民”，ʔa^{13}pho^{55}$_{\text{头}}$zᴇ^{33}$_{\text{嘴}}$ȵia^{33}$_{\text{人}}$ŋɨ^{21} “官”，ɕie^{13}bu^{55}ȵia^{33}ŋɨ^{21} “铁匠”，lɯ^{13}bu^{55}ȵia^{33}ŋɨ^{21} “石匠”，ŋo^{13}zɿ^{33}$_{\text{做}}$ȵia^{33}ŋɨ^{21} “瓦匠”，tɯ^{21}kɯ^{21}$_{\text{锅}}$pu^{55}$_{\text{补}}$ȵia^{33}$_{\text{人}}$ŋɨ^{21} “补锅匠”，ȵia^{33}$_{\text{人}}$a^{21}ɕi^{21}$_{\text{帮}}$ “帮工”，ȵia^{33}ki^{13}tɕhᴇ^{55}ŋɨ^{21} “土匪”，ȵia^{33ʔ}ᴇ^{55}ȵia^{33}ŋɨ^{21} “强盗”。

（二）语义演变类型

1. “人”

“人” lo^{55}<*la<*s-la，既表示总概念，也表示属概念。lo^{55} “人”，lo^{55}lo^{22} “骂人”，lo^{55}pa^{53} “看人”。lo^{55} 加后缀 tie^{55} 表示复数，lo^{55}tie^{55} “人们”，与汉语“民”的同族词“氓” *mraaŋ 相当。

lo^{55}pa^{55} 直译为“人父”即“男人、男性”，成年男子即可作丈夫，lo^{55}pa^{55} 又义为“丈夫”。

lo^{55}pi^{33} 直译为“人小”，男孩的统称，可用来专指本人的儿子，也可用来指称别人的儿子。土家语里没有对侄子、外侄以及别人儿子的专门称呼，均以 lo^{55}pi^{33} “儿子”呼之。

lo^{55}ȵi^{22}ka^{22} 直译为“人 + 雌性”，表示“妇女、女性、女子”。成年女子即可作人妻，lo^{55}ȵi^{22}ka^{22} 又义为“妻子”。

2. “民”

ma^{55}lo^{55} “民”与汉语的“人民”构词方式类型相同。ma^{55} 已不单讲，作为构词语素，广泛构成合成词，表示“……的人，者”。可与白保罗提供的藏 – 缅语[①]材料比较：“列普查语 əvo<*əwa‘丈夫’，迪马尔语 wa-dźan‘男孩’，wa-val‘男人’，库基语 *wa（唐塔语 wa，哈卡语 va，拉克尔语 əwa-pa）‘丈夫’，克钦语 wa‘人类’，黄拉祜语 và‘男人，人’（藏 – 缅语 *wa）。”[②]唇齿擦音声母 va “丈夫”、và “男人，人”是处于双唇鼻音声母 ma 到双唇擦音声母 wa “人

---

① 本书在引用白保罗语音材料时保留其原文“藏 – 缅语”的写法，其余写为“藏缅语”。

② ［美］P.K. 本尼迪克特：《汉藏语言概论》，乐赛月、罗美珍译，32 页，北京，中国社会科学院民族研究所，内部资料，1984。

类”中间的过渡形式。

汉语“民”的同族词“氓”*mraaŋ，汉藏语中 -ŋ 尾表示复数，构词方式、语义组合方式与土家语 lo^{55}tie^{55} 相同，lo^{55} 表示“人”，tie^{55} 表示复数，语音形式则与土家语 *ma “……的人，者”很相似。

综上所述，土家语“人”语义场内各词：lo^{55}，ȵia^{55}，ma^{55}lo^{55}，与汉语、藏缅语的相应词族有着规则的语音对应关系。从亲源关系来看，土家语“人”与藏缅语最接近。土家语“人”的语义演变类型与汉语、藏缅语一致。

二、女（woman）

“woman 女”居“百词表”第 16 位，是基本核心词，它跟我们讨论的“人”等核心词在语义以及词源上有关联。若按性别划分人种和生物，世界上所有的人类只有“男”和“女”两类，高等生物界亦是如此。由此可见，“女”概念在人类语言中处于核心基础地位。

（一）词源分析

土家语“女”南北部方言差异较大，分别讨论。

1. 北部方言

（1）“女人”

“女人”：坡脚话 ma^{21}ma^{24}tie^{33}，他砂话 a^{35}ta^{53}ma^{53}，龙山话 ma^{21}ma^{21}te^{55}，仙仁话 no^{54}ka^{55}ȵi^{33}tsə^{33}，保靖话 lo^{21}ka^{21}ȵi^{55}，古丈话 lo^{53}ka^{21}te^{35}。

ma^{21}ma^{24}tie^{33}“女人，妇女”，是面称，也是背称，tie^{33} 是复数标记，相当于汉语“们”，词根为 ma^{21}ma^{24}。相关女性称呼还有北部方言坡脚话 a^{33}ma^{33}“奶奶”，是面称，也是背称。

还有 ma^{21}ma^{35}“姑姑（姑母），舅母，岳母”。土家族曾有“还骨种”的婚俗，即姑姑的女儿须送给舅舅的儿子，有“姑姑女如手取”的俗语。所以，姑姑（姑母）、岳母统称 ma^{21}ma^{35}，舅母也称 ma^{21}ma^{35}。ni^{55}kho^{55}a^{21}nie^{55} 是 ma^{21}ma^{35} 的同义词，即指姑姑（姑母）、舅母、岳母。土家语 ma^{21}ma^{35}“女人”基本上是指已婚已育的妇女，即“母亲”一类的女性。湘西一带在 20 世纪八九十年代，还有称自己的“母亲”为 ma^{21}ma^{21}，今湘、鄂西边界土家族聚居区仍称“伯母”

为 ma^{21}ma^{21}。土家语 *ma 这个词根跟汉语、藏缅语有底层关系，得以在与汉语长期接触的过程中留存下来。

ma^{21} 跟汉语的“母”“妈”相关。对比汉语材料：姆 *maaʔ, *muh＜mus//*ma，媽 *maaʔ//*ma。《仪礼 · 士昏礼》：“姆纚笄宵衣在其右。”注：“姆，妇人年五十无子，出而不复嫁，能以妇道教人者。”“妈”字已见《广雅 · 释亲》“母”词条（原本脱“妈”字，此据王念孙本。王念孙疏证：“《集韵》《类篇》并引《广雅》：妈，母也。今本脱妈字。”）① 母 *muʔ＜mɯʔ//*mo，《说文》：“母，牧也。”又指老妇，还可以指雌性动物。文献中还作保姆讲，同“姆”字。汉字“母”字，古音在之部，在《诗经》里，“母”可以跟鱼部的字通押，证明早期可能读 *a。②

汉藏语里 *ma 这个词分布很广。藏文以及藏缅语这个词也可变读为 o。学者们的比较有：藏语 -o 对应上古汉语 -o：藏语 mo“女性”，汉语“母”*mo://məu:“母亲”。③ 普沃语和斯戈语 mo“母亲，女性的”，藏缅语 *mow。④ 藏文“母”为 ˀa-ma。⑤

再对比藏缅语材料 ⑥。

“女人”：德格藏语 na^{13}mo^{53}，夏河藏语 mo，泽库藏语 wo mo，木雅语 mo^{55}ȵo^{53}，弥勒彝语 mʌ^{21}tsɛ^{33}mo^{33}，傈僳语 zɑ^{41}mɯ^{41}zɑ^{41}，永宁纳西语 mv^{13}，缅文 min^{3}mɑ^{1}，缅语 mẽ^{55}ma^{55}。

“妇女”：巴塘藏语 mʊ^{13}ȵo^{ʔ55}，墨脱门巴语 mo jak tsa，普米语 mɑ^{11}mu^{55}，独龙语 pɯ^{55}mu^{55}，缅文 min^{3}mɑ^{1}，缅语 me^{55}ma^{55}，巍山彝语 a^{55}ma^{33}a^{55}za^{21}，土家语 ma^{21}ma^{21}tie^{55}。

“姑娘”：藏文 mo gsar，阿力克藏语 wo mo，武定彝语 ɑ^{11}mɑ^{33}。

“老太太”：藏文 rgan mo，夏河藏语 gan mo，吕苏语 ma^{53}mo^{53}，喜德彝语

① 黄树先：《汉缅语比较研究》，60 页，武汉，华中科技大学出版社，2003。

② 黄树先：《汉语身体词探索》，11 页，武汉，华中科技大学出版社，2012。

③ 包拟古：《原始汉语与汉藏语》，潘悟云、冯蒸译，白一平校，178 页，北京，中华书局，2009。

④ ［美］P.K. 本尼迪克特：《汉藏语言概论》，乐赛月、罗美珍译，157 页，北京，中国社会科学院民族研究所，内部资料，1984。

⑤ 邢公畹：《汉台语比较手册》，108 ～ 109 页，北京，商务印书馆，1999。

⑥ 本书藏缅语材料取自《藏缅语语音和词汇》编写组：《藏缅语语音和词汇》，北京，中国社会科学出版社，1991；黄布凡主编：《藏缅语族语言词汇》，北京，中央民族学院出版社，1992；部分藏缅语族羌语支语言材料取自孙宏开：《藏缅语族羌语支研究》，北京，中国社会科学出版社，2016。以下同，不再一一注明。

$ɑ^{33}mɑ^{55}$。

“奶奶”：拉萨藏语 $mo:^{55}$，扎坝语 $a^{55}me^{55}$，木雅语 $mɐ^{33}mæ^{55}$，吕苏语 $mæ^{53}mæ^{53}$，喜德彝语 $ɑ^{33}mɑ^{55}$，土家语 $a^{55}ma^{55}$，巍山彝语 $a^{55}ni^{33}$，南华彝语 $ɑ^{33}ne^{33}$，墨江哈尼语 $a^{55}næ^{33}$，纳西语 $ə^{55}næ^{33}$，嘎卓语 $nɛ^{33}nɛ^{33}$，白语 $ɑ^{21}n\underline{e}^{33}$。

“女人，女性”与“母亲”是紧密相关的。“母亲”：藏文 ma//ˀa ma，拉萨藏语 $a^{55}ma^{55}$，夏河藏语 a ma，墨脱门巴语 ˀa ma，羌语 mɑ:，九龙普米语 $ɑ^{11}mɑ^{55}$，扎坝语 $ma^{55}ma^{55}$，木雅语 $æ^{33}mɐ^{55}$，贵琼语 $a^{55}ma^{33}$，尔苏语 $a^{55}ma^{55}$，史兴语 $mɑ^{55}mɑ^{55}$，喜德彝语 $a^{21}mo^{21}$，巍山彝语 $a^{55}mɑ^{33}$，弥勒彝语 $ʌ^{33}mo^{33}$，缅语 $ɑ^{53}me^{22}$，绿春哈尼语 $a^{31}ma^{33}$，基诺语 $a^{44}mɔ^{33}$。大部分藏缅语族语言中“母亲”的词根为 *ma。

土家语北部方言 $ma^{21}ma^{24}tie^{33}$“女人、妇女”与汉语的“姆，妈”，藏语支、彝语支、缅语的“女人”，藏语支、普米语、彝语、缅语的“妇女”，藏语支、羌语支、彝语支、缅语支的“母亲”对应。

白保罗根据以下材料，将藏－缅语的“母亲”构拟为 *ma：“藏语 ˀa ma，卡瑙里语 ama，巴兴语 əmo（但‘我的母亲’是 wəma），瓦尤语 umu＜*ama，切邦语 ma，内瓦里语 ma，列普查语 amo＜*ama，迪加罗语（na-）ma，迪马尔语 ama，缅－倮倮语 *ma（缅语 má 仅仅用作阴性的后缀），博多语（bi-）ma，加罗语 ama 母亲。”[①] 这些藏－缅语的“母亲”与土家语的“女人，妇女”语音对应。

（2）“女子”

“女孩，女儿”：坡脚话 piu^{24}，他砂话 $piou^{35}$，龙山话 piu^{35}，仙仁话 $pi^{35}wu^{33}$，保靖话 $piau^{35}$，永顺话 piu^{24}，古丈话 $biəu^{35}$，早期的这个词可能是 *bu。

“儿媳”：坡脚话 phu^{24}，他砂话 $phɨ^{35}$，龙山话 phu^{35}，仙仁话 phu^{35}，保靖话 phu^{3535}，古丈话 $puɯ^{35}$。土家语方言中送气声母 ph 与不送气声母 p 对应规则。

土家语这个词与汉语“妇”有关。对比汉语材料：婦 *bɯʔ//bu。《说文》：“婦，服也。从女持帚，灑掃也。”又指已嫁女子、儿媳。还可以指弟媳，《尔雅·释亲》：“女子谓弟之妻为妇。”注：“犹今言新妇是也。”土家语 piu^{24} 与汉语“婦”语音、语义对应规整。清代《永顺县志》用汉字记录的土家语单词“……女曰必物，媳曰帛，闺女曰补逐”，用来记录“女、媳、闺女”3 个语义相关的词语的“必物”*piu、“帛”*pu、“补逐”*puu 记音字的声母相同，且语音

① ［美］P.K. 本尼迪克特：《汉藏语言概论》，乐赛月、罗美珍译，156 页，北京，中国社会科学院民族研究所，内部资料，1984。

相近。

再来对比藏缅语材料：

“女儿”：藏文 bu mo，拉萨藏语 pho^{13}mo^{55}，德格藏语 po^{13}mo^{53}，巴塘藏语 pã^{13}mʊ^{53}，错那门巴语 po^{13}mo^{53}，克伦语 pho^{55}mɯ̠^{31}。

“妇女”：藏文 bud med，拉萨藏语 phy^{13}me^{52}，错那门巴语 pom^{35}，独龙语 pɯ^{55}ma^{55}，克伦语 bo^{31}mɯ̠^{31}。

“姑娘”：藏文 bu mo，拉萨藏语 phu^{13}mo^{55}，独龙语 pɯ^{55}ma^{55}tɕɑn^{55}，土家语 piu^{35}tie^{55}。

“人”：载瓦语 pju^{51}，浪速语 pju^{31}，波拉语 pju^{55}，勒期语 pju^{31}，克伦语 bua^{33}。缅文 pjɯ^{2} “少女”（《词典》547）①。

“老太太”：缅文 ɑ^{1}bhwɑ^{3}o^{2}，缅语 ɑ^{53}phwɑ^{55}o^{22}，武定彝语 ɑ^{55}phi^{33}mɒ^{55}，撒尼彝语 ɒ^{55}phɪ^{11}mo^{11}。

土家语 piu^{24}＜*biu 通指“女孩、女儿、女人、女性、人”，与汉语“妇”、藏语、门巴语、缅语支多种语言语音对应规整。

（3）“母亲”

“母亲”：坡脚话 a^{24}ȵie^{53}，他砂话 a^{21}niɛ^{55}，龙山话 a^{21}ȵie^{55}，仙仁话 ne^{54}ne^{33}// a^{33}ȵe^{55}，保靖话 ȵe^{21}，永顺话 a^{21}nie^{44}，古丈话 ȵe^{21}，湘鄂西边界土家族聚居区，在 20 世纪 90 年代，还有称自己的“母亲”为 ȵia^{53}ȵiɚ^{0}。a^{24} 是在藏缅语广泛存在的词头，ȵie^{53} 是词根，ȵie^{53}＜*nia。

土家语坡脚话中与 a^{24}ȵie^{53} “母亲”紧密相关的称呼还有：ȵie^{21}ȵie^{55} “婶婶，姨妈”，ȵie^{21}tshi^{55} “伯娘”。

a^{24}ȵie^{53} 这个词可以与汉语的“嬭”比较。《广雅·释亲》：“嬭，母也。”《广韵·荠韵》：“嬭，楚人呼母。奴礼切。”嬭 *nreelʔ＜*mreelʔ*nreelʔ＜*m·leeʔ，《集韵·纸韵》“姊也。”《玉篇》：“嬭，乳也。”汉语“嬭”的“乳”义还可以与土家语 man^{21} “乳房”比较。

a^{24}ȵie^{533} 这个词还可以比较缅文 ȵai^{3}（古）“姑娘，妇女”（《词典》311）。

a^{24}ȵie^{53} 这个词也广泛分布于以下藏缅语族各语言中。

① 北京大学东方语言文学系缅甸语教研室编：《缅汉词典》，547 页，北京，商务印书馆，2009。标注“《词典》547”的缅文材料来源于此词典，后面的数字为相应的页码。以下同，不再一一注明。

“母亲”：博嘎尔珞巴语 a nə，义都珞巴语 nɑ^{55}ni^{55}，拉祜语 ne^{21}e^{33}。

“女人”：德格藏语 na^{13}mo^{53}，大方彝语 ȵi^{55}nɯ^{33}，碧江白语 ȵu^{33}ȵi^{21}，博嘎尔珞巴语 ȵe mə。

“妇女”：巴塘藏语 mʊ^{13}ȵo^{ʔ53}，阿力克藏语 wə mȵət，却域语 zo^{13}nə^{33}，木雅语 mo^{33}ȵo^{53}，贵琼语 tshə^{31}mi^{55}ȵa^{31}，博嘎尔珞巴语 ȵe mə:，阿昌语 i^{31}ȵɔ^{31}i，仙岛语 ji^{31}ɲɔ^{31}，喜德彝语 si^{33}ni^{33}，白语 ɲə^{33}ɲi^{21}。

“奶奶”：巍山彝语 a^{55}ni^{33}，南华彝语 ɑ^{33}ne^{33}，墨江哈尼语 a^{55}næ^{33}，纳西语 ə^{55}næ^{33}，嘎卓语 nɛ^{33}nɛ^{33}，白语 ɑ^{21}n$\underline{e}$^{33}。

对比汉语材料：“女” *naʔ//*na,《说文》：“女，妇人也。”又特指女儿。娘 *nǎ,《玉篇》：“娘，少女之号。”也指母亲。汉语“娘”晚于“女”，未见于隋以前文献。

土家语 *nia 与汉语、藏语、珞巴语、羌支语言、彝语支、缅语支等语音对应规则。

2. 南部方言

（1）“女人”

“女，妇女”：ʔa^{21}jio^{55}bie^{21}ŋɨ^{21}// ʔa^{21}jio^{55}，bie^{21} 义为“孩”，ŋɨ^{21} 为个体量词，专用于人，词根为 a^{21}jio^{55}。

（2）“女孩”

“女孩，女子”：ʔa^{21}jio^{55}bie^{21}// bie^{21}jie^{21}。这个词是由 jio^{55} “女人”和 bie^{21} “孩”组合而成。

“青年女子”：a^{13}jio^{55}bie^{21}// a^{21}jio^{55}。“儿媳”：phu^{21}。这个词对应北部方言坡脚话 piu^{24} “女孩，女儿”。在中国人的家庭结构里，“儿媳”很大程度上也相当于“女儿”。

（3）“母亲”

“母亲”：ʔa^{21}ma^{21}。这个词与北部方言的“女人”相同，对应汉语的“姆、妈”，藏缅语族藏语支、彝语支、缅语支的“女人，母亲，妇女”。也与白保罗提供的藏－缅语比较材料“母亲”语音形式一致①。

---

①［美］P.K. 本尼迪克特：《汉藏语言概论》，乐赛月、罗美珍译，156 页，北京，中国社会科学院民族研究所，内部资料，1984。

（二）语义演变类型

1.“女”与“母”

土家语“女人”与“母亲”关系密切，*ma“女人，女性”可指称“祖母”“母亲”，也可替代 *nia“母亲”。

例如：“祖母”，包括祖母的姐妹及外祖父、外祖母的姐妹，现称 a^{33}ma^{33}（坡脚话），旧称 mu^{53}si^{53}a^{21}ȵie^{53}。“伯母”，现称 ȵie^{21}tshi^{55}（坡脚话），旧称 pa^{55}je^{53}a^{21}ȵie^{53}。“婶婶”，现称 ȵie^{21}ȵie^{21}，旧称 ȵie^{33}je^{53}a^{21}ȵie^{53}。“姑姑”，现称 ma^{21}ma^{55}，旧称 ȵi^{55}kho^{53}a^{21}ȵie^{53}。“姨娘”，母亲的姐姐，现称 ȵie^{21}tshi^{21}，旧称 ȵie^{55}je^{53}a^{21}ȵie^{53}；母亲的妹妹，现称 ȵie^{21}ȵie^{55}，旧称 ȵie^{55}je^{53}a^{21}ȵie^{53}。“姐姐”，现称 a^{35}ta^{53}，旧称 tha^{55}tie^{55}lai^{55}。

2.“女”与雌性

汉语“女”语义场的词表示女性，也用来指动物雌雄的雌性。土家语中也是如此。

雌性动物也由语素 ȵi^{21}＜*ȵie“母”构成，wu^{35}$_{\text{牛}}$ȵi^{21}ka^{21}“母牛”，ma^{53}$_{\text{马}}$ȵi^{21}ka^{21}“母马”，tsi^{53}$_{\text{猪}}$ȵi^{21}ka^{21}“母猪”，zɑ^{21}$_{\text{鸡}}$ȵi^{21}ka^{21}“母鸡”。

综上，土家语“女”语义场内“女”词族内各词：ma^{21}ma^{24}“女人”、piu^{24}“女孩”、a^{24}ȵie^{53}“母亲”，与汉语、缅彝语、藏缅语语音对应规则。从亲源关系来看，土家语“女”与缅彝语最接近。其语义演变类型与汉语、藏语等藏缅语一致。

三、男（man）

“man 男”居“百词表”第 17 位，是基本核心词，它跟我们讨论的“人”等核心词在语义以及词语的来源上有关联。若按性别划分人种和生物，世界上所有的人类只有两类“男”和“女”，高等生物界亦是如此。由此可见，“男”概念在人类语言中处于核心基础地位。

（一）词源分析

土家语“男”南北部方言差异较大，分别讨论。

1. 北部方言

（1）“男人”

“男人”：坡脚话 lo^{55}pa^{55}，他砂话 lo^{55}pa^{55}tiɛ^{55}，龙山话 lo^{55}pa^{55}//lo^{55}pa^{55}tie^{55}，仙仁话 no^{54}pa$^{33/31}$，古丈话 lo^{53}pi^{21}te^{21}。tie^{55} 是复数标记，lo^{55} 义为“人”，pa^{55} 义为“父”，是一个合成词。当代土家语中，在元音 o 前面，鼻音 n 和边音 l 不区分意义，自由变读。lo^{55}pa^{55} “男人”的构词结构是 pa^{55} “父”修饰 lo^{55} “人”。

pa^{55} “父”可以与汉语的“父、夫”比较：汉语“父”*paʔ，*baʔ//pa˙，*ba，是父亲的意思，后来“夫、父”发展成构词后缀，构成诸如“渔父”这样的词。张永言、俞敏用“夫、父”跟藏文 -pa 进行比较。①

汉语“夫”*p ǎ //*b ǎ ，《说文》：“夫，丈夫也。”此指男人。“男”*nuum//*nom，《说文》：“男，丈夫也。从田力，言男子用力於田也。”又指儿子。

清代《永顺县志》用汉字记录的土家语单词“土人称人曰那$_{上声}$，父曰阿把，兄曰阿科，子曰必，夫曰那$_{上声}$把……”，可作为一佐证。

pa^{55} 这个词也广泛分布在藏缅语言中，“男人”：藏文 skjes pa，拉萨藏语 cho^{55}ka^{55}，巴塘藏语 ɕe^{55}pa^{53}，巍山彝语 zo̧^{33}pa^{21}，南华彝语 tshɑ^{33}pho^{21}，弥勒彝语 zo^{21}pho^{21}，傈僳语 tsho^{33}pɑ^{55}zɑ^{31}，拉祜语 xɔ^{35}qhɑ^{54}pɑ^{11}，基诺语 khɔ^{44}phɔ^{44}。

缅文 phe^{2} “父亲；男子”（《词典》582）。

藏语、缅文、彝语支语言里的“男人”这个词，基本上都是合成词，且均包含语素 *pa＞po，与土家语这个词的语义组合类型相同。

（2）“父亲”

“父亲”：坡脚话 lo^{55}pa^{55}，他砂话 lo^{55}pa^{55}tiɛ^{55}，龙山话 lo^{55}pa^{55}//lo^{55}pa^{55}tie^{55}，仙仁话 no^{54}pa$^{33/31}$，永顺话 pho^{21}pha^{44}，古丈话 lo^{53}pi^{21}te^{21}。tie^{55} 是复数标记，lo^{55} 义为“人”，pa^{55} 义为“父”，是一个合成词。a^{21}pa^{55} “爸爸”，最通用的称呼语，是面称，也是叙称。

汉语“父”p ǎ //*b ǎ ，《说文》：“父，矩也。家长率教者。”即谓父亲。是对男性长者的尊称，《方言》六：“叟，艾，老也。南楚谓之父。”泛指雄性，《说文》：“牡，畜父也。”土家语 a^{55}pa^{55}、pa^{55} 也都表示动物雄性，用于名词词根后，如 tsɿ^{53}a^{55}pa^{55}“公猪”、za^{21}pa^{55}“公鸡”、li^{35}pa^{55}“公老虎”。“夫”*pǎ //*b ǎ ，《说文》：

① 张永言：《语文学论集》（增订本），266 ~ 267 页，上海，复旦大学出版社，2015；俞敏：《俞敏语言学论文集》，72 页，北京，商务印书馆，1999。

“夫，丈夫也。”此指男人。土家语 a^{21}pa^{55} “爸爸”与汉语“夫”“父”对应。

缅文 pha^{1} “父亲”（《词典》576）；phe^{2} “父亲；男子”（《词典》582）；phe^{2} “爸爸；爹爹”（《词典》582）；bha^{1} “父亲、（对长者尊称）大爷；表示雄性”（《词典》622）；a^{1}bha^{1} “父亲（对长者的尊称）；老大爷”（《词典》1125）。缅文的“父”也见于《白狼歌》“父子同赐”，用汉字“捕苴菌毗”对译。郑张尚芳等都认为，这里的“捕”记录的就是缅文的 bhaah，和藏文的 pha、汉语的“父”对应。《缅甸馆译语·杂字》用“阿帕”来对译缅文的“父”。①

白保罗把包括缅文在内的原始藏－缅语的“父”构拟为 *pa：“藏语 pha ~ ʔapha ~ ʔapa，缅语 bhà、ăbhà，加罗语 pha ~ əpa，卢舍依语 pa ‘父亲’，而克钦语是 wa ~ əwa，卡杜语 əwa，莫尚语 wa，布南语 əwa ‘父亲’（藏－缅语 *pa），”并拿汉语的“爸”和原始藏－缅语的这个形式比较。②“爸”字见于《广雅·释亲》，王念孙疏证：“爸者，父声之转。”

再对比其他藏缅语材料，“父亲”：藏文 ʔa pha，拉萨藏语 a^{55}pa^{55}，巴塘藏语 ʔa^{55}pha^{53}，错那门巴语 ʔa^{55}pha^{53}，羌语 bɑ:，道孚语 a pa，扎坝语 pa^{55}pa^{55}，贵琼语 phe^{55}，史兴语 a^{55}ba^{51}，达让僜语 ɑ^{31}bɑ^{35}，博嘎尔珞巴语 a bo，缅文 ɑ^{1}phe^{2}，缅语 ɑ^{53}phe^{22}，阿昌语 a^{31}phɔ^{ʔ31}，浪速语 a^{55}phɔ^{55}，勒期语 a^{55}pho^{53}，怒苏怒语 a^{55}ba^{31}，喜德彝语 a^{21}bo^{33}（引称），巍山彝语 ɑ^{55}bɑ^{21}（引称），碧卡哈尼语 a^{33}pa^{31}，拉祜语 ɑ^{33}pɑ^{33}（引称），纳西语 ə^{21}bɑ^{33}，嘎卓语 pa^{31}pa^{31}，克伦语 a^{31}ba^{31}。

土家语 a^{21}pa^{55} “父亲”与藏缅语族内藏语支、羌语支、彝语支、缅语支有着广泛的对应关系。

（3）“哥，男子”

“哥哥”：a^{21}kho^{55}，a^{55}ze^{55}la^{55}ti^{55}，后一形式是组合词。a^{21}kho^{55} 这个词是否借自汉语“哥”，有待于进一步确定。目前可以确定的是，这个词与土家族当地的汉语方言西南官话是有区别的。有可能是，土家语借自西南官话入主该地区之前的汉语方言，在我们的实地语言调查过程中，发现一些基本词的发音异于西南官话，而与广东一带的汉语方言较为相似。是将其视如土家语与汉语同属汉藏语

① 黄树先：《汉缅语比较研究》，59 页，武汉，华中科技大学出版社，2003。

② ［美］P.K. 本尼迪克特：《汉藏语言概论》，乐赛月、罗美珍译，16 页、173 ~ 180 页，北京，中国社会科学院民族研究所，内部资料，1984。

系语言的证据，还是将其视如土家语中的早期汉语借词，进而分析土家语词汇的历史层次。此课题留待日后进一步探讨。

再考察两个同族词，“岳父”：kha^{21}khɯe^{21}//ȵi^{55}kho^{55}a^{21}pa^{55}，两个形式共存，很显然，后一形式的词根源自 *pa “父”，而前一个形式的词根则源于 *khu > khɯe。

另一个同族词“儿子”有两个形式：lo^{55}pi^{33} “人小”，ko^{55}le^{55} “男小”。汉藏语系里的“人”与“男人”关系密切，如汉语里的“夫”与“父”，藏缅语的 *s-la “人”，景颇语的 la^{33} “男人”。

a-kho~khɯ < *khu 基本上可以概括为“男子，成年、年长男性，兄长”。与藏文 ˀa khu、藏语的 ə^{55}khu^{55} “伯父，叔叔”对应。

a^{21}kho^{55} 这个词也广泛存在于藏缅语族语言中，白保罗将藏 – 缅语中这个词的构拟为 *kuw，其依据材料是：“藏语 ˀakhu ~ khu-bo，瓦尤语 ku-ku，巴兴语 ku-ku，迪加罗语（na-）ku，米基尔语 ni-hu < *-khu ‘叔叔’，怒语 əkhö，米里语 əkü，奥那加语 okhu ‘叔叔，岳父’（表兄妹婚制中的妻子的父亲）；克钦语 ku，梅特黑语 iku ‘岳父’，缅语 kui ‘尊称附加成分’，如 ats-kui ‘哥哥’。”①

2. 南部方言

（1）“哥，男人”

“男人”：ʔa^{54}ko^{21}bie^{21}ŋɨ^{21}，a^{21}ko^{21}，前一个形式是合成词 bie^{21}，义为“孩”，ŋɨ^{21} 为个体量词，专用于人，词根为 ʔa^{21}ko^{21}，后一个形式 a^{21}ko^{21} 又义为“哥哥”。

a^{21}kho^{55} 在北部方言中也存在，义为“哥哥”。

a^{21}ko^{21} 这个词是否借自汉语“哥”，有待于更多证据链来确定。毕竟，这个词也广泛分布在其他藏缅语族语言中，“哥哥”：羌语 ku:，尔龚语 ko ko，扎坝语 a^{55}ko^{55}，吕苏语 ko^{53}ko^{55}，缅文 ɑs^{4}ko^{2}，缅语 ɑs^{53}ko^{22}，大方彝语 a^{33}ko^{33}，巍山彝语 ɑ^{55}kɑ^{33}，丽江纳西语 ə^{33}ko^{33}，绿春哈尼语 a^{55}go^{31}，墨江哈尼语 a^{55}ko^{33}，嘎卓语 ko^{33}ko^{33}，剑川白语 ɑ^{31}ko^{33}，苏龙珞巴语 a^{33}kɔ^{33}。缅文词典中，kɯ^{2}“哥哥”（《词典》23），加前缀读 as^{4}kɯ^{2} “哥哥，大哥（对年长男子的称呼）”。

再对比南部方言的两个同族词，“岳父”：gɯ^{33}zie^{21}，“祖父”：ʔa^{21}khɯ^{21}。

a-ko~kɯ < *ku < *gu 基本上可以概括“男子，成年、年长男性，兄长”。

① ［美］P.K. 本尼迪克特：《汉藏语言概论》，乐赛月、罗美珍译，62 页，北京，中国社会科学院民族研究所，内部资料，1984。

a-ko~kɯ＜*ku＜*gu“兄长，年长男性”可与汉语的“舅”*guʔ//gu 比较。汉语“舅”，《尔雅·释亲》：“母之舅弟为舅。”又指岳父，《礼记·坊记》：“昏礼，壻亲迎，见于舅姑。”注：“舅姑，妻之父母也。”

（2）“父亲”

“父亲”：ʔa^{21}ta^{55}。这个词比较古老，在藏缅语、壮侗语、苗瑶语里都有对应分布。

藏缅语言中的“父亲”：贵琼语 phe^{55}//a^{55}ta^{33}，史兴语 a^{55}ba^{51}//ɑ^{33}dɑ^{55}，阿昌语 te^{ʔ55}//a^{31}phɔ^{ʔ31}，喜德彝语 a^{21}bo^{33}（引称）、a^{44}ta^{33}（引称），绿春哈尼语 a^{31}da^{33}，纳木兹语 a^{55}da^{31}。

汉语“爹”*tar，张揖《广雅·释亲》：“妻之父谓之父爹，妻之母谓之母爹。”西汉扬雄《方言》六：“南楚瀑洭之间，谓妇妣曰母爹，称妇考曰父爹。”“爹”从“多”得声，晋郭璞音“多”。

壮侗语、苗瑶语里也有分布，“岳父”：布依语 ta^{1}（兴义巴结等 40 个点），毛南语 ta^{1}，侗语 ta^{1}，瑶语 ta^{1}，武鸣壮语 po^{6}ta^{1}，龙州壮语 kuŋ^{5}ta^{1}，水语 qoŋ^{5}ta^{1}。①

土家语北部方言 a^{21}pa^{55}“父亲”与藏缅语族内藏语支、羌语支、彝语支、缅语支有着广泛的对应关系，南部方言 ʔa^{21}ta^{55}“父亲”与贵琼语、史兴语、阿昌语、喜德彝语、绿春哈尼语、纳木兹语对应。由此可见，土家语南北方言“父”与汉藏语、藏缅语有渊源，但内部分化较早。

D. 布莱德雷的论述支持以上结论，他构拟的原始彝语支“父”有多个音节形式，*ʔəpa^{3}“父”和 *ədya^{3}“父，双亲”，共同拉祜语形式 *pa://*the:，依据缅语 bhaʔ//hpe、傈傈语 ba^{2}ba^{5}、普诺伊语 mú、比傈语 ʔaŋ bóŋ、阿卡语 a$_{\vee}$da、姆比语 ʔɑ^{2}pu^{4}、舍莱语、巴考语等同源形式。②

（二）语义演变类型

1.“男”与“父”

“男”语义场内，土家语有 a^{21}pa^{55}、ʔa^{21}ta^{55}“父”和 a^{21}ko^{21}“男子”，lo^{55}pa^{55}“男人”源于 pa^{55}“父”。

① 黄树先：《汉藏语论集》，166 ～ 167 页，武汉，华中科技大学出版社，2007。

② ［澳］D. 布莱德雷：《彝语支源流》，乐赛月、陈康、鲁丁译，354 ～ 355 页，成都，四川民族出版社，1992。

年长男子称谓基本源于 pa^{55}“父”，“祖辈、祖父”包括祖父、祖母的兄弟及外祖父、外祖母的兄弟，现代称 pha^{21}phu^{55}，旧称 mu^{53}si^{53}a^{21}pa^{53}。pa^{53}je^{53}a^{21}pa^{53}“伯父”，ȵie^{55}je^{53}a^{21}pa^{53}“叔叔”，ȵi^{55}kho^{53}a^{21}pa^{53}“姑爷”，ȵie^{55}je^{53}a^{21}pa^{53}“舅舅”，a^{55}kho^{53}tɕhi^{55}ȵi^{55}“姐夫”。南部方言中 ʔa^{21}khɯ^{21}“祖父”。

2.“男”与“丈夫”

a^{21}kho^{55}“哥哥、男人”，lo^{55}pa^{55}“男人”，“儿子”有两个形式：lo^{55}pi^{21}“人小”、ko^{55}le^{55}“男小”。成年男人即可作丈夫，lo^{55}pa^{55}“男人”，也即为“丈夫”。

土家语 lo^{55}pa^{55}“男人，丈夫”紧密相关，是同一个形式。

汉语里，《穀梁传·文公十二年》：“男子二十而冠，冠而列丈夫，三十而娶。”“丈夫”指成年男人。《战国策·燕策二》：“人主之爱子也，不如布衣之甚也；非徒不爱子也，又不爱丈夫子独甚。”“丈夫子”指儿子，“丈夫”作为男子的通称。

在世界很多语言里，“男人，丈夫”紧密相关，是同一个形式。例如：德语 mann“（成年）男子，丈夫”；西班牙语 hombre“人，男人，丈夫”；捷克语 muž“男人，丈夫”；彝语 tsɛ^{55}“男人，丈夫”；土耳其语 er“男人，丈夫”；西部裕固语 eren“男人，丈夫”。①

3.“男”与雄性动物

雄性动物与 pa^{55}“父”直接相关。wu^{35}$_{\text{牛}}$ a^{35}pa^{55}“公牛”，ma^{53}$_{\text{马}}$ pa^{55}“公马”，tsi^{53}$_{\text{猪}}$ pa^{55}“公猪”，zɑ^{21}$_{\text{鸡}}$ pa^{55}“公鸡”。

汉语表示男性的“父”也可移指动物，字或作“騥”，《尔雅·释畜》：“牡曰騭。”郭璞注：“今江东呼騥马曰騭。”②

其他语言例证：英语 male“男人，雄性动物”；sire“父，男性祖先；公兽，种马”。西班牙语 padre“父亲；家长；种畜”。日语【男】“男人；（动物）雄的”。

土家语“男”语义场内各词：a^{21}pa^{55}、ʔa^{21}ta^{55}“父”，a^{21}ko^{21}“男子”，与汉语、缅彝语、藏缅语语音对应规则。从亲源关系来看，土家语“男”与缅彝语最接近。其语义演变类型与汉语、藏语等藏缅语言一致；从广泛的类型学词义比较结果来看，土家语有着相同的演变类型。

① 黄树先：《比较词义探索》，83 页，成都，巴蜀书社，2012。
② 黄树先：《比较词义探索》，80 页，成都，巴蜀书社，2012。

四、名（name）

“name 名”居“百词表”第 100 位。

（一）词源分析

北部方言“名字”：龙山话 mi^{21}tsi^{35}，古丈话 tɕhe^{55}dʑe^{21}la^{21}，当代坡脚、仙仁等北部方言区已转用汉语词“名字”。

南部方言“名字”：niʉ^{35}bo^{21}，ȵɯ^{33}bu^{21}，tshɯ^{55}ȵioŋ^{21}xa^{21}，ȵõ^{33}bu^{33}。

北部方言“叫（名字）”：龙山话 tɕe^{21}，古丈话 dʑe^{21}，南部方言“叫（名字）”：xa^{33}。

“叫（名字）”：藏文 ɦbod，巴塘藏语 mbø^{ʔ53}，夏河藏语 mbo，载瓦语 pu̠k^{55}。

“名”最常用的使用语境，是介绍姓名时的“……叫……（名字）”结构，这个结构中动词“叫”的意思，在有的语言里采用“名”名词用作动词的方式来表达。

汉语里“名”作名词又作动词的现象，孙玉文等学者多有著录。“名”的变调构词：“原始词，义为人的名；名称，名词，武並切（平声，*mĭeŋ//*mĭɛŋ）。滋生词，义为给人起名，命名，称名，动词，弥正切（去声，*mieŋ//*mĭɛŋ《集韵》）。”①

而另外一个语义紧密相关的词“姓”，北部方言有两个形式 kha^{21}、tɕia^{55}kha^{21}，南部方言 sẽ^{13} 为当地汉语词“姓”，而 kha^{21} 又有“人，族群，族”之意，例如：pi^{35}tsɿ^{55}kha^{21} 土家族，pe^{35}kha^{21} 苗族，pha^{55}kha^{21} 汉族。从人类社会发展历程来看，“姓”与“族群”关系密切，《说文》：“姓，人所生也。春秋传曰，天子因生而以赐姓。”姓也是标志家族系统的称号，《左传·隐公八年》：“天子建德，因生以赐姓，胙之土而命之氏。”

（二）语义演变类型

“名”，暂未找到土家语固有词，此处暂不讨论“名”的语义演变问题。

① 孙玉文：《汉语变调构词考辨》，865 页，北京，商务印书馆，2015。

第二节　动物及其部位名称

一、鱼（fish）

“fish 鱼”居“百词表”第 19 位，是基本核心词。

（一）词源分析

1. “鱼”（种名，类名）

北部方言：坡脚话 soŋ²⁴，他砂话 sũ³⁵，龙山话 soŋ³⁵，仙仁话 sũ³⁵，保靖话 suŋ³⁵，永顺话 soŋ²⁴，古丈话 suŋ³⁵。

汉语“魚”*ŋlǎ，《说文》：“魚，水虫也。”甲骨文“魚”字正像鱼形。

缅文 ŋaa³“鱼”（《词典》168）。丁邦新[①]（1979）等多位都将汉语的“魚”和缅文的 ŋaa³ 比较。

“鱼”：藏文 ɳa，门巴语 ŋa，景颇语 ŋa⁵⁵，阿昌语 ŋa³¹ʂua³¹，彝语 ŋo⁵⁵，拉祜语 ŋɑ⁵³。藏缅语“鱼”声母为鼻音 ɳ//ŋ，韵母为 a，有 a、ɑ、o、æ 变体，汉语与藏缅语对应整齐。

白保罗提供的藏－缅语分布材料与论断：“藏语 nya，切邦语 ŋa~nya，列普查语 ŋo，藏拉语 ŋa，克钦语 ŋa，怒语 ŋa，缅语 ŋà，加罗语 na-tŏk，博多语 ŋa~na，卢舍依语 hŋa‘鱼’，”构拟了原始藏－缅语“鱼”*ŋya。[②]

李永燧把原始缅彝语“鱼”构拟为 *ŋ̊hah。[③]

D. 布莱德雷构拟了原始彝语支 *ŋa²，共同拉祜语形式 *nga$^{\vee}$“鱼”，依据缅语 ŋa:、傈僳语 ngwa¹、比傈语 ʔaŋ ŋɔ̀//hjàŋ、阿卡语 nga$_{\vee}$、姆比语 ŋa²、彝语、

① 丁邦新：《上古汉语的音节结构》，2 ～ 32 页，见丁邦新：《丁邦新语言学论文集》，北京，商务印书馆，1998。

② ［美］P.K. 本尼迪克特：《汉藏语言概论》，乐赛月、罗美珍译，45 页，北京，中国社会科学院民族研究所，内部资料，1984。

③ 李永燧：《缅彝语音韵学》，881 页，北京，社会科学文献出版社，2011。

共同拉祜语等同源形式。①

藏缅语的 *ŋa “鱼”与汉语“鱼”同源②，而土家语 soŋ^{24} “鱼”的形式比较特别，我们来对比以下同源词：

表 1–1　同源词“鱼”

词义	土家语	藏语	门巴语	嘉绒语	木雅语	贵琼语 // 扎巴语	却域语	纳木依语 // 尔龚语	普米语	羌语	缅语	彝语
鱼	soŋ^{24}	ȵa	ŋa	—	—	—	ȵa^{13}	—	—	—	ŋɑ	hɯ^{33}
五	uŋ^{55}	lŋa	ŋa	mŋo	ɴɑ^{53}/ŋæ^{53}	ŋa^{55}	ŋua^{55}	ŋa^{31}	ŋuɐ^{55}	ʁua	ŋa	ŋɯ^{33}
马③	muŋ^{21}	ta^{55}	te^{53}	mbrɐ	—	—	bre^{13}	mo^{53}	—	—	mrɑŋ^{3}	mu^{21}
浑	luŋ^{24}	ȵo13rʊ^{53}	mo lo lo	kə blo	na^{33}tɕhæ^{53}	na^{35}rə^{53}	ʂn̥ua^{55}	bla	ȵ̥o^{55}	ʁla	nɔk^{4}	næ^{33}
妹	zuŋ^{33}	o:^{13}ma^{52}	ʑɔ:^{35} mo^{53}	—	ra^{53}	nɐ^{53}	—	—	—	ʂuɑʂ	n̥ɑ^{53}mɑ^{53}	ȵi^{33}ma^{55}
耳	uŋ^{22}tɕhie^{24}	rna	na	rnɑ	ȵuə^{24}	nɔ^{35}	—	—	nɐ^{55}	ŋka	nɑ	nɑ^{21}
鼻	uŋ^{24}tɕhi^{55}	sna	na^{53}	ʃna	sə^{53}	—	—	—	nə^{35}		hnɑ:	nɑ^{21}

对应表中，oŋ//uŋ 与 ŋa//na 对应规则，土家语的 soŋ^{24} “鱼”与汉藏语“鱼”语音对应规则，有语言亲属关系。

土家语南部方言“鱼”：sɿ^{21}ŋɨ^{21}//sɿ^{21}ŋi^{21}//sɿ^{33}ŋɯe^{21}，si^{21}ŋɨ^{21} 中的 ŋɨ^{21}，物品名称后附带的与之相应的量词，与词根语素 sɿ^{21} 结合紧密，一般不分开。这个词应该是与 sɿ^{21} “肉”有关。

2. “鱼”（具体鱼名）

土家语里除了“鱼”的种类指称，还有具体鱼的名称：thi^{21}la^{55} “鲢鱼”，a^{33}ti^{33}khu^{33} “鳝鱼”，khu^{22}la^{55} “黄骨鱼”，是北部方言中当地特有的一种鱼。

（二）语义演变类型

1. “鱼”与“渔”

北部方言 soŋ^{24} “鱼”为单音节词，soŋ^{24}tso^{24}（鱼打）“渔”、soŋ^{24}tso^{24}ma^{53}（打鱼人）“渔夫”是合成词，均按土家语的构词方式组合。

土家语有一个专用词 tshoŋ^{55} “赍”，是古时土家族交纳的赋税名称，目前这

① ［澳］D. 布莱德雷：《彝语支源流》，乐赛月、陈康、鲁丁译，332 页，成都，四川民族出版社，1992。

② 金理新：《汉藏语系核心词》，316 页，北京，民族出版社，2012。

③ 土家语南部方言“马”是 mo^{33}，与北部方言语音形式对应。

个词只存于北部方言。北部方言中的 soŋ^{24} “鱼”与这个词语音很接近。这两个词是否有关系，尚待更多探讨。

2. “鱼”与“肉”

南部方言的 si^{21}ŋɨ^{21} “鱼”，si^{21} 意为“肉”，ŋɨ^{21} 为个体量词，紧跟名词之后，一般不分离。

“鱼”和“肉”是狩猎民族主要的食物来源，捕获的“兽”和“鱼”是肉类食物的来源。“上山打猎（赶山），下河摸虾”是山区狩猎民族最主要的获取食物的方式，人们对兽、鱼等物种应该早有认识。对土家族来说，“赶山”所获“兽”是肉食来源，土家语里的“兽”与“肉”关系密切。从南部方言形式来看，“鱼”与“肉”也相关。

“鱼、肉”相关在其他语言里也有类似情况，侗台语中的拉珈语 mom^{6} “鱼”与水语等同源，也表示“肉”的意思。印尼语 ikan “鱼、鱼类菜肴”，在有的方言里也表示“肉”，“牛肉” ikan sapi，“鸡肉” ikan ayam。[①]

二、鸟（bird）

“bird 鸟”居“百词表”第 20 位，是基本核心词。

（一）词源分析

土家语“鸟”南北部方言差异较大，分别讨论。

1. 北部方言

（1）“鸟”

“鸟”：坡脚话 ȵie^{24}pi^{55}，他砂话 niɛ^{35}pi^{55}，龙山话 niɛ^{35}pi^{55}，仙仁话 ȵi^{33}pi^{33}，保靖话 ȵie^{35}pi^{55}，古丈话 ȵi^{35}pi^{35}。与以下藏缅语的“鸟”“鸡”语音相近相似。

藏缅语中的“鸟”：南华彝语 ȵɛ̠^{33}，傈僳语 niɛ^{35}khɯ^{33}//nɛ^{35}，缅语 ŋ̊ɛ^{ʔ44}。

藏缅语中的“鸡”：贵琼语 na^{31}。

汉语“鳥” *tɯɯwʔ//*ntɯw，《说文》：“鳥，长尾禽緫名。”都了切，端母，现在读 n-，一般认为是避讳造成的。包拟古有不同的看法：藏语 mchil（*m-thyil）“小鸟”，汉语“鳥” *ntil:，ntiw://tieu:，官话 niao^{3}。“鸟”的官话读音本来应是

① 陈孝玲：《侗台语核心词研究》，31 页，成都，巴蜀书社，2011。

$tiao^3$，以 n- 代替原来的 t-，有人解释是为了避免跟一个亵词同音。比较简单的解释是，藏缅语的鼻音前缀同化作词根声母，以后复辅音 nt- 再简化作 n-。这个假设如果成立的话，那么官话的读音就是比较古老的，因为它所保存的鼻音前缀在其他方言中已经消失了。①

侗台语、苗语"鸟"的声母都是 n-：傣雅 nok^8，西双版纳 nok^8，德宏 lok^8，泰语 nok^8 < *nl/r-。土家语北部方言"鸟"的声母也是 n-//ȵ-，是否与之对应？不过，汉语声母 *t 和台语声母 *nl/r-、*hn-、*ȵ-、*r- 是可以对应的。②

白保罗根据克钦语 u-ri < *rik "野鸡"（u "鸟"），缅语的 rats "野鸡"，加罗语 grik "野鸡"、do-grik "黑野鸡"（do "鸟"），卢舍依语 va-hrit "黑野鸡"（va "鸟"），但是藏语是 sreg-pa，西部藏语是 śrag-pa "野鸡"，列普查语是 kəhryak fo "野鸡"（fo "鸟"），构拟了原始藏－缅语 *s-rik~*s-ryak。③ 这一词根表明藏缅语词中元音 *ya 和 *i 的交替。

（2）"鸡"

"鸡"：坡脚话 za^{21}，他砂话 za^{21}，龙山话 za^{21}，仙仁话 za^{33}，保靖话 za^{21}，永顺话 za^{21}，古丈话 za^{21}，与藏缅语族多种语言的"鸡""鸟"语音对应规则。

早期藏缅语"鸡"和"鸟"可能有一个共同形式，声母为舌根音塞音 *g，主元音为 *a，依据以下藏缅语形式。

"鸡"：藏文 bja，错那门巴语 $kha^{ʔ53}$，墨脱门巴语 go wa，独龙语 $kɑ^{ʔ55}$，阿依怒语 $khɑ^{ʔ55}$，格曼僜语 $kɹɑi^{55}$，缅文 $krɑk^4$，阿昌语 $kʐua^{ʔ55}$，仙岛语 $kʐo̤^{ʔ55}$，勒期语 $kjɔ^{ʔ31}pho^{53}$。

"鸟"：藏文 bja，缅文 $hŋɑk^4$，墨脱门巴语 kha，箐花普米语 $gue^{13}tsi^{55}$，桃巴普米语 $guɛ^{35}tɕi^{35}$，纳木兹语 $ge^{55}zɿ^{55}$。

舌根塞音腭化，是藏缅语中普遍的音变现象。那么，"鸟"：拉萨藏语 $tɕha^{13}$，夏河藏语 ɕa，错那门巴语 $tɕa^{35}$，九龙普米语 $dʑẽ^{35}dʑa^{11}//dʑẽ^{55}$，道孚语 vdʑɛ vdʑu，阿依怒语 $tɕha^{55}$；"鸡"：拉萨藏语 $tɕha^{13}te^{35}$，巴塘藏语 $ɕa^{35}$，夏河藏语 ɕa wo，却域语 $rdʑa^{13}bʑa^{55}$，是腭化后的形式。

① ［美］包拟古：《原始汉语与汉藏语》，潘悟云、冯蒸译，白一平校，183 页，北京，中华书局，2009。

② 邢公畹：《汉台语比较手册》，154 页，北京，商务印书馆，1999。

③ ［美］P.K. 本尼迪克特：《汉藏语言概论》，乐赛月、罗美珍译，89～90 页，北京，中国社会科学院民族研究所，内部资料，1984。

塞擦音腭化、擦音化，是藏缅语中普遍的音变现象。那么，“鸟”：拉萨藏语 tɕha^{13}，夏河藏语 ɕa，错那门巴语 tɕa^{35}，阿依怒语 tɕha^{55}；“鸡”：拉萨藏语 tɕha^{13}te^{35}，巴塘藏语 ɕa^{35}，夏河藏语 ɕa wo，却域语 rdʑa^{13}bʑa^{55}，是腭化后的形式。

“鸡”：道孚语 ɤra，吕苏语 ɣuq^{35}，浪速语 ɣɔ^{ʔ31}，波拉语 ^{ʔ31}pha^{35}，怒苏怒语 ɣɹa^{53}，武定彝语 ɤɑ^{2}，傈僳语 ɣɑ^{33}phu^{33}，哈尼语 a^{31}xa^{33}，拉祜语 ɣɑ^{54}，基诺语 ja^{42}，嘎卓语 ɣa^{53}，土家语 za^{21}，则是擦音化后的形式。土家语 za^{21}“鸡”与之语音对应规则。

D. 布莱德雷的材料和构拟支持以上观点：原始彝语支 *k-rak^{H}，共同拉祜语 *g^{l}a^“鸡”，依据缅语 krak、傈僳语 a^{1}rgha^{1}、普诺伊语 hia、比傈语 hja、阿卡语 ya ci^、姆比语 wa^{4}、共同拉祜语等同源形式。①

D. 布莱德雷构拟的原始彝语支“鸡”是 *k-rak^{H}，共同拉祜语形式是 *g^{l}a^，同时他构拟的原始彝语支“鸟”是 *s-ŋyak^{H}，共同拉祜语形式是 *nga^，其依据是缅语 hŋak、傈僳语 nyá^{2}、普诺伊语 hià、比傈语 hajà、阿卡语 a$^{\vee}$ji$^{\vee}$//nga ji$^{\vee}$、姆比语 ɲaŋʔ^{4}、共同拉祜语等同源形式。② 从 D. 布莱德雷的讨论来看，彝语支的“鸡”与“鸟”是紧密相关的。

彝语支语言中“鸡”的声母也是舌根塞音。李永燧把原始缅彝语“鸡”构拟为 *ghrak。③

2. 南部方言

“鸟”：kɨ^{21}tso^{21}//kɯ^{33}tso^{33}loŋ^{21}//kɯ^{33}tso^{33}。kɨ^{21}tso^{21}“鸟”如果不是借自汉语“雞”*kee，则两者有共同来源。汉语“雞”*kee，《说文》：“雞，知時畜也。”

以下藏缅语“鸟”“鸡”的声母也是舌根塞音，与土家语 kɨ^{21}tso^{21}“鸟”形成语音对应关系。

“鸟”：墨脱门巴语 kha，箐花普米语 ɡue^{13}tsi^{55}，桃巴普米语 ɡuɛ^{35}tɕi^{35}，纳木兹语 ge^{55}zʅ^{55}；缅文 kje^{3}“鸟类的总称”（《词典》49）。

“鸡”：错那门巴语 kha^{ʔ53}，墨脱门巴语 go wa，独龙语 kɑ^{ʔ55}，阿依怒语

① ［澳］D. 布莱德雷：《彝语支源流》，乐赛月、陈康、鲁丁译，328 页，成都，四川民族出版社，1992。

② ［澳］D. 布莱德雷：《彝语支源流》，乐赛月、陈康、鲁丁译，328 页，成都，四川民族出版社，1992。

③ 李永燧：《缅彝语音韵学》，847 页，北京，社会科学文献出版社，2011。

kha^{ʔ55}，格曼僜语 kɹai^{55}，缅文 krak^{4}，阿昌语 kʐua^{ʔ55}，仙岛语 kʐɔ^{ʔ55}，勒期语 kjɔ^{ʔ31}pho^{53}，白语 ke^{55}。

综上比较，土家语的“鸡”“鸟”与藏缅语应该有共同来源，即浊舌根塞音声母，但分化较早，南部方言保留的舌根塞音清化了，而北部方言则是擦音化了。

（二）语义演变类型

藏文里的“鸟”与“鸡”同形，藏缅语中的“鸟”与“鸡”关系密切，可为同族词。土家语北部方言 za^{21}“鸡”、南部方言 kɨ^{21}tso^{21}“鸟”与藏缅语言的“鸡”、汉语的“雞”有着规则的语音对应关系。但北部方言的 ȵie^{24}pi^{24} 另有来源，是否与彝语、傈僳语有共同来源，有待更多的证据。

北部方言 ȵie^{24}pi^{24}“鸟”，词根语素 ȵie^{24}，还可以组合成词，如 ȵie^{55}lan^{55}a^{21}to^{21}“布谷鸟”，ȵie^{24}pi^{53}si^{21}“鸟肉、雀肉”。

三、狗（dog）

“dog 狗”居“百词表”第 21 位，是基本核心词。

（一）词源分析

北部方言“狗”：坡脚话 xa^{55}lie^{21}，他砂话 xa^{53}liɛ^{21}，龙山话 xa^{55}lie^{21}，仙仁话 xa^{33}lie^{54}，保靖话 xa^{35}lie^{53}，永顺话 xa^{21}lie^{24}，古丈话 xa^{53}lie^{21}。南部方言“狗”：tshe^{55}//tshie^{55}//tshe^{55}lõ^{33}。狗在以狩猎为生的土家先民生活中，具有极其重要的作用。北部方言是多音节，声母为舌根擦音 x 和边擦音 l，有可能来源于复辅音 *kl 或 *gl，南部方言的塞擦音 ts 也有可能来源于舌根音声母，如 *kl 或 *gl。若是如此，南北方言有共同来源，但分化较早。若非如此，南北方言则不同源。

要证实以上推测，需要扩大考察范围，我们来考察各藏缅语言的“狗”：比较古老的藏文 khji，缅文 khwe^{3}，错那门巴语 chi^{53}，多种羌语支、彝语支、缅语支、景颇语言与藏文、缅文一样都是舌根塞音声母 k 或 kh；巴塘藏语 tɕhɪ^{53}，夏河藏语 tɕhə ɣə，兰坪普米语 tʂhə^{13}，却域语 ʃtʃhi^{55}，吕苏语 tɕhu^{53}，武定彝语 tɕhi^{33}，撒尼彝语 tshz^{11}，纳木兹语 tʂhɿ^{31}，嘎卓语 tshɿ^{31}。土家语南部方言 tshie^{55}

是塞擦音声母；阿昌语 xui^{31}、仙岛语 fui^{31}、土家语北部方言 xa^{55}lie^{21} 是擦音声母；浪速语是 lǒ^{31}kha^{35}，与土家语形式有关联。由以上各藏缅语言比较来看，早期共同藏缅语“狗”声母是舌根塞音 *k，主元音是 *i，土家语南部方言是舌根音塞擦化后的形式。

至于北部方言的擦音声母，我们来看看白保罗提供的藏－缅语材料论述：“藏语 khyi，卡瑙里语 kui，特博尔语 khui，瓦尤语 uri，切邦语 kwi，巴兴语 khli-tśa，林布语 khi-a，迪加罗语 nkwi，克钦语 gwi，吉利语 təkwi，怒语 təgi，缅语 khwè，加罗 A 方言 *kui（科奇语和鲁加语 kui，拉巴语 ki），迪马萨语 si，卢舍依语（和一般库基语）ui，米基尔语 hi＜*khi（罗宾逊 1849 年所记的已废的词）‘狗’（藏－缅语 *kwiy）。”① 在这里，白保罗提供了米基尔语 hi＜*khi“狗”，根据这一论断，那么，土家语北部方言、阿昌语、仙岛语的擦音声母，也可以推测为 x/f＜*kh。而且浪速语的形式 lǒ^{31}kha^{35}，为土家语北部方言的这个演变推测提供了某种可能性。

如此看来，土家语南部方言、北部方言，都来自共同藏缅语，发展途径并不一样。

D. 布莱德雷说，彝语支的“狗”也是舌根塞音声母，与白保罗的材料、藏－缅语材料基本一致。D. 布莱德雷构拟的原始彝语支 *kwe、共同拉祜语 *hpui$^{\vee}$“狗”，依据缅语 hkwe:、傈僳语 a^{1}na^{5}、普诺伊语 khə̀、比傈语 khɯ̀、阿卡语 a$_{\vee}$kui$_{\vee}$、姆比语 khɯ^{2}、共同拉祜语等同源形式。②

土家语“狗”可与汉语“犬”比较：“犬”*khweenʔ。《说文》：“犬，狗之有縣蹏者也。”这里指大狗。汉语的“犬”和“狗”是两个不同的词。《尔雅·释畜》：“未成豪，狗。”后来，“狗”取代了“犬”。缅文 khwe^{3}“狗，犬”。郑张尚芳拿汉语的“犬”和缅语的 khwe^{3} 比较③。汉语和缅语声母、介音、主元音都相同，不过汉语多了一个 *-n 韵尾。

① ［美］P.K. 本尼迪克特：《汉藏语言概论》，乐赛月、罗美珍译，42 页，北京，中国社会科学院民族研究所，内部资料，1984。

② ［澳］D. 布莱德雷：《彝语支源流》，乐赛月、陈康、鲁丁译，322 页，成都，四川民族出版社，1992。

③ 郑张尚芳：《汉语与亲属语同源根词及附缀成分比较上的择对问题》，见郑张尚芳：《郑张尚芳语言学论文集》，713 ~ 730 页，北京，中华书局，2012。

（二）语义演变类型

xa^{55}lie^{21}不仅单独成词，还可以组合成新词，如 xa^{55}lie^{21}mi^{55}ma^{55}“黄蜂”。xa^{55}lie^{21}pho^{53}“狗放（赶野兽）”，即土家族称为“赶山”（又称“赶肉”）的狩猎活动。xa^{55}lie^{21}a^{55}pa^{53}“公狗”，xa^{55}lie^{21}ni^{21}ka^{21}“母狗”。

四、虱（louse）

“louse 虱”居“百词表”第 22 位。

（一）词源分析

1.“虱子”

北部方言：坡脚话 sɿ^{33}sɿ^{33}，他砂话 sɿ^{55}sɿ^{55}，龙山话 si^{55}si^{55}，仙仁话 sɿ^{54}sɿ^{33}，古丈话 sɿ^{55}sɿ^{55}；南部方言：ʔa^{21}si^{55}//a^{13}sɿ^{55}。南北方言形式内部比较一致，词根为 sɿ^{33}。

土家语 sɿ^{33}sɿ^{33}“虱子”，与藏语支、羌语支、缅语支、彝语支等藏缅语“虱”有语音对应关系：藏语 ɕi^{52}，错那门巴语 ɕeʔ^{55}，墨脱门巴语 ɕiŋ，羌语 xtʂə，兰坪普米语 ʃi^{55}，九龙普米语 ɕi^{55}，却域语 ʃi^{55}，史兴语 ɕæ^{55}mi^{55}，独龙语 ɕiʔ^{55}，载瓦语 ʃin^{21}，浪速语 ʃiŋ^{35}，怒苏怒语 ʂɚ^{55}，喜德彝语 ʂɯ^{55}，山彝语 ɕi^{55}，南华彝语 ɕe^{55}，撒尼彝语 ɕɪ^{33}mɒ^{33}，哈尼语 se^{55}，白语 ɕi^{33}。

白保罗构拟的藏－缅语的“虱”是 *s-rik，依据“藏语 sig，布南语 srig，卡瑙里语 rik，列普查语 sak<*sik，克钦语 tsiʔ，怒语 si，米里语 təik（阿博尔语 tik），加罗语 tik，迪马萨语 thi-khu~thi-pu，卢舍依语 hrik，米基尔语 rek‘虱子’（藏－缅语 *s-rik）”[1]。

龚煌城将汉语的“蝨”*srjit 与藏文 shig<*syig“虱”进行比较。[2]

根据 D. 布莱德雷对彝语支源流的研究结果看，彝语支的“虱”是擦音声母，与藏缅语、白保罗提供的藏－缅语有规则的语音对应关系。D. 布莱德雷构拟的

① ［美］P.K. 本尼迪克特：《汉藏语言概论》，乐赛月、罗美珍译，113 页，北京，中国社会科学院民族研究所，内部资料，1984。

② 龚煌城：《汉藏语研究论文集》，12 页，北京，北京大学出版社，2004。

原始彝语支 *xan^{1}，共同拉祜语 *she: “虱”，依据缅语 san:、傈僳语 hrgh^{4}、普诺伊语 sə́n、比傈语 sén、阿卡语 sheh$^{\vee}$、姆比语 se^{6}、共同拉祜语等同源形式。①

李永燧认为原始缅彝语也是擦音声母“虱子” *ʃhanh//*sha。②

土家语 sɿ^{33}sɿ^{33} “虱子” 可与汉语的“蝨” *sr̆it 比较，《说文》：“蝨，齧人蟲。从䖵卂声。”段玉裁注：“古或叚幾瑟作蟣蝨。蟣者、蝨子也。所櫛切。十二部。”

2. “跳蚤”

北部方言：坡脚话 li^{55}li^{21}，他砂话 li^{53}li^{21}，龙山话 li^{55}li^{21}，仙仁话 li^{33}li^{54}，保靖话 li^{35}li^{55}。

南部方言：kɨ^{55}tso^{21}//kɯ^{55}tsau^{33}。

藏缅语“跳蚤”的声母可分为边音 l- 和舌根塞音 k- 两种：错那门巴语 liu^{55}，九龙普米语 ɬɛi^{55}，却域语 ɬlɯ^{13}//sɬɯ^{13}，木雅语 rə̱^{33}tshi^{53}，吕苏语 ɬe^{33}，独龙语 sɯ^{31}li^{53}，阿依怒语 ʂʅ^{31}ɭɪ^{31}，缅文 hle^{3}，缅语 ɬe^{55}，阿昌语 li^{31}，怒苏怒语 l̥i^{55}，傈僳语 xɯ̱^{33}，夏河藏语 dʑe，景颇语 wa^{ʔ31}khă^{55}li^{55}，喜德彝语 khɯ^{33}ʂ̱ɯ^{33}，巍山彝语 khɯ^{21}çi^{55}，绿春哈尼语 khɯ^{31}se^{55}，墨江哈尼语 khɯ^{31}ʃɛ^{55}，基诺语 khɯ^{33}ʃe^{44}，纳西语 khɯ^{55}ʂ̱u^{33}，载瓦语 khe^{55}lai^{21}，浪速语 khə̆^{31}la̱^{35}，波拉语 khə̆^{31}lu̱i^{35}，武定彝语 tɕhe^{33}çe^{35}，嘎卓语 tshɿ^{31}sɛ^{33}。

土家语北部方言 li^{55}li^{21} 与独龙语、怒语、羌语支、缅语支语言语音对应规则，南部方言 kɨ^{55}tso^{21} 则与藏语、木雅语、载瓦语、浪速语、波拉语、彝语支、嘎卓语语音对应规则。

（二）语义演变类型

si^{55} “虱”既可单独成词，也能组合成词，表示“虫类，小个头的虫”的虫类名称。例如北部方言里的 si^{55}ni^{21}ka^{21}“蚂蚁”，mi^{55}si^{21}kho^{35}kho^{35}“萤火虫”，tha^{55}si^{55}“蝴蝶”，tɕhĩ^{21}ŋo^{35}si^{21} “蝉”，tha^{55}si^{53}pi^{53} “蛾子”，se^{21}si^{21}la^{35}pu^{53}ka^{35}tshi^{21} “蟑螂”；南部方言里的 tɕi^{55}a^{35}si^{21} “蝉”，la^{33}ŋɨ^{33}ʔa^{35}si^{55} “臭虫”。

① ［澳］D. 布莱德雷：《彝语支源流》，乐赛月、陈康、鲁丁译，332 ~ 333 页，成都，四川民族出版社，1992。

② 李永燧：《缅彝语音韵学》，866 页，北京，社会科学文献出版社，2011。

五、油（grease）

“油”居“百词表”第32位，是基本核心词。

（一）词源分析

1.“油”

北部方言：坡脚话 siə^{21}sɿ^{24}，他砂话 sɤ^{21}sɿ^{35}，龙山话 sie^{21}si^{35}，仙仁话 sɿ^{54}sɿ^{35}，古丈话 se^{21}sɿ^{35}，双音节，“油”的总称，sɿ^{22} 义为“肉，狩猎所得的猎物，包括兽、鸟等”。

南部方言：si^{21}tshe^{35}//si^{33}tshie^{35}，合成词，si^{21} 义为“肉”，tshie^{35} 义为“水，水样的液体”，“肉”义加上“水，水样的液体”义即为“油”之义。

对比藏缅语材料，“清油”：夏河藏语 hji，墨脱门巴语 si，缅文 shi^{2}，缅语 shi^{22}；“油”（总称）：墨脱门巴语 si，桃坪羌语 sɑ^{33}ie^{53}，纳木义语 ji^{55}tsɿ^{33}，墨江彝语 tshɛ^{21}，缅文 hsi^{2}，缅语 hsi^{22}，阿昌语 si^{31}tɕhɔ^{55}，格曼僜语 tɑ^{31}si^{55}，剑川白语 jɯ^{21}。土家语与藏语、缅文形式语音对应。

2.“猪”

北部方言：坡脚话 tsɿ^{33}，他砂话 tsɿ^{55}，龙山话 tsɿ^{55}，仙仁话 tsɿ^{54}，保靖话 tsi^{55}，古丈话 tsɿ^{53}；南部方言：dzi^{13}。

土家语“猪”方言内部形式一致，南部方言中保留了浊塞擦音，北部方言中则是相对应的清塞擦音。土家语“油”与“肉”有关，si^{35}“肉”与 tsi^{55}“猪”语义相关，且语音对应规则 *si＜*tsi＜*dzi。

对比汉缅语材料：汉语“脂”*tɕi＜*kjĭ。《说文》：“脂，戴角者脂，無角者膏。”引申指“油脂”。缅文 tshii^{2}“油，油脂”（《词典》260）。

对比藏缅语材料“脂肪油”：藏文 tshil lu，拉萨藏语 num^{55}tshiː^{55}，巴塘藏语 tshi^{55}，夏河藏语 tshi，阿力克藏语 tshə，喜德彝语 tshɿ^{33}（动物油），南涧彝语 tɕhe^{55}（动物油），南华彝语 tshɛ^{33}（动物油），哈雅哈尼语 tshi^{55}，基诺语 a^{33}tshɯ^{44}，纳木兹语 ji^{53}tsɿ^{31}，嘎卓语 tshɤ^{33}，大理白语 tsi^{55}（总称）。土家语 tsi^{55} 与藏语、彝语支语言形式对应规则，南部彝语塞擦音声母已是腭化形式 *tɕ＜*ts，韵母舌位相应地拉低 *e＜*i。白保罗把原始藏－缅语的“油脂”构拟成 *tsil，并和汉语的“脂”字比较。①

李永燧认为缅彝语中“肥、胖”与“油”有关，原始缅彝语“胖$_2$”为 *tshi，“肥$_1$（肉）”为 *tshi，“（脂肪）油$_1$”为 *tshu，“（脂肪）油$_2$”为 *tshi。②

*tsi＜*kjĩ，土家语与汉语、缅语、藏语语音对应规则，与更多彝语支语言形式相似。塞擦音 ts- 在土家语里变成了擦音 s-。*ts-＞*s-，“在前元音 i 前面的腭化作用在整个藏－缅语区都是普通的现象”③。

（二）语义演变类型

北部方言 siə^{21}sɿ^{24}“油”与 si^{22}“肉”有关，由“肉”发展而来，而“肉”与 tsi^{55}“猪”关系密切。

南部方言里，sɿ^{21}tshᴇ^{35}“油，植物油”是合成的双音节词，既表示“油”的总称，还可组合成词，表示其他油类。如：dzɿ^{13}$_{\text{猪}}$sɿ^{21}tshᴇ^{35}$_{\text{肥水}}$“猪油”；dza^{33}tsi^{55}kho^{35}sɿ^{33}tɕhᴇ^{35}“茶油（食用）”，dza^{33}tsi^{55}kho^{35} 义为“茶油树”，本身也是一个由汉语 dza^{33}tsi^{55}“茶籽”、土家语素 kho^{35}“木”组合的合成词。“油渣（猪油的）”dzɿ^{13}$_{\text{猪}}$sɿ^{21}$_{\text{肥}}$ ^{1}tshᴇ^{35}$_{\text{水}}$tsa^{33}$_{\text{渣}}$。

六、蛋（egg）

“egg 蛋”居“百词表”第 33 位。

（一）词源分析

北部方言“蛋”：坡脚话 a^{55}lie^{55}，他砂话 a^{55}liɛ^{55}，龙山话 a^{55}lie^{55}，仙仁话 a^{54}lie^{33}，保靖话 lie^{21}，古丈话 lie^{55}。

南部方言“蛋”：ʔa^{21}le^{55}//ʔa^{21}lie^{55}//lie^{21}//a^{13}lie^{55}。南北方言内部形式一致 a^{55}lie^{55}。

藏缅语中的“蛋”，大多是藏语型的，藏缅语共同形式为 *s-go。这一形式跟汉语的“丸”*gon 对应，两者有语源关系。木雅语 kuə^{53}、观戎语 lʁu“睾丸”，

① ［美］P.K. 本尼迪克特：《汉藏语言概论》，乐赛月、罗美珍译，302 页，北京，中国社会科学院民族研究所，内部资料，1984。

② 李永燧：《缅彝语音韵学》，859 页、839 页、880 页，北京，社会科学文献出版社，2011。

③ ［美］P.K. 本尼迪克特：《汉藏语言概论》，乐赛月、罗美珍译，25 页，北京，中国社会科学院民族研究所，内部资料，1984。

对应藏语的 sgo-（ŋa）“蛋”。景颇语的 ti^{31}“蛋”实际上是藏语的 rlig“睾丸”。[①]

土家语的 lie^{55} 也表示“睾丸，蛋”的意思，liɛ^{35}phɤ^{55} 是“卵泡，阴囊”的意思，liɛ^{35}phɤ^{55}pu^{35}li^{55} 是同义复合的合成词，表示“卵子子”也就是“睾丸”的意思，pu^{35}li^{55} 义为“果子，种子，圆形的、颗粒状的颗粒物”。

因此，土家语的 a^{55}lie^{55}“蛋”是可以与藏缅语的“睾丸”比较的：藏文 rilg ril，拉萨藏语 lik^{55}ri:^{55}，错那门巴语 thi^{55}li^{ʔ53}，史兴语 læ^{33}hĩ^{53}，景颇语 ne^{31}ti^{31}，阿昌语 n̥i^{31}tsi^{ʔ31}，仙岛语 li^{55}tsi^{31}，载瓦语 ŋj̃i^{21}tʃi^{55}，浪速语 ŋji^{35}tʃik^{55}，波拉语 ŋji^{35}tʃʅ^{35}，勒期语 ŋji^{55}tʃei^{55}，基诺语 li^{44}tsi^{44}，纳西语 læ^{33}，纳木兹语 læ^{31}sʅ^{33}lʉ^{35}。

（二）语义演变类型

1.“蛋”与蛋状物

a^{55}lie^{55} 既可单独表示总称“蛋”，也可作为语素组合成词表示其他蛋类、蛋状物。如：za^{21}lie^{55}“鸡蛋”，sa^{55}lie^{55}“鸭蛋”，半借汉词 ŋo^{21}a^{21}lie^{21}、ŋo^{21}tsi^{21}a^{21}lie^{55}“鹅蛋”，n̥ie^{24}pi^{24}a^{55}lie^{55}“鸟蛋”，sũ^{35}a^{55}liɛ^{55}“鱼子”，so^{33}n̥i^{13}lie^{55}“蚕茧”。

2.“蛋，卵”与“种子”

南部方言中，ʔa^{21}lie^{55} 既表示“蛋，卵”的意思，又表示“种子”的意思。

北部方言中表示植物种子时常用 pu^{35}li^{55} 这个形式，如 wuã^{55}tu^{55}pu^{35}li^{55}“豌豆子子，豌豆种子”，mu^{35}jiou^{55}pu^{35}li^{55}“木油子，乌柏树种子”，tshã^{21}tu^{35}pu^{35}li^{55}“蚕豆子子，蚕豆种子”。表示类称的“种子”是 niɘ^{33}laŋ^{33}，这个形式应该是 a^{55}lie^{55}“蛋，卵”的引申发展。

3.“蛋”与“生蛋”

lie^{55}“蛋”作名词，也作动词“生（蛋）”：北部方言坡脚话的 lie^{55}，与古丈话 a^{55}lie^{55}bo^{21}“生蛋”相同，南部方言 lie^{55} 也表示“生（蛋）”的意思。

藏缅语族中的其他语言里也有此类语义发展类型。缅文 û^{1} 既表示“蛋（鸡蛋）”，也表示“下（蛋）”；阿昌语 u^{ʔ31} 表示“蛋（鸡蛋）”，u^{35} 表示“下（蛋）”；仙岛语 u^{31} 表示“蛋（鸡蛋）”，u^{35} 表示“下（蛋）”；怒苏怒语 u^{31} 表示“蛋（鸡蛋）”，u^{33} 表示“下（蛋）”；喜德彝语 tɕhi^{21} 既表示“蛋（鸡蛋）”，也表示“下（蛋）”；拉祜语 u^{33} 既表示“蛋（鸡蛋）”，也表示“下（蛋）”；景颇语 ti^{31} 既表示“蛋（鸡蛋）”，也表示“下（蛋）”。

① 金理新：《汉藏语系核心词》，358 页，北京，民族出版社，2012。

七、角（horn）

“horn 角”居“百词表”第 34 位。

（一）词源分析

北部方言“角”：坡脚话 khɯ^{55}，他砂话 khɤ^{53}，龙山话 khɨe^{55}//khɯe^{55}，仙仁话 a^{55}khɯə$^{33/31}$a^{55}khɯə^{33}，保靖话 khe^{55}，古丈话 khəu^{53}。

南部方言“角”：ʔa^{33}khɨe^{33}//a^{33}khɯe^{21}。南北方言内部形式一致，词根为舌根塞音声母 khɯe^{55}。

“角”在藏缅语族语言中分布较为广泛：拉萨藏语 ra^{55}ko^{52}，阿力克藏语 ra tɕho，史兴语 qhuɜ^{55}，阿依怒语 ˀi^{55}khɯ^{31}，缅文 khjo^{2}，缅语 tɕho^{22}//dʑo^{22}，阿昌语 khz̥au^{35}，仙岛语 a^{31}khz̥au^{55}，载瓦语 khjui^{51}，浪速语 khjuk^{31}，波拉语 khju^{55}，勒期语 khjou^{33}，怒苏怒语 khɹɯ^{33}，巍山彝语 khu̯^{55}，撒尼彝语 khɯ^{33}，绿春哈尼语 khø^{55}，拉祜语 ɔ^{31}khɔ^{33}，纳西语 kho^{33}，均为“犄角”义。土家语 khɯe^{55} 与藏缅语族中的藏语、史兴语、怒语、缅语支、彝语支语言形式语音对应规则。

白保罗将藏－缅语“角”构拟为 *kruw，其依据是：缅语 khrui，傈僳语 tŝhu，阿细语 tŝhö，尼语 hkə，怒语（梅兰方言）təkru，缅语 khruh~khyui。①

白保罗替藏－缅语构拟了 *-w 尾。龚煌城认为，藏缅语韵尾的 *-w 与 *-y 正是原始汉藏语 *-g 与 *-d 的痕迹，在汉藏语的比较中有对应。原始汉藏语不但有 *-t 与 *-d 的韵尾转换，也有 *-k 与 *-g 的韵尾转换，例如：古汉语“角”*kruk，原始藏缅语 *kruw“角”，原始汉藏语 ＜*kruk~*krug。②

D. 布莱德雷也认为，原始彝语支“角”*kro^{1}，共同拉祜语 *hkuh:“角”，与缅语 hkrui、傈僳语 wu^{1}hchi^{3}、普诺伊语 ʔã cháw、比傈语 ʔaŋ khjáw、阿卡语 coe^{v}、姆比语 ŋ^{2}khɯ^{6}、共同拉祜语 *hkuh 等形式同源。③

李永燧的观点也相似，也认为原始缅语的“角”声母是 *kh，原始缅彝语

① ［美］P.K. 本尼迪克特：《汉藏语言概论》，乐赛月、罗美珍译，19 页，北京，中国社会科学院民族研究所，内部资料，1984。

② 龚煌城：《汉藏语研究论文集》，218 ～ 219 页，北京，北京大学出版社，2004。

③ ［澳］D. 布莱德雷：《彝语支源流》，乐赛月、陈康、鲁丁译，334 ～ 335 页，成都，四川民族出版社，1992。

“（牛）角” *khro，“角儿” *khlon。[①]

土家语 khɯe⁵⁵ “角” 还可以与汉语 “角”、缅文 khjɯ² “角，犄角”（《词典》122）比较：汉语 “角” *kroog//*krok，《说文》：“角，獸角也。象形。”

（二）语义演变类型

1. “角” 与 “弯曲”

土家语由 “角” 直接派生出 “弯曲” 的意思，khu³⁵khui⁵⁵，形容词，“弯曲”。这个词可与汉语 “觓” 比较，“觓” *grɯ̆w，《说文》：“觓，角皃。”

khu³⁵khuei⁵⁵ 形容词 “弯曲，弯”；khu³⁵thu⁵⁵ 形容词 “弯曲，弯”，动词 “使弯曲”；khɯe⁵⁵mu²¹khɯe⁵⁵tha⁵³，形容词，形容角多弯曲，形状不规范。

2. “角” 与曲状物

土家语由 “角” 直接派生出 “弯曲的地方” 等意思。khɯe⁵⁵xa⁵³，名词，“山坳上的土坪”，一般在 khɯe⁵⁵xa⁵³ 前要带一个地名；khɯe⁵⁵xau⁵³，名词，“两山之间的狭长的土坪”，一般在 khɯe⁵⁵xau⁵³ 前要带一个地名。

3. “角” 与动作 “滚”

土家语 “角” 除了发展出 “弯曲” “弯曲的地方” 等意思之外，还发展出相应的动作 “滚”，北部方言 khu⁵⁵lo⁵⁵ “滚”，南部方言 ku³⁵lu⁵⁵ “滚”。

藏语当中也有类似的语义发展类型：拉萨藏语 ra⁵⁵ko⁵² “犄角”，ku¹³ku⁵² “弯（弯的）”，khu¹³² “弯（动词）”，ku⁵² “弄弯”。藏语 skyil-ba “弯”，khyil-ba “绕，缠，滚”。

八、尾（tail）

“tail 尾” 居 “百词表” 第 35 位。

（一）词源分析

1. “尾巴”

北部方言：坡脚话 ȵie²¹phuŋ²⁴，他砂话 liɛ²¹phũ⁵⁵，龙山话 lie²¹phoŋ³⁵，仙仁话 le³³mu³⁵，保靖话 lie²¹mu²¹thi²¹，古丈话 lie²¹phuŋ³⁵。

① 李永燧：《缅彝语音韵学》，848 页，北京，社会科学文献出版社，2011。

liɛ^{21}khu^{21}ti^{35}“尾子，物体的末梢”，tha^{55}ȵie^{55}“后（后边）”。

南部方言：jiã^{21}tʉ^{55}//lia^{35}tɯ^{55}。

土家语 ȵie^{21}phuŋ^{24}//le^{33}mu^{35}//lia^{35}tɯ^{55}“尾巴”，方言内部形式比较一致，可以与以下藏缅语的“尾”“后”“下垂”比较。

“尾巴”：拉乌戎语 lmi^{53}，兰坪普米语 mɐ^{13}ɬiɛ^{55}，九龙普米语 mɛi^{31}，嘉绒语 tɐ jmi，却域语 rnə^{13}，扎坝语（ʂ）ȵʌ^{55}pʌ^{55}ti^{33}，木雅语 mə^{24}，独龙语 mi^{55}，达让僜语 lɯ^{31}mɯn^{55}，义都珞巴语 lɯ^{31}mun^{53}，缅文 ɑ^{1}mri^{3}，缅语 ɑ^{53}mji^{55}，怒苏怒语 m̥ɯ^{55}pɹɚ^{53}，喜德彝语 phu^{21}ʂu^{33}，南华彝语 mə^{55}tə^{33}，撒尼彝语 mæ^{55}，傈僳语 ɑ^{55}mo^{31}，拉祜语 mɛ^{11}tu^{33}，纳西语 mæ^{33}，纳木兹语 mæ^{31}ku^{31}，嘎卓语 mɯ^{55}ta^{323}。

“后（后边）”：错那门巴语 ʑu^{35}le^{31}，羌语 stɛ gɛ，道孚语 ʁə ȵu，木雅语 le^{53}，贵琼语 ŋga^{35}ʐe^{55}，史兴语 ki^{55}mæ^{55}，达让僜语 plɯu^{53}。

“下垂”：藏语 ma:^{13}ɬuŋ^{52}，错那门巴语 se^{35}la^{31}，羌语 ɑ lɑ，道孚语 nə dza，却域语 wa^{13}li^{55}，扎坝语 a^{55}lɛ^{55}，木雅语 nɐ^{33}rə^{53}。

汉语的“尾”*mŭlʔ，《说文》：“尾，微也。从到毛在尸後。古人或飾系尾，西南夷亦然。”尾巴是长在动物身后的，动物的尾巴一般是下垂的，因此，“尾”与“后”“下垂”语义相关联。

学者们的讨论结果也支持以上土家语与藏缅语的比较。

白保罗构拟藏－缅语的“尾巴”*r-may，材料依据是：“嘉绒语 tĕmĕ，特博尔语 me-kon，马加里语 me-me，巴兴语 me-ri，迪加罗语 ləmi~ləmiŋ，克钦语 mai~nmai，阿戛语 ərim，缅语 ămrì（参见巴兴语的形式），加罗语 kime，迪马萨语 khermai~bermai，卢舍依语 mei，艾莫尔语 rəmai，米基尔语 arme‘尾巴’。”①

迪加罗语 ləmi~ləmiŋ“尾”后加了 -ŋ 尾，表示“长”，汉语 *-ŋ 尾也有类似的用法。

吴安其的构拟跟白保罗稍有不同：“尾”，藏文 rŋa（ma）＜*r-ma，坎语 or mèn，缅文（ɑ^{1}）mri^{3}＜*mre-l，景颇语 mail^{31}＜*mal，义都珞巴语 lɯ^{31}mɯm^{53}，那加语坦库尔方言 khamei，哈克钦语 mei。原始藏缅语 *r-mer。②

D. 布莱德雷构拟的原始彝语支“尾巴”有两个形式 *daŋ^{1}//*ʔ-mri^{2}，共同拉

① ［美］P.K. 本尼迪克特：《汉藏语言概论》，乐赛月、罗美珍译，66 页，北京，中国社会科学院民族研究所，内部资料，1984。

② 吴安其：《汉藏语同源研究》，186 页，北京，中央民族大学出版社，2002。

祜语 *tu://meh_，依据缅语 ʔaʔ mri:、傈僳语 mrgh[1]、普诺伊语 tã hmin、比傈语 tɔ̀ŋ hŋì、阿卡语 daw_V mi_V、姆比语 m^2pa^4 等同源形式。①

D. 布莱德雷构拟的原始彝语支“后面”有两个类型：$*C\text{-}ka^2//*C\text{-}kok^L$ 和 $*ʔ\text{-}nok^L$，$*ʔ\text{-}nok^L$ 与缅语 nok//noŋ、傈僳语 $ká^1ná^1si^1$、普诺伊语 lə̆khwə̆、阿卡语 meh_V nah、姆比语 $khoʔ^6noʔ^4$、共同拉祜语形式 *nuh⁻ 同源。②

2. “后面”

南部方言：$mɯe^{55}khɯe^{21}//mɨe^{55}khɨe^{21}//mø^{55}khø^{21}$。

“下垂”：北部方言坡脚话 $khu^{24}khu^{55}$，南华彝语 $khu^{33}tɕi^{33}le^{33}$，拉祜语 $ʐɑ^{21}ku^{33}$，纳木兹语 $kæ^{33}læ^{33}læ^{53}$。

南部方言的 $mɯe^{55}khɯe^{21}$ 可以与以下藏缅语的“尾”“后”比较：

“尾巴”：错那门巴语 $khlɛ^{ʔ53}$，羌语 sɛ kuɛ，贵琼语 $mi^{55}kuɛ^{55}$，吕苏语 $mu^{33}kə^{ɹ53}$，纳木兹语 $mæ^{31}ku^{31}$。

“后（后边）”：拉乌戎语观音桥话 $ə^{55}khə^{55}$，嘉绒语 tə ŋkhu，九龙普米语 $go^{11}ȵo^{55}$，史兴语 $ki^{55}mæ^{55}$，吕苏语 $ge^{33}ȵu^{53}$，南华彝语 $ko^{33}tə//gu^{33}du^{33}$，傈僳语 $kɑ^{55}nɛ^{55}$，纳西语 $mæ^{33}tɕy^{21}$。

D. 布莱德雷构拟的原始彝语支“后面”有两个类型：$*C\text{-}ka^2//*C\text{-}kok^L$ 和 $*ʔ\text{-}nok^L$，$*C\text{-}ka^2$ 与傈僳语 $ká^1ná^1si^1$、黄拉祜语（共同拉祜语形式 $*hk'a^V$）同源；$*C\text{-}kok^L$ 与傈僳语 $krgh^3tsyá^1$、普诺伊语 lə̆khwə̆、姆比语 $khoʔ^6noʔ^4$、黑拉祜语（共同拉祜语形式 *hk'aw̰）同源。③

（二）语义演变类型

土家语方位词“后”来源于实物名词“尾”，由“后”又发展出“下垂”“弯曲”的意思。

① ［澳］D. 布莱德雷：《彝语支源流》，乐赛月、陈康、鲁丁译，334 ~ 335 页，成都，四川民族出版社，1992。

② ［澳］D. 布莱德雷：《彝语支源流》，乐赛月、陈康、鲁丁译，394 ~ 395 页，成都，四川民族出版社，1992。

③ ［澳］D. 布莱德雷：《彝语支源流》，乐赛月、陈康、鲁丁译，394 ~ 395 页，成都，四川民族出版社，1992。

九、羽（feather）

“feather 羽”居“百词表”第 36 位。

（一）词源分析

土家语“feather 羽”，南北方言可分别讨论。

1. 北部方言

“羽毛，毛”：坡脚话 sɿ^{24}ka^{33}，他砂话 sɿ^{35}ka^{55}，龙山话 si^{35}ka^{55}，仙仁话 ɕi^{33}ka^{33}，保靖话 ɕi^{35}ka^{53}，永顺话 ɕi^{24}ka^{44}，古丈话 ɕi^{35}ka^{35}。

北部方言为双音节词，应该来自原始藏缅语的复辅音节 *sgr-//*skr-。在北部方言并存着腭化形式 ɕi^{35}ka^{35}，这个词与以下藏缅语中的同族词有语音对应关系。

“毛”：撒尼彝语 qɤ^{55}。

“羽毛”：藏文 sgro，拉萨藏语 tʂo^{13}，巴塘藏语 dʐʊ^{53}，夏河藏语 dʑo，阿力克藏语 rdʑo，错那门巴语 krɔ^{35}，墨脱门巴语 dʐo，道孚语 ɣra spə，却域语 pɕa^{13}dʐo^{55}。

“胡子”：藏文 kha spu，夏河藏语 kha χwə，道孚语 kha spə。

关于前缀 *s-，白保罗认为：“藏 – 缅语的前缀 *s- 一般出现在名词词根里”，“在有关身体部位和动物的一些词中，藏 – 缅语前缀 *s- 可溯源于藏 – 缅语 *sya‘吃的肉；动物’……在基兰提语里，前缀 *s- 可以看成是一个独立的成分，偶而作为一个附加的成分出现在其他语言里，如怒语……这类藏 – 缅语词根还包括 *s-kra‘毛’。”①

白保罗的论述，支持以上土家语的拟测。

D. 布莱德雷认为，原始彝语支“头发”有两个形式：*ʔ-tsam^{1}//*kriŋ^{1}，共同拉祜语形式 *tsuh$_{\vee}$//*hkeh:，依据缅语 hcam//hkrany、傈僳语 wu^{1}ku^{3}ma^{3}、普诺伊语 sham khə̃、比傈语 tàm khɯ́ŋ、阿卡语 tseh$^{\vee}$kah$^{\vee}$、姆比语 ŋ^{4}khɯ^{6}、共同拉祜语等同源形式。②

① ［美］P.K. 本尼迪克特：《汉藏语言概论》，乐赛月、罗美珍译，110 ~ 114 页，北京，中国社会科学院民族研究所，内部资料，1984。

② ［澳］D. 布莱德雷：《彝语支源流》，乐赛月、陈康、鲁丁译，334 ~ 335 页，成都，四川民族出版社，1992。

结合 D. 布莱德雷对彝语支的研究论述，土家语南北方言与 D. 布莱德雷构拟的原始彝语支“头发”的两个语音形式分别对应。

龚煌城把汉语 *gwjag“羽”与藏文 sgro 进行对比。[①] 土家语 *s-kra“羽毛，毛”可以跟藏语、汉语的“羽”比较。

2. 南部方言

“羽毛，毛”：ʔa²¹so²¹，这个词同时也有“头发”的意思，也就是说，南部方言“羽毛”与“头发”已合为一个词，或者说“头发”的外延涵盖了“羽毛”。在北部方言里是有区别的，sa³⁵tɕhi⁵⁵“头发”。南北方言中，“毛（动物身上的）”“汗毛”（人身上的）与“羽毛”可以不区分，可均为一个词 ʔa²¹so²¹。

依据白保罗对“毛”在藏－缅语中分布的论述，这个词反映了藏－缅语 *s＜*ts 的语音发展规律。根据这个规律，土家语“毛”可构拟为 *tsa，土家语里 *o＜*a 的情况很常见[②]，与藏缅语有语音对应关系。以下是白保罗的材料：

“藏语 ˀag-tshom‘下巴上的胡子’，卡瑙里语 tsam‘毛，羊毛’，mik-tsam‘眉毛’，马加里语 tsham‘头发，毛’，藏拉语 tsam，巴兴语 tsam，缅语 tsham，卢舍依语 sam‘头发’，迪马尔语 tśam‘皮革，树皮’，加罗语 mik sam‘眉毛’，但克钦语是 sam‘头发’，怒语 əŋsam 是‘皮革’，拉达克语 sam-dal，拉祜里语 yar-sam‘唇上的胡子’（藏－缅语 *tsam）。”[③]

南部方言 ʔa²¹so²¹＜*tsa 与以下藏缅语言有语音对应关系。

“毛”：扎坝语 shu¹³，贵琼语 tshɔ̃³¹，史兴语 sũ⁵³，绿春哈尼语 xɔ³³，克伦语 a³¹tshu³¹；

“羽毛”：拉萨藏语 tʂo¹³，夏河藏语 dʐo³¹，错那门巴语 drɔ¹³，墨脱门巴语 dʐo，贵琼语 tshɔ̃³¹，克伦语 a³¹tshu³¹，大方彝语 tshɯ²¹，碧卡哈尼语 ɔ³¹tshe⁵⁵；

“胡子”：九龙普米语 a⁵⁵sũ⁵⁵，木雅语 a³³tsuø⁵³，贵琼语 ə⁵⁵tsɑ̃⁵⁵，史兴语 a⁵⁵tsu⁵³。

李永燧认为，缅彝语古音“头发”为 *tsham[④]，可与土家语 *tsa“羽毛、毛、

---

① 龚煌城：《汉藏语研究论文集》，25 页，北京，北京大学出版社，2004。

② 张军《土家语语音研究》认为：南部方言的元音 o，除了小部分保留早期土家语的元音 o，大部分是由早期土家语元音 a 演变而来。张军：《土家语语音研究》，166 页，香港，香港科技大学博士学位论文，2006。

③ ［美］P.K. 本尼迪克特：《汉藏语言概论》，乐赛月、罗美珍译，26 页，北京，中国社会科学院民族研究所，内部资料，1984。

④ 李永燧：《缅彝语音韵学》，872 页，北京，社会科学文献出版社，2011。

发”比较。

南北方言分别与藏缅语族语言比较结果显示，南北方言语音形式与藏语支、羌语支的同族词语音形式对应规则。至少可以推测，“毛发，羽毛”这个词在土家语里南北方言分化较早，各自有不同发展轨迹。

（二）语义演变类型

从以上语源分析来看，土家语里“毛”与“发”密切相关，相互交叉。南部方言中，$ʔa^{21}so^{21}$ 既表示“羽毛”“毛”，还表示“头发”，三者为同一个词。在北部方言中，$si^{35}ka^{55}$ 表示“羽毛”和“毛”，而“头发”则是另外一个词 $sa^{35}tɕhi^{55}$。但北部方言中的另一个词 $ka^{21}sie^{21}$ “髻”却是由 $si^{35}ka^{55}$ “羽毛，毛”发展而来。

除此以外，$si^{35}ka^{55}$ “羽毛，毛”还可以泛化，表示“毛”状物，如，$loŋ^{55}si^{35}ka^{55}$ “麦芒”。

十、爪（claw）

“claw 爪”居“百词表”第 45 位。

这个词在现存土家语南部方言中，是汉语借词；北部方言中，源于“脚”，故放在“脚”词条中讨论。为了“百词表”词条数完整，在此保留“爪”词条。

第三节　植物及其部位名称

一、树（tree）

“tree 树”居“百词表”第 23 位，是基本核心词。

（一）词源分析

1. “柴”

北部方言“柴”：坡脚话 kha^{21}，他砂话 kha^{21}//$kha^{21}thi^{21}$，龙山话 kha^{21}，仙

仁话 kha^{54}，保靖话 kha^{21}，永顺话 kha^{21}，古丈话 kha^{21}。

“森林”：坡脚话 kha^{21}kho^{21}，他砂话 kha^{21}kho^{21}，龙山话 kha^{21}kho^{21}。

南部方言：kho^{35} “柴”。

“柴，林”南北方言词根分别为 kha^{21} 和 kho^{35}，声母相同为 kh，韵母 o~a 对应。

*kha “柴”可与藏语、缅语同族词“树枝”比较：藏文 jal ga，拉萨藏语 jɛ^{13}ka^{55}，墨脱门巴语 da ka，道孚语 qa rvɐ，贵琼语 khɑ^{31}，格曼僜语 ŋkhǎi^{35}。缅文 a^{1}kɯŋ^{3} “树叉，树枝”（《词典》1039）。

还可以与白保罗提供的藏–缅语“枝”进行对比：“缅语 khak-raŋ‘叉’，ǎkhak‘枝’，拉祜语 ɔ̀-qá，卢舍依语 ka·k‘叉（树），分叉’（藏–缅语 *ka·k）。”①

kha^{21} “柴”还可以与原始缅彝语、原始彝语的“枝”对比：李永燧认为，原始缅彝语“树枝”有两个形式：“树枝$_1$” *qǎk，“树枝$_2$” *khak。②

D．布莱德雷认为，原始彝语支“枝”是 *C-gak^{L}，并且与共同拉祜语 *k'a^{-}，缅语 ʔaʔ hkak、傈僳语 si^{2}lá^{6}ka^{3}、普诺伊语 ʔǻkà 同源。③

*kha “柴，柴火”还可以与藏缅语的“草”比较：羌语 khʂɑp “长茎的草”，嘉绒语 kɑ tsɑ “草”，义都珞巴语 kɑ^{55}ɹe^{55} “草”。

2. “树”

北部方言：坡脚话 kha^{21}mu^{21}//kha^{21}muŋ^{21}，他砂话 kha^{21}mu^{21}//kha^{21}mũ^{21}，龙山话 kha^{21}mũ^{21}，仙仁话 kha^{54}mu^{33}，保靖、永顺、古丈话 kha^{55}muŋ^{55}。

南部方言：kho^{35}mõ^{21}//kho^{35}。

土家语 kha^{21}muŋ^{21} “树”南北方言内部一致，双音节词，对于鼻音韵尾，有的学者处理为鼻化韵，因此，课题组在坡脚话相关田野调查过程中，特意反复核对和确认过，这个音节的鼻音韵尾 -ŋ 是非常清晰的。

土家语 kha^{21}muŋ^{21} “树”可以与白保罗提供的藏–缅语“树”进行对比：“列普查语 kuŋ‘树’，akuŋ‘矮灌木’；克钦语 kuŋ‘分枝，枝’，lɔkuŋ‘肢，枝’；缅语 ǎkhuiŋ‘柄，枝’，还有 ǎkuìŋ‘大树枝，主枝’（明显地是从 kuìŋ‘弯曲地悬挂着，向下弯曲’来的）；卢舍依语 ku·ŋ‘植物，树，树干，植物茎’（藏–

① ［美］P.K. 本尼迪克特：《汉藏语言概论》，乐赛月、罗美珍译，74 页，北京，中国社会科学院民族研究所，内部资料，1984。

② 李永燧：《缅彝语音韵学》，868 页，北京，社会科学文献出版社，2011。

③ ［澳］D. 布莱德雷：《彝语支源流》，乐赛月、陈康、鲁丁译，370 ~ 371 页，成都，四川民族出版社，1992。

缅语 *ku · ŋ）。”①

还可以与汉语“蒸、烝”比较：“蒸”*kjʉ̆ŋ，“烝”*kjʉ̆ŋ，《小雅 · 无羊》：“以薪以蒸。”郑玄笺：“粗曰薪，细曰蒸。”字或作“烝”，如《逸周书 · 大聚》：“冬发薪烝。”

（二）语义演变类型

1.“柴”与“树”

kha~kho“柴”与 kha^{21}muŋ^{21}“树”紧密相关，单间节词根 kha^{21}“柴”更古老一些，kha^{21}muŋ^{21} 源于 kha^{21}。还有一系列词也来源于“柴”：kha^{21}kho^{211}“森林”，二“柴”之叠加，语义组合类型与汉语相同，“二木为林，三木为森”；kha^{21}tsho^{21}“木屋”；kha^{21}toŋ^{53}“柱头”，土家造房材料皆为木料，屋之支柱称“柱头”；kha^{21}tsu^{21}“棍子”；kha^{21}tsuo^{55}“木匠”；kha^{21}suŋ^{21}“甘蔗秆，玉米秆，高粱秆，可食用的那一截”。

“树枝”：北部方言 kha^{21}a^{35}tɕie^{55}，南部方言 kho^{35}a^{21}ɣɯe^{21}，均是合成词。

藏缅语的“柴”与“树”紧密相关，藏缅语中羌语支、彝语支“柴”形式高度一致，与土家语的“草”对应。

2. 原料与器具

原材料为木的器具 khɯ^{55}thi^{55}“木盆”。au^{55}khɯ^{55}“斧头”，土家人伐木之必备工具。kha^{21}lau^{21}ka^{21}“老屋，寿木”。kha^{21}la^{21}tha^{55}“木瓢瓜，用木头挖成的舀水或撮取米糠等的器具”。

二、果（seed）

“seed 果”居“百词表”第 24 位。

（一）词源分析

1.“种子”

北部方言：坡脚话 ȵie^{55}lan^{55}，他砂话 niɛ^{55}lã^{55}，龙山话 ȵie^{55}lan^{55}，仙仁话

① ［美］P.K. 本尼迪克特：《汉藏语言概论》，乐赛月、罗美珍译，80 页，北京，中国社会科学院民族研究所，内部资料，1984。

$nɛ^{54}na^{33}$，古丈话 $ȵe^{55}nã^{55}$。

南部方言：$ʔa^{33}le^{33}$//$a^{21}lɯe^{21}$//$ʔa^{21}lie^{55}$，又义为“蛋（卵）”。

土家语 $ȵie^{55}lan^{55}$“种子”与另外一个词 $a^{55}lie^{55}$“蛋（卵）”有密切关系。在语言中，鼻音 n 与边音 l 的交替很常见。现代土家语北部方言中，除了在以 i 开头的韵母前面，鼻音 n 与边音 l 区别意义以外，在其他韵母前面，鼻音 n 与边音 l 自由换读，不区别意义。土家语 $ȵie^{55}lan^{55}$ 与 $a^{55}lie^{55}$ 有共同来源。

“种子”这个词在藏缅语族语言中的分布如下：墨脱门巴语 li，九龙普米语 $lɛi^{35}$，桃巴普米语 le^{35}，却域语 $rlɯ^{55}$，史兴语 $ha^{55}lye^{33}$，载瓦语 $a^{21}mji^{21}$，怒苏怒语 $viɯ^{55}$，喜德彝语 l̩（ʅ），傈僳语 $li^{55}zɑ̱^{31}$，墨江哈尼语 $ɔ^{55}ji^{31}$，丽江纳西语 $ləɹ^{55}$，独龙语 $ɑŋ^{55}jɯ^{53}$，阿侬怒语 $ŋ^{31}iɯ^{31}$，格曼僜语 $xɑ^{31}lɯi^{35}$，博嘎尔珞巴语 um liː，景颇语 li^{33}。

2.“子（籽），果”

北部方言的 $ȵie^{55}lan^{55}$ 既表示“种子”，也表示植物的“子（籽）”；南部方言的 $ʔa^{33}le^{33}$ 既表示“种子”，也表示植物的“子（籽）”。

北部方言中表示植物“子（籽）”词，除了 $ȵie^{55}lan^{55}$，还有一个形式：$pu^{24}li^{55}$“表示颗粒状的东西”，如，$su^{24}su^{33}pu^{24}li^{55}$“板栗籽”，$tɕhi^{24}pu^{24}li^{55}$“黄豆子”。

$pu^{24}li^{55}$“表示颗粒状的东西”，水果也是颗粒状的东西，也特指“水果”的“果”，类名、类指，例如：$pu^{24}li^{55}pu^{24}phai^{55}$“水果，总称”，$ɕi^{21}ɕi^{21}pu^{24}li^{55}$“桃子”，$si^{35}tsi^{55}pu^{24}li^{55}$“柿子”，$si^{55}pu^{24}li^{55}$“猕猴桃”。

$pu^{24}li^{55}$“果”可以与达让僜语 $pɯ^{31}ɹɯm^{55}$、格曼僜语 $pɯ^{31}ɹɯm^{55}$、博嘎尔珞巴语 a pɯ、纳木兹语 $sʅ^{55}pu^{31}$“水果”比较。

（二）语义演变类型

1.“果”与“籽”

“果”，《说文》：“果，木實也。”徐锴系传：“树生曰果。”“果”指植物所结的果实。土家语里“果”与“籽”密切相关。板栗树上结的果实叫 $su^{24}su^{33}pu^{24}li^{55}$“板栗”，直译为“板栗籽”；桃树上结的果实叫 $ɕi^{21}ɕi^{21}pu^{24}li^{55}$“桃子”。

2.“种子”与“蛋，卵”

土家语“种子”与“蛋，卵”有联系，语义分析见本书“蛋”词条。

三、叶（leaf）

“leaf 叶”居“百词表”第 25 位。

（一）词源分析

1. “叶$_1$”

北部方言：坡脚话 phu^{24}tha^{55}//ə^{55}tha^{55}，他砂话 phu^{35}tha^{55}//ɣɤ^{55}tha^{55}，龙山话 ɣɨe^{55}tha^{55}//ɣɯe^{55}tha^{55}，仙仁话 ɣə^{55}tha$^{33/31}$，古丈话 ɣəu^{55}tha^{55}。

南部方言：ʔa^{21}ɣɨe^{21}//a^{33}ɣɯ^{21}//a^{13}ɣe^{33}。

南北方言形式内部比较一致，都是双音节词，汉藏语舌根擦音的一个来源，是相同部位的塞音。ɣɤ^{55}//ɣɯ^{21} 舌根擦音声母可能是 ɣ < *kl-//*gl-。

汉语的“葉”*k · lĕp，《说文》：“草木之葉也，从草，枼声，与涉切。”陆游诗注：“吴人直谓桑曰叶。”郑张尚芳构拟的上古音“叶”*ɦleeb。

同源词“片”缅碑文拟音（以 11 世纪的碑文字为主）*khlɑp，仰光话 tɕhaʔ，土瓦方言 ɕɑʔ，东友方言 khrɑʔ，茵达方言 ɕɑʔ。①

2. “叶$_2$”

phu^{24}tha^{55} 可以与缅语支、彝语支语言的“叶”比较：浪速语 phɔ^{ʔ55}，怒苏怒语 pha̱^{53}l̥a^{55}，武定彝语 phɑ̱^{55}，撒尼彝语 phe^{21}ɬɒ^{11}，绿春哈尼语 a^{55}pa̱^{31}，墨江哈尼语 pha^{31}la^{31}//a^{55}pha^{31}，拉祜语 ɔ^{31}phɑ^{21}，基诺语 a^{33}pha^{55}，纳西语 phiə^{55}。

D. 布莱德雷认为，原始彝语支“叶”是复辅音声母，“叶”*C-pak^{L}，共同拉祜语形式 *hpa$_{\wedge}$，并且与缅语 ʔaʔ rwak//hpak、傈僳语 si^{2}hpya^{5}、普诺伊语 ʔá̄ phà、比傈语 ʔaŋ phà、阿卡语 a$^{\vee}$pa$_{\wedge}$、姆比语 ʔɑ^{2}pha^{2}、共同拉祜语等同源。②

李永燧的意见与之相似，认为原始缅彝语“叶子”为 *phruăk。③

---

① 汪大年：《缅甸语汉语比较研究》，576 页，北京，北京大学出版社，2012。

② ［澳］D. 布莱德雷：《彝语支源流》，乐赛月、陈康、鲁丁译，370 ~ 371 页，成都，四川民族出版社，1992。

③ 李永燧：《缅彝语音韵学》，879 页，北京，社会科学文献出版社，2011。

（二）语义演变类型

“叶”，暂未在土家语里找到更多的语义演变线索，暂不讨论。

四、根（root）

“root 根”居“百词表”第 26 位。

这个词现存土家语南部方言中已转用汉语借词，北部方言中“根”，源于“脚”，故放在“脚”词条中讨论。为了“百词表”词条完整，在此保留“根”词条。

（一）词源分析

北部方言“根”：坡脚话 $tɕi^{55}la^{21}$，他砂话 $tɕi^{53}la^{21}$，龙山话 $tɕi^{55}la^{21}$，仙仁话 $tɕĩ^{55}la^{55}$，古丈话 $kẽ^{55}kẽ^{55}$。

南部方言“根”：$kẽ^{33}$//$kẽ^{55}$。

北部方言龙山话 $tɕi^{55}la^{21}$ 为合成词，$tɕi^{55}$“脚”＜*kji＜*kje“肢”，la^{21} 义为“路，长条状的物”。仙仁话为“汉土”合璧词，$tɕĩ^{55}$ 为汉语素“茎”。南部方言为汉语借词“根”。

藏缅语的“根”与土家语 $tɕi^{55}$“脚”＜*kji＜*kje“肢”规则对应，“根（树根）”：桃坪羌语 kie^{33}，怒苏怒语 $gɹɯ^{55}$，喜德彝语 $ndʑi^{21}pa^{33}$，南涧彝语 $tɕi^{33}$，南华彝语 $tɕe^{33}$，武定彝语 $tɕe^{11}$，绿春哈尼语 $a^{55}tɕhi^{55}$，哈雅哈尼语 $a^{55}tɕhi^{55}$，拉祜语 $ɔ^{31}gɤ^{33}$，基诺语 $a^{33}tɕhe^{44}$。

这个词可与汉语“荄”比较：“荄”*kɯɯ//*krɯɯ。《尔雅・释草》：“荄，根也。”郭璞注：“俗呼韭根为荄。”《汉书・礼乐志》：“青阳开动，根荄以遂。”颜师古注：“草根曰荄。”

缅文 $khre^{2}$“根基，底，根部”（《词典》136）；$khre^{2}$“（树的）根部，树根周围”（《词典》523）。汉语的“止”像脚趾形，和缅文的 $khre^{2}$ 对应。[①]

缅文 $khre^{2}$“根基，底”，缅碑文拟音（以 11 世纪的碑文字为主）*khri（缅

① 黄树先：《汉缅语比较研究》，163 页，武汉，华中科技大学出版社，2003。

中古音），仰光话 tɕhe。[①]

白保罗把原始藏–缅语的“茎、腿”构拟为 *keŋ，并和汉语的“胫、茎”进行比较。[②]《说文》：“脛，胻也。”段玉裁注：“脛之言莖也，如莖之載物。”

（二）语义演变类型

土家语 $tɕi^{55}la^{21}$“根”源于 $tɕi^{21}$“脚”。

$tɕi^{21}$“脚”，身体部位名词，脚在人身体的最下部位，又引申为表示方位的“下、下面、下方、下边”。

“脚”在身体的最下部位，而“根”也在树的最下部位，两相相似，“根”由“脚”发展出来。

五、皮（bark）

“bark 皮”居“百词表”第 27 位。

土家语里“bark 皮”与“skin 肤”相同，放在“肤”词条中讨论。为了“百词表”词条数完整，此处保留“皮”词条。

“皮”：坡脚话 tha^{24}，他砂话 $tha^{35}pha^{53}$，龙山话 $tha^{55}pha^{21}$，古丈话 $tha^{55}pha^{21}$，仙仁话 $tha^{54}pha^{33}$，泸溪话 $kɯ^{33}lo^{33}bo^{55}$。

“树皮”：坡脚话 $kha^{22}tha^{24}pha^{21}$，他砂话 $kha^{21}tha^{35}pha^{53}$，龙山话 $kha^{21}tha^{55}pha^{21}$，古丈话 $kha^{55}muŋ^{55}tha^{55}pha^{21}$，仙仁话 $kha^{54}tha^{33}pha^{33}$，南部方言泸溪话 $kɯ^{33}lo^{33}bo^{55}$// $kho^{35}kɯ^{33}lo^{33}$。

“皮肤”：坡脚话 $tha^{24}pha^{21}$，他砂话 $tha^{35}pha^{53}$，龙山话 $tha^{55}pha^{21}$，仙仁话 $tha^{54}pha^{33}$，南部方言 $ki^{21}lo^{21}$//$kɯe^{21}lo^{21}$//$ki^{21}lo^{21}$。

① 汪大年：《缅甸语汉语比较研究》，467 页，北京，北京大学出版社，2012。

② ［美］P.K. 本尼迪克特：《汉藏语言概论》，乐赛月、罗美珍译，230 页，北京，中国社会科学院民族研究所，内部资料，1984。

第四节　身体部位名称

一、肤（skin）

"skin 肤"居"百词表"第 28 位，土家语里"bark 皮"与"skin 肤"相同。

（一）词源分析

1. 北部方言

北部方言：坡脚话 $tha^{24}pha^{21}$，他砂话 $tha^{35}pha^{53}$，龙山话 $tha^{55}pha^{21}$，仙仁话 $tha^{54}pha^{33}$。

对比土家语与藏缅语同族词。

"皮肤"：藏文 ɕa pags，拉萨藏语 $pak^{53}pa^{53}$，巴塘藏语 $xha^{55}pa^{53}$，木雅语 $rə^{33}mbɐ^{53}$，贵琼语 $pa^{55}pa^{55}$。

"皮"：藏文 lpags pa，拉萨藏语 $pak^{55}pa^{55}$，巴塘藏语 $pa^{55}pa^{ʔ55}$，木雅语 $ko^{55}mɐ^{53}$，贵琼语 $pa^{55}pa^{55}$。

"毛"：藏文 spu，拉萨藏语 pu^{55}，巴塘藏语 $pʊ^{53}$，错那门巴语 pu^{53}，墨脱门巴语 pu，羌语 xu pɑ，道孚语 spə//spə spa，义都珞巴语 $mɑ^{31}bu^{53}$。

北部方言 $tha^{55}pha^{21}$ 与藏语、木雅语、贵琼语等藏羌支语言有语音对应关系。

北部方言对应汉语"皮"*bral//*brăl、"肤"*pla//*pɢlă。"皮"*bral//*brăl，《诗经·鄘风·相鼠》："相鼠有皮。"此指动物的皮。《列子·汤问》："黑卵悍志绝众，力抗百夫，筋骨皮肉，非人类也。"这里指人的皮肤。"肤"*pla//*pɢlă，《说文》："臚，皮也。从肉。盧声。膚，籒文臚。"字或作"胪"*b · ra//*g-rǎ，皮肤，郑张尚芳认为，"肤"的异体形式"胪"，又作力居切，应为 pl-。①

对比白保罗藏 – 缅语材料："缅语 phwai'外皮、糠壳'，卢舍依语 phuai'剥'，班库语 phəwai，塔多语 wai，浪科尔语 ʂ́əbai~səvai，索普沃马语 upfai＜əphwai'外

① 郑张尚芳：《上古音系》（第二版），131 页，上海，上海教育出版社，2013。

皮'（藏 – 缅语 *pwa · y）。" ①

龚煌城拿藏文 pags、lpags 与汉语"膚"*pljag 比较。②

土家语与多种藏羌语有语音对应关系，塞音声母 *p 主元音 *a，也可以与汉语"皮"*bral 比较，汉语早期读 al，后读作 a，脱落了 l 尾。土家语大致相当于汉语的 a 元音，是比较晚的读音。

2. 南部方言

南部方言：kɯ^{33}lo^{33}bo^{55}"皮，表皮，皮肤"。

对比土家语与藏缅语同族词：

"皮肤"：巍山彝语 xɑ^{21}gɯ^{55}，南涧彝语 gɯ^{55}tʂṵ^{21}，绿春哈尼语 sa^{31}gɯ^{55}；拉祜语 ɔ^{31}gɯ^{31}，嘎卓语 sa^{31}khɯ^{55}，基诺语 a^{44}kho^{42}。

"皮"：缅文 khɔk^{4}"（合）皮"，载瓦语 ku̱^{ʔ55}//ʃŏ^{21}ku̱^{ʔ55}，浪速语 ʃɔ̆^{35}ka̱uk^{55}，勒期语 sə̆^{55}kuk^{55}，怒苏怒语 khu^{53}ɤɹi^{33}，巍山彝语 gɯ^{55}，绿春哈尼语 sa^{31}gɯ^{55}；拉祜语 ɔ^{31}gɯ^{31}，基诺语 a^{44}kho^{42}。

南部方言 kɯe^{21}lo^{21} 与彝语、哈尼语、拉祜语、嘎卓语等缅彝语有语音对应关系。

南部方言对应汉语"殻"*khrook，《论衡 · 超奇》："有根株于下，有荣叶于上，有实核于内，有皮壳于外。"白保罗把包括缅文在内的原始藏 – 缅语的这个词构拟为 *kok，③ 并拿汉语的"壳"和 *kok 比较。④

李永燧构拟的原始缅彝语"皮"有几个形式，塞音声母有浊、清分别："皮肤$_2$"构拟为 *ɡhlui，"皮肤$_3$/ 皮"为 *khok。⑤

可以对比白保罗提供的藏 – 缅语材料："藏语 skogs-pa~kog-pa '壳，果皮'，phyi-kog '树皮'（phyi '外边'），巴兴语 kok-te '皮肤'，缅语 ăkhauk，拉祜语 ɔ̀-qú '树皮'（藏 – 缅语 *kok）。" ⑥

① ［美］P.K. 本尼迪克特：《汉藏语言概论》，乐赛月、罗美珍译，43 页，北京，中国社会科学院民族研究所，内部资料，1984。

② 龚煌城：《汉藏语研究论文集》，7 页，北京，北京大学出版社，2004。

③ ［美］P.K. 本尼迪克特：《汉藏语言概论》，乐赛月、罗美珍译，77 页，北京，中国社会科学院民族研究所，内部资料，1984。

④ ［美］P.K. 本尼迪克特：《汉藏语言概论》，乐赛月、罗美珍译，175 页，北京，中国社会科学院民族研究所，内部资料，1984。

⑤ 李永燧：《缅彝语音韵学》，859 页，北京，社会科学文献出版社，2011。

⑥ ［美］P.K. 本尼迪克特：《汉藏语言概论》，乐赛月、罗美珍译，77 页，北京，中国社会科学院民族研究所，内部资料，1984。

（二）语义演变类型

1.“肤”与“皮”

土家语不分“皮”与“肤”，为一个词，与汉语、藏语有着相同的语义发展类型。土家语北部方言 $tha^{55}pha^{21}$，南部方言 $kɯe^{21}lo^{21}$，既表示“皮肤”，也表示“兽皮”“树皮”。

《诗经·鄘风·相鼠》：“相鼠有皮。”“皮”指动物的皮，后指人的皮肤。“肤”还有“树皮”“禽兽的肉”等义。

藏文 pags、lpags“皮肤，兽皮”。

2.“皮”与外表

土家语“皮”与表示外表外面的抽象名词“外面”有关系。北部方言“外面”：$wo^{35}tha^{21}$，南部方言“外面”：$gɯ^{21}mi^{21}$。

皮在最外面，又当“外表”讲，《史记·郦生陆贾列传》：“夫足下欲兴天下之大事而成天下之大功，而以目皮相，恐失天下之能士。”“皮子”“皮肤”也指表面，《朱子语类》卷七十六：“是入细直彻到底，不只是到皮子上。”《文子·道德》：“下学以耳听。以耳听者，学在皮肤。”①

3.“皮”与“毛”

土家语“皮”与“毛”有关系。

北部方言“胡子”：$la^{55}pha^{21}$，南部方言“胡子”：$me^{33}po^{33}$//$ȵie^{21}bo^{35}$。

白保罗的藏－缅语材料也能证明“皮”和“毛”的关系：“藏语 ʔag-tshom‘下巴上的胡子’，卡瑙里语 tsam‘毛，羊毛’，mik-tsam‘眉毛’，马加里语 tśham‘头发，毛’，藏拉语 tśam，巴兴语 tsam，缅语 tsham，卢舍依语 sam‘头发’，迪马尔语 tsam‘皮革，树皮’，加罗语 mik sam‘眉毛’……拉达克语 sam-dal，拉祜里语 yar-sam‘唇上的胡子’（藏－缅语 *tsam）。”②

① 黄树先：《比较词义探索》，164 页，成都，巴蜀书社，2012。

② ［美］P.K. 本尼迪克特：《汉藏语言概论》，乐赛月、罗美珍译，26 页，北京，中国社会科学院民族研究所，内部资料，1984。

二、肉（flesh）

“flesh 肉”居“百词表”第 29 位，是基本核心词。

（一）词源分析

1.“肉”

北部方言：坡脚话 sɿ^{22}，他砂话 sɿ^{21}，龙山话 si^{21}，仙仁话 sɿ^{54}，保靖话 si^{21}，永顺话 sɿ^{21}，古丈话 sɿ^{21}。

南部方言：si^{35}//sɿ^{35}。

土家语 sɿ^{22}“肉”南北方言形式一致，与藏缅语族的语言“肉”的语音形式对应。

藏缅语族语言中“肉”的形式可以分两类。一是 a~o 元音类：藏文 ɕa，拉萨藏语 ɕa^{55}，巴塘藏语 xha^{53}，夏河藏语 xha，错那门巴语 ɕa^{53}，墨脱门巴语 ɕa，嘉绒语 ʃɑ，独龙语 ɕɑ^{55}，阿侬怒语 ɕɑ^{55}，缅文 ɑ^{1}tθɑ^{3}，缅语 ɑ^{53}tθɑ^{55}，阿昌语 ʂua^{31}，仙岛语 ʂɔ^{31}，载瓦语 ʃo^{21}，浪速语 ʃɔ^{35}，波拉语 ʃa^{35}，勒期语 ʃo^{55}，怒苏怒语 ʂa^{55}，巍山彝语 xɑ^{21}，南华彝语 xo^{21}，绿春哈尼语 sa^{31}，墨江哈尼语 ʃɔ^{31}，拉祜语 ɔ^{31}ɕɑ^{11}，嘎卓语 sa^{31}。

a~o 元音类“肉”可以与土家语的 za^{21}gu^{21}“兽”对比。土家语的“兽”在北部方言里与“肉”是同一个形式 sɿ^{21}，“兽”即是“肉”，南部方言是 za^{21}gu^{21}。

二是 i 元音类：桃坪羌语 tʃhɿ^{55}，兰坪普米语 ʃɤ^{55}，九龙普米语 ʃi^{55}，贵琼语 ɕi^{53}，吕苏语 ʂɿ^{53}，尔苏语 ʂɿ^{55}，纳木义语 ʂɿ^{33}，喜德彝语 ʂɯ^{33}，纳西语 ʂɿ^{33}，纳木兹语 ʂɿ^{33}。

白保罗构拟的藏 – 缅语形式是 *sya：依据“藏语 śa‘肉’，śa-ba~św̌a-ba‘公鹿，红公鹿’，卡瑙里语 śya‘肉，猎肉’，马加里语 mi-śia‘肉’，巴兴语 sye，桑邦语 sya‘肉’，克钦语 śan‘肉、鹿肉，鹿’，怒语 śa（方言为 śia）‘肉’，缅语 sà-asà‘肉’，sà‘兽’，卢舍依语 sa‘动物’ ~ śa‘肉’（藏 – 缅语 *sya）。”①

吴安其认为，原始藏缅语是 *sra“肉”，藏文 ɕa＜*sra，缅文（a）tθɑ^{3}＜*sra-l。②

①［美］P.K. 本尼迪克特：《汉藏语言概论》，乐赛月、罗美珍译，44 页，北京，中国社会科学院民族研究所，内部资料，1984。

② 吴安其：《汉藏语同源研究》，185 页，北京，中央民族大学出版社，2002。

这个词可以和汉语“昔、腊”比较：昔、腊 *sjaak＜*sqaak，《周易・噬嗑》：“噬腊肉。”《说文》：“昔，乾肉也。”“昔”加肉旁作“腊”。

有一个现象值得注意，藏缅语里“血”的形式也可以分为 a~o 元音类、i 元音类两类，与土家语“肉”“兽”形成对应。

“血”i 元音类：墨脱门巴语 ji，麻窝羌语 sa，桃巴普米语 se^{35}，嘉绒语 ta ʃi，尔龚语 she，道孚语 she，却域语 si^{55}，木雅语 sa^{53}，贵琼语 tsɿ^{53}，纳木义语 sɛ^{33}，史兴语 sɛ^{55}，阿侬怒语 ʂɯ^{55}，缅文 tθwe^{3}，缅语 tθwe^{55}，阿昌语 sui^{31}，仙岛语 sui^{31}，载瓦语 sui^{21}，波拉语 sui^{35}，勒期语 sui^{55}，怒苏怒语 sui^{55}，喜德彝语 sɿ^{33}，巍山彝语 sɿ^{21}，大方彝语 ɕi^{33}，南华彝语 si^{21}，武定彝语 sɯ^{33}，傈僳语 sɿ^{31}，永宁纳西语 se^{33}，绿春哈尼语 si^{31}，哈雅哈尼语 si^{31}，豪白哈尼语 ʃɿ^{31}，拉祜语 ɔ^{31}sɿ^{11}，基诺语 a^{33}ɕi^{44}，嘎卓语 sɿ^{31}。

“血”a~o 元音类：拉萨藏语 tʂha^{52}，巴塘藏语 tʂhɑ^{ʔ53}，麻窝羌语 sɑ，桃坪羌语 sɑ^{33}，兰坪普米语 sa^{13}，九龙普米语 sɛi^{35}，扎坝语 ɕhʌ^{13}，木雅语 sa^{53}，浪速语 sa^{35}，纳西语 sa^{33}，纳木兹语 sæ^{33}。

这应该不是偶然，两者是否为同源关系，待考。白保罗把原始藏－缅语的“血”构拟成 *s-hwiy。①

2.“兽”

北部方言：坡脚话 sɿ^{22}，他砂话 sɿ^{21}，龙山话 si^{21}，仙仁话 ʑɛ^{54}。

南部方言：za^{21}gu^{21}。

土家语的“肉，兽”与藏缅语中的“肉”语音对应，还可以与藏缅语中的“脂肪油”比较。

“脂肪油”a~o 元音类：墨脱门巴语 jan，九龙普米语 tsɑ^{35}，却域语 tsa^{55}，木雅语 tse̱^{53}，贵琼语 sə^{31}，史兴语 tshæ^{35}，吕苏语 zʉ^{35}，巍山彝语 tshᴇ^{55}，南华彝语 tshə^{33}，白语 tsa^{55}。

“脂肪油”i 元音类：藏文 tshil lu，巴塘藏语 tshi^{55}，夏河藏语 tshi，阿力克藏语 tshə，墨脱门巴语 si（“清油”），扎坝语 ʑi^{13}，缅语 shi^{22}（“清油”），喜德彝语 tshɿ^{33}，绿春哈尼语 ɣa̱^{31}tshi^{55}，墨江哈尼语 ʒv^{33}tshi^{55}，基诺语 a^{33}tshɯ^{44}，纳木兹语 ji^{53}tsɿ^{31}，嘎卓 tshɤ^{33}。

---

① ［美］P.K. 本尼迪克特：《汉藏语言概论》，乐赛月、罗美珍译，50 页，北京，中国社会科学院民族研究所，内部资料，1984。

北部方言中，现在还有一个词 ka^{53}ka^{22}“肉，肉类”，儿童用语，一般只对小孩子用。

根据以上讨论，早期土家语的“肉”可能形式是 *ska。“兽”与“肉”紧密相关，人类的肉类食物基本都来源于“兽”。根据北部方言仙仁话保留的浊舌面擦音 ʑ- 和南部方言里的浊音声母 z-、g-，“兽”的早期声母应该是 *sgr-。

从白保罗关于藏－缅语“肉”的讨论里可以看到，藏－缅语中，“肉”与“兽”是一个词，或者密切相关。

藏缅语的两个词 *sya 和 *hńa<*s-ńa·[k]跟汉语一样，前者是食用的肉，来自“兽”，后者是“肌肉”。① 土家语的这两个词则同一个形式 sɿ^{21}。土家语的“肉”同样来自“兽”，sɿ^{21}tɕie^{53}“赶肉”，即打猎，狩猎是土家先民重要的生产活动，狩猎即是肉食的来源。

3. “肥（肉肥）”

北部方言：坡脚话 sɿ^{24}，他砂话 sɿ^{35}，龙山话 si^{35}，仙仁话 sɿ^{33}，保靖话 si^{35}，古丈话 sɿ^{35}。

南部方言：si^{21}//sɿ^{33}。

土家语这个词南北方言一致，与藏缅语有着规则的语音对应关系。

“肥（肉肥）”：德格藏语 tshi^{55}，泽库藏语 tshi，麻窝羌语 tshɤ，兰坪普米语 tshɤ^{13}，九龙普米语 tshɿ^{35}，巍山彝语 tshɿ^{55}，南涧彝语 tshɿ^{55}，傈僳语 tshɯ^{44}，哈尼语 tshɣ^{55}。

李永燧把原始缅彝语“胖$_2$”构拟为 *tshi，“肥$_1$（肉）”构拟为 *tshi。②

土家语 sɿ^{24}“肥”可与汉语“肌”对比，“肌”*kril//*krǐl，《说文》：“肌，肉也。”后指“皮肤”，《庄子・逍遥游》：“藐姑射之山，有神人居焉，肌肤若冰雪，绰约若处子。”

（二）语义演变类型

1. “肉”与“兽”

土家语“肉”与“兽”紧密相关，兽即肉。si^{21}tɕie^{53}“赶肉”，即打猎、狩猎，狩猎即是肉食的来源。

---

① 黄树先：《汉语身体词探索》，85 页，武汉，华中科技大学出版社，2012。

② 李永燧：《缅彝语音韵学》，859 页、839 页，北京，社会科学文献出版社，2011。

在众多语言中，“兽”“肉”关系密切。

“肉”，侗台语族台语支侗语、水语、毛南语、佯僙语 naːn⁴，拉珈语 naːn⁴ 指小兽，壮语一些地方指麂子。[①] 这是词义的转换，藏缅语也有这种变化。

白保罗的藏－缅语情况：“藏语 śa‘肉’，śa-ba~śwa-ba‘公鹿，红公鹿’，卡瑙里语 sya‘肉，猎肉’，马加里语 mi-śia‘肉’，巴兴语 sye，桑邦语 sya‘肉’，克钦语 śan‘肉、鹿肉，鹿’，怒语 śa（方言为 śia）‘肉’，缅语 sà-ăsà‘肉’，sà‘兽’卢舍依语 sa‘动物’~ śa‘肉’（藏－缅语 *sya）。” [②]

2.“肉”与“肌肉”

土家语 $sɿ^{21}$“肉”既指动物的肉，也指人的肌肉。

汉语“肉”，指人的肌肉，也包括动物的肉。

藏文、藏语、缅文、缅语、彝语里这两个词也是同一个语音形式。

3.“肉”与“肥，胖”

土家语“肉”与“肥，胖”关系密切，甚至同用一个语音形式。“胖”北部方言 $si^{35}//si^{35}khu^{55}thu^{21}//si^{35}çie^{35}$，南部方言 si^{21}。

北部方言“肥（肉肥）”：$si^{35}//si^{35}khu^{55}thu^{21}$；南部方言“肥（肉肥）”：$si^{21}$。

汉语肥肉跟油脂关系密切。古代人，早期也是食用动物油脂（肥肉）。[③]“脂”*kji//*tçĭ＜*kjĭ，《说文》：“脂，戴角者脂，无角者膏。”“肥”*bɯl//*bŭl，《说文》：“肥，多肉也”。

缅文 $tshii^{2}$“油，油脂”，原始藏缅语“油脂”*tsil，和汉语的“脂”字比较。[④]

三、血（blood）

“blood 血”居“百词表”第 30 位。

---

① 梁敏、张均如：《侗台语族概论》，323 页，北京，中国社会科学出版社，1996。

② ［美］P.K. 本尼迪克特：《汉藏语言概论》，乐赛月、罗美珍译，44 页，北京，中国社会科学院民族研究所，内部资料，1984。

③ 黄树先：《汉语身体词探索》，90 页，武汉，华中科技大学出版社，2012。

④ ［美］P.K. 本尼迪克特：《汉藏语言概论》，乐赛月、罗美珍译，302 页，北京，中国社会科学院民族研究所，内部资料，1984。

（一）词源分析

北部方言“血”：坡脚话 miə[53]，他砂话 miɛ[55]，龙山话 mie[53]，仙仁话 miɛ[54]miɛ[33/31]，保靖话 mie[55]，古丈话 mie[53]。

南部方言“血”：mie[21]mie[21]//mie[33]mie[33]。土家语内部语音形式一致。

土家语的“血”与各藏缅语“血”的语音形式有差别，但是，藏缅语言的“血”与土家语“肉”的语音形式普遍对应。土家语“肉”，北部方言是 sɿ[21]，南部方言是 si[35]。①

“血”，藏缅语共同形式为 *s-ɢi，缅语演变成 *s-wi，而景颇语演变成 *si > sai。缅语的 *s-ɢi “血”跟汉语的 *qhit “血”有语源关系②。土家语的 sɿ[21] “肉”与藏缅语的 *s-ɢi “血”是语音对应的。

汉语“血”*swiik > *qhwiik。“血”字见于甲骨文，其“血液、血统”二义和缅文对应，《说文》：“血，祭薦牲血也。”泛指所有动物的“血”。还可以当“血统”讲，《太玄 · 玄错》：“亲附疏，割犯血。”俞樾平议：“血与疏对文，则血是亲近之义，犹言骨血也。”

“衊”*meed//*mbit，《说文》：“衊，污血也。”沙加尔认为，汉语“血”“衊”同源：汉语表示“血液”的词是“血”*ᵃhmik > xwet。此词中古的 xw- 来自上古 *hm-，而不是 *hw- 或 *hŋw-，这是由于声符为“血”的字跟带 *m- 声母的字有假借、声训和词族关系。汉语与“血”同源的“衊”*ᵃmik > met 与土家语的 mie[35] “血”语音相似，土家语的 35 调往往反映早期带塞尾。③

缅文 swe[3] “血；血统，血缘”（《词典》1017）。

白保罗把原始藏－缅语的“血”构拟成 *s-hwiy。④

（二）语义演变类型

1.“血”与“肉”

“血肉相连”，藏缅语“血”的语音形式与土家语的“肉”普遍相同或相似，

---

① 详细比较见本书“肉”词条。

② 金理新：《汉藏语系核心词》，226 页，北京，民族出版社，2012。

③ 转引自黄树先：《汉语身体词探索》，93 页，武汉，华中科技大学出版社，2012。

④ ［美］P.K. 本尼迪克特：《汉藏语言概论》，乐赛月、罗美珍译，50 页，北京，中国社会科学院民族研究所，内部资料，1984。

形成普遍语音对应关系。土家语、藏缅语里的“血”与“肉”是紧密相关的。

2.“血”与“红”

土家语北部方言的 mian^{55}tɕiə^{33}“红”与 mie^{55}“血”有关。

学者们常拿汉语“赤”与藏文 khrag“血”、缅文 hrak^{4}“惭愧，害羞”比较。①

四、骨（bone）

“bone 骨”居“百词表”第 31 位。

（一）词源分析

1.“骨”

北部方言：坡脚话 lu^{33}ka^{55}，他砂话 lu^{55}ka^{55}，龙山话 lu^{55}ka^{55}，仙仁话 lu^{54}ka$^{33/31}$，保靖话 lu^{55}ka^{21}，古丈话 lu^{55}ka^{55}。

南部方言：kha^{21}kɨ^{21}//kha^{35}khɯ^{55}//kha^{35}khø^{55}。

土家语南、北部方言送气与不送气声母规则对应，南部方言构词方式是同（近）义词根复加，共同语形式应该是 *C-gla。

“骨头”*C-gla 可以与以下藏羌支语言、南华彝语对比：拉萨藏语 ry^{55}ko^{52}，错那门巴语 ru^{35}ko^{53}，墨脱门巴语 khaŋ，尔苏语则拉话 əɹ^{33}khuo^{53}，羌语 əʴ pɑtʂ，羌语曲谷话 ʐəke，兰坪普米语 ʐɑ̥^{55}qɑ^{13}，九龙普米语 ʐɑ̥^{11}qɑ^{55}，吕苏语 əɹ^{33}khuo^{53}，阿依怒语 ʂɑ^{31}kho^{55}，南华彝语 ɤɯ^{21}gɑ^{21}，纳木兹语 ʂa^{55}qa^{55}，嘎卓语 v^{31}kɯ^{35}。

再比较白保罗的材料：“骨头”，藏语 rus-pa，克钦语 nrut，卢舍依语 ruʔ，藏 – 缅语 *rus。② 韵尾 *-s 可能不是脱落而是为 -t 所取代，参见克伦语“骨”的形式：唐吐语 tś hut，普沃语 xwi，帕拉奇语 ʔa-xi，斯戈语 xi，提出最初的词根 *k（h）rut，来自 *g-rus（藏 – 缅语 *rus）。③ 这说明，藏缅语的“骨”早期应该有塞音声母。

① 黄树先：《汉缅语比较研究》，73 页，武汉，华中科技大学出版社，2003。

② ［美］P.K. 本尼迪克特：《汉藏语言概论》，乐赛月、罗美珍译，13 页，北京，中国社会科学院民族研究所，内部资料，1984。

③ ［美］P.K. 本尼迪克特：《汉藏语言概论》，乐赛月、罗美珍译，275 ~ 276 页，北京，中国社会科学院民族研究所，内部资料，1984。

汉语“骨”*kuud//*kut，《说文》：“骨，肉之覈也。”段玉裁注：“覈，實也。肉中骨曰覈。覈核古今字。”“骸”*grɯɯ，《说文》：“骸，脛骨也。”《广雅·释器》：“骸，骨也。”“骼”*kraak，《说文》：“骼，禽獸之骨曰骼。”白保罗为原始藏－缅语的“骨头”构拟了一个原始形式：*（-）raŋ。缅文的 khraŋ² 及白保罗构拟的原始形式都可以和汉语的“骼”进行比较。汉语的同族词还有“吕”*g·răʔ，《说文》：“吕，脊骨也。”汉语、缅语 <*g［ ］rag/ŋ。①

土家语 kha³⁵khɯ⁵⁵“骨头”还可以跟缅语比较。缅文 khraŋ²“骨骼”（《词典》143）。缅文 khaŋ²rɯ³“丘陵地带，山冈”（《词典》108）。

2.“核”

北部方言“核（果核）”：坡脚话 kha²⁴lau⁵⁵，他砂话 lu⁵⁵ka⁵⁵，龙山话 lu⁵⁵ka⁵⁵//kha³⁵lau³⁵，仙仁话 lu⁵⁴ka³³。

南部方言“核（果核）”：kha³⁵khɯ⁵⁵//kha¹³khi⁵⁵。

土家语中“核（果核）”与“骨”实际上是同一个词。

这个“核”可以与汉语的“核”比较。“核”*grɯɯ//*grɯ，《尔雅·释木》：“桃李丑，核。”注：“子中有核人。”王力认为，“核骸骼（胳）髂”是同源字。②

再对比藏缅语材料，“核”：藏文 tshi gu，拉萨藏语 tʂu¹³ku¹³，夏河藏语 kham ɳaŋ，墨脱门巴语 khu luŋ，尔龚语 qha mtsɔ，贵琼语 kui⁵⁵jɑ³¹，尔苏语 ɽɿ³³ku⁵⁵，吕苏语 kuo³³mæ⁵³，景颇语 kʒi³³，永宁纳西语 ko⁵⁵tv³³。藏缅语族中的藏羌支语言、景颇语、纳西语的“核”与土家语“骨头，核”有语音对应关系。

对比土家语、汉语、藏缅语“骨”及同族词“核”，土家语“骨”与汉语、缅语、藏羌语、彝语有语源关系。

（二）语义演变类型

土家语“骨”与“核”同形。现今湘鄂西边区土家族聚居区汉语方言中仍称果核为“骨头”，如“桃子骨头、麦李儿骨头”等。

五、发（hair）

“hair 发”居“百词表”第 37 位。

---

① 黄树先：《汉缅语比较研究》，47 页，武汉，华中科技大学出版社，2003。

② 王力：《同源字典》，249 页，北京，商务印书馆，1982。

（一）词源分析

北部方言“头发”：坡脚话 sa^{24}tɕhi^{55}，他砂话 sa^{35}tɕhi^{55}，龙山话 sa^{35}tɕhi^{55}，仙仁话 sa^{35}tɕhi^{33}，保靖话 sa^{35}tɕhi^{55}，古丈话 sa^{35}tɕhi^{55}；南部方言“头发”：ʔa^{21}so^{21}。

北部方言“毛”：sʅ^{24}ka^{55}；南部方言“毛”：ʔa^{21}so^{21}。

“头发”南北方言均为双音节词，北部方言词根为 sa^{35}，南部方言带有 a- 前缀，音节的喉塞可能是语音演变的结果，词根为 so^{21}。南部方言的前缀 a^{21}- 在这里只充当了名词的词类标志，没有特殊的附加意义。① 词头 a- 在藏缅语族中广泛使用，具有区分类别、构词和构形作用，其来源是多方面的。②ʔa^{21}so^{21} 的这个喉塞，在语言中，一般以元音起头的音节前自然地带有喉塞摩擦现象，在土家语里，这个喉塞摩擦一般不区别意义。

土家语南部方言元音 o 与北部方言元音 a 的对应规律，是南北方言元音三项核心对应之一。藏缅语中 *a 演变为 *o 是主要的，*o 演变为 *a 是较少的。土家语 a 和 o 的演变能够印证此结论。③ 因此，推测土家语的演变是 *s-kra＞*tsa＞*sa＞so。

对比藏缅语族语言的同族词。

“头发”：藏文 skra，拉萨藏语 tʂa^{55}，巴塘藏语 tʂa^{53}，夏河藏语 htɕa，泽库藏语 rcça，错那门巴语 khra^{53}，墨脱门巴语 tsam，麻窝羌语 qə tɕu，大方彝语 o^{33}tshɯ^{33}，南华彝语 u^{55}tshɯ^{33}，傈僳语 o^{55}tshe^{44}，碧卡哈尼语 tshe^{55}khɤ^{55}，哈雅哈尼语 tshe^{55}kho^{55}，基诺语 tshɛ^{55}khɯ^{33}，缅文 shɑm^{2}pɑŋ^{2}，仰光缅语 shɑ̃^{22}pĩ^{22}，载瓦语 u^{21}tsham^{51}，浪速语 tshɛ̃^{31}，波拉语 tshɛ̃^{55}，勒期语 tsham^{35}，怒苏怒语 tsha^{33}，碧江怒语 tshɑ^{35}。

“羽毛”：藏文 sgro，拉萨藏语 tʂo^{13}，巴塘藏语 dʐʊ^{53}，夏河藏语 dʑo，阿力克藏语 rdʑo，错那门巴语 krɔ^{35}，墨脱门巴语 dʐo，道孚语 ɣra spə，却域语 pɕa^{13}dʐo^{55}。

通过比较可见，土家语与以上藏缅语族语言有着比较规整的语音对应关系。

李永燧认为，缅彝语“头发”的古音是 *tsham。④

① 田德生、何天贞等编著：《土家语简志》，29 页，北京，民族出版社，1986。

② 汪大年：《藏缅语“a-”词头探源》，见《彝缅语研究》编委会编：《彝缅语研究》，成都，四川民族出版社，1992。

③ 张军：《土家语语音研究》，148 ～ 167 页，香港，香港科技大学博士学位论文，2006。

④ 李永燧：《缅彝语音韵学》，872 页，北京，社会科学文献出版社，2011。

白保罗关于藏－缅语“头发”的讨论是：“藏语 ʔag-tshom‘下巴上的胡子’，卡瑙里语 tsam‘毛，羊毛’，mik-tsam‘眉毛’，马加里语 tśham‘头发，毛’，藏拉语 tśam，巴兴语 tsam，缅语 tsham，卢舍依语 sam‘头发’……拉达克语 sam-dal，拉祜里语 yar-sam‘唇上的胡子’（藏－缅语 *tsam）。”①

再对比汉语：“髟”，《说文》：“髟，長髮猋猋也。从長，从彡。凡髟之屬皆从髟。必凋切，又所銜切。”《集韵·笑韵》“匹妙切”：“髟，长髦。”《广韵·銜韵》：“髟，屋翼也。”“所銜切”*sroom//*sram。同族词“彡”*sloom//*sram，*sǎm，《说文》：“彡，毛飾畫文也。”《广韵·銜韵》：“彡，毛长。”《汉书·高帝纪》注：“彡，毛发貌也。所銜切、息廉切。”

塞擦音擦音化，是缅彝语塞擦音声母演变的一个方向②，在藏缅语族里也是比较普遍的音系演变规律。

根据以上分析，早期土家语“发”*tsa＜*s-kra，与缅彝语语音对应。

（二）语义演变类型

从“羽”条分析来看，土家语里“毛”与“发”密切相关，相互交叉。南部方言中，$ʔa^{21}so^{21}$ 既表示“羽毛”“毛”，还表示“头发”，三者为同一个词。北部方言中，$si^{35}ka^{55}$ 表示“羽毛”和“毛”，而“头发”则是另外一个词 $sa^{35}tɕhi^{55}$。但北部方言中的另一个与头发密切相关的词 $ka^{21}sie^{21}$“髻”却是由 $si^{35}ka^{55}$“羽毛，毛”发展而来。

六、头（head）

“head 头”居“百词表”第 38 位，是基本核心词。

（一）词源分析

土家语“头”可分南北两个方言形式讨论。

① ［美］P.K. 本尼迪克特：《汉藏语言概论》，乐赛月、罗美珍译，26 页，北京，中国社会科学院民族研究所，内部资料，1984。

② 徐世璇：《缅彝语言塞擦音声母初探》，载《民族语文》，1995（3），65 ～ 70 页。

1. 北部方言

坡脚话 khuo^{55}pa^{55}，他砂话 kho^{55}pa^{55}，龙山话 kho^{55}tsho^{55}//kho^{55}pa^{55}，仙仁话 khu^{55}pa^{33}，保靖话 kho^{55}pa^{21}，永顺话 kho^{44}pa^{44}，古丈话 kho^{55}pa^{55}。词根为 kho~khu。

土家语这个词可以与多种藏缅语的“头”比较：藏文 mgo，拉萨藏语 ko^{13}，德格藏语 ngo^{31}，夏河藏语 ngo，错那门巴语 kɔk^{13}the^{ʔ53}，麻窝羌语 qə patʂ，桃巴普米语 khu^{53}，箐花普米语 qho^{55}，兰坪普米语 qho^{55}，九龙普米语 qhuo^{55}，嘉绒语 ta ko，却域语 qho^{55}，扎坝语 gu^{13}，达让僜语 kɹu^{53}，格曼僜语 kɯu^{53}，大方彝语 o^{33}gu^{55}，南华彝语 u^{55}kɯ̠^{33}，弥勒彝语 o^{55}ko^{33}，撒尼彝语 o^{55}qo^{11}，永宁纳西语 ɣo^{55}khuɑ^{33}，拉祜语 o^{35}qo^{11}，缅文 khɔŋ^{3}，缅语 khɑ̃u^{55}//gɑ̃u^{55}，苏龙珞巴语 kɔ^{53}。

白保罗关于藏－缅语这个词的讨论：普沃语和斯戈语 kho“头”，藏语 mgo，迪加罗语 ku-ru~mku-ra、mkau，怒语 gɔ~əgɔ，加罗语 sko，迪马萨语 sagau（在复合词中），梅特黑语 məko“头”，源自藏－缅语 *m-gaw~*（s-）gaw。① 这与土家语的形式 khuo^{55}pa^{55} 很相似。

土家语 khuo^{55}pa^{55} 还可以与缅文 khɔŋ^{3}“头，头部；首领”比较。

土家语 khuo^{55}pa^{55} 与以下两个头部的动作词也有联系：缅语 khwé~hwe“用头顶，用头撞”，拉祜语 gûʔ“用头撞”②。

土家语这个词可与汉语“首”进行比较。“首”*hlju//*qhljŭ，书九切，*qhljuʔ ＜*qhljuq。本义为头，象形。《诗经 · 伯兮》：“自伯之东，首如飞蓬。”

2. 南部方言

南部方言“头”：ʔa^{21}bo^{55}//a^{35}bo^{55}bu^{21}。带有前缀 a^{21}，发音前有时带有喉塞ʔ，喉塞ʔ不区别意义，bu^{21} 为事物名称的后附量词，词根为 bo^{55}。

南部方言这个词可以与汉语的“頭”进行比较。“頭”*doo//*g-lo＞*doo，《说文》：“頭，首也。”

Coblin 拿汉语的“頭”和缅文的ဦး ù 比较。马提索夫认为，汉藏语系的“头”，上古汉语是 d’u，藏文 dbu，其中 d 是前缀；缅文 û。演变的过程：以前是 *d-bu，后来变为 *d-wu，缅文形式是失落了前缀，汉语的形式是前缀 d 赶走

① ［美］P.K. 本尼迪克特：《汉藏语言概论》，乐赛月、罗美珍译，157 页，北京，中国社会科学院民族研究所，内部资料，1984。

② ［美］P.K. 本尼迪克特：《汉藏语言概论》，乐赛月、罗美珍译，219 页，北京，中国社会科学院民族研究所，内部资料，1984。

了 w 而形成的。①

汉语的“頭”字，《左传·僖公二十四年》：“頭须，”杜预注：“頭须，一曰里凫须。”俞敏认为，藏文的“头”是 dbu，b 成擦音就是 dwu。dbu 念 rbu 就是“里凫”。郑张尚芳认为，“凫”是鱼部字，元音是 a，不是 u，俞敏的说法值得再研究。“凫”古韵学家或入侯部（段玉裁归入第四部，《说文通训定声》入需部，高本汉《汉文典》也归侯部）。②

白保罗讨论了这个词：汉藏语的 *b- 在 du/də̭u“头”里的前缀 d- 后面变为（w）u，但藏－缅语是 *（d-）bu③。这个形式跟土家语南部方言形式很接近。

这个形式在藏缅语族的“头”里还有分布：桃坪羌语 qə^{33}po^{55}tʂʅ^{33}，景颇语 po^{33}，独龙语 ɑ^{31}pɛ^{ʔ55}，阿依怒语 ɑ^{31}phuŋ^{55}，博嘎尔珞巴语 dum pɯr，碧江怒语 u^{31}phu^{55}，白语 tɯ^{21}po^{21}。这些形式与土家语 ʔa^{21}bo^{55} 也很接近。

（二）语义演变类型

1.“头”与头相邻的部位名称

土家语 khuo^{55}pa^{55} 是一个比较古老的词，除了与藏缅语族语言有着广泛对应关系以外，在语言内部积极构词，表示与“头”部相关、相近部分的身体名称，以及与“头”相关的其他意义。如：khuŋ^{55}ti^{33}“脖子，颈，喉咙，颈脖”；khuŋ^{55}luŋ^{55}“脑髓”；kha^{55}tha^{55}khɯe^{55}“额头”；ku^{35}，ku^{35}tha^{55}，a^{21}go^{21}bo^{55}“脸”；khuŋ^{24}tsʅ^{55}“不聪明、不明智的人，冤大头，贬义”。

2.“头”与“首领”

“头”还发展出“首领”等抽象意义。如“头人”：仙仁 mo^{54}khu^{55}pa^{33}；“官”：仙仁 ka^{35}mɯɛ̃^{55}，龙山 ka^{35}miɛ^{35}，南部方言 ʔa^{21}pho^{55}，ʔa^{13}pho^{55}$_{头}$ ZE^{33}$_{嘴}$ ȵia^{33}$_{人}$ ŋɨ^{21}$_{个}$。

3.“脑”与撞击头部

土家语 khuo^{55}pa^{55} 与以下两个头部的动作词也有联系：缅语 khwe~hwe“用头顶，用头撞”，拉祜语 gûʔ“用头撞”④。

① 转引自黄树先：《汉缅语比较研究》，210 ~ 211 页，武汉，华中科技大学出版社，2003。

② 转引自黄树先：《汉语身体词探索》，158 ~ 159 页，武汉，华中科技大学出版社，2012。

③ ［美］P.K. 本尼迪克特：《汉藏语言概论》，乐赛月、罗美珍译，291 ~ 292 页，315 ~ 316 页，北京，中国社会科学院民族研究所，内部资料，1984。

④ ［美］P.K. 本尼迪克特：《汉藏语言概论》，乐赛月、罗美珍译，219 页，北京，中国社会科学院民族研究所，内部资料，1984。

张衡《东京赋》："斩蝼蛇，脑方良。"注："方良，草泽之神也。脑，陷其头也。""陷其头也"，即击碎其头部。北京官话"后脑勺"，指头后部突出的部分，动词当打后脑勺讲。

七、耳（ear）

"ear 耳"居"百词表"第 39 位。

（一）词源分析

土家语"耳"，南北部方言都是多音节词，似有不同来源，下面分南北两个方言讨论。

1. 北部方言

坡脚话 uŋ^{22}tɕhie^{24}，他砂话 ẽ^{21}tɕhiɛ^{35}，龙山话 ən^{21}tɕhie^{35}，仙仁话 ĩ^{33}tɕhɛ^{35}，保靖话 wuŋ^{21}tɕhie^{21}，永顺话 oŋ^{55}tɕhiɛ^{21}，古丈话 uŋ^{35}tɕhe^{55}//uŋ^{35}tɕhi^{55}。方言内部是一致的双音节词，首音节带有鼻音，尾音节是舌面音，可能来自带鼻音的复辅音声母。

扩展参照范围进行比较，对比以下藏缅语族语言"耳朵"：藏文 rna，拉萨藏语 am^{55}tɕo^{52}，巴塘藏语 na^{55}jo^{53}，夏河藏语 na ndʑoχ，错那门巴语 nem^{35}nɛ^{ʔ53}，墨脱门巴语 na，羌语（北）n̥ə kų，桃坪羌语 ȵi^{31}kie^{33}，兰坪普米语 na^{55}dʒo^{55}，九龙普米语 nə^{55}tsu^{55}，嘉绒语 tə rnɑ，道孚语 n̥ə，扎坝语 n̥ʌ^{33}ʐ̥a^{55}，贵琼语 nɔ^{35}，景颇语 na^{33}，独龙语 ɑ^{55}nɑ^{55}，缅文 nɑ^{3}，缅语 nɑ^{55}，浪速语 nə̆^{31}khjɛ^{ʔ55}，波拉语 nə̆^{31}khjɛ^{ʔ55}，勒期语 nə̆^{31}khjap^{55}。

桃坪羌语 ȵi^{31}kie^{33} 与土家语仙仁话 ĩ^{33}tɕhɛ^{35} 对应很规整，羌语北部方言 n̥ə kų 与土家语的另一个词 oŋ^{55}ko^{21}"耳环"也是很规整的对应，兰坪普米语 na^{55}dʒo^{55} 与土家语 oŋ^{55}ko^{21} 也是对应的。缅语支的浪速语、波拉语、勒期语的形式与土家语很接近，只是土家语演化得比较快，尾音节的舌根塞声母只保留在 oŋ^{55}ko^{21}"耳环"中，在 uŋ^{22}tɕhie^{24}"耳朵"一词中已经腭化，并且起首音节发展出 -ŋ 韵尾。

龚煌城认为，古汉语韵 *ə 与藏文 *a、缅文 *a 对应，源自共同汉藏语 *ə。并且拿汉语"耳"*njəg 与藏文 rna、缅文 na"耳"进行比较。① 龚煌城用来与藏文、

① 龚煌城：《汉藏语研究论文集》，18 ～ 19 页，北京，北京大学出版社，2004。

缅文比较的这个汉语“耳”*njəg 也可以与土家语 $ən^{21}tɕhie^{35}$“耳朵”进行比较。

李永燧认为，缅彝语“耳朵”古音为 *n̥hah。[①] 这个形式与土家语比较接近。

白保罗关于藏－缅语“耳”的讨论不尽相同，有 *g- 前缀：“藏语 rna-ba，怒语 əna‘耳朵’，克钦语 na‘耳朵’，nà（声调不同）‘听’；缅语 nà‘耳朵’，na‘听’，伦马那加语 əkhə na‘耳朵’，na‘听’；布拉木语 kəna，卡杜语 kənà，坦库尔语 khəna，兰甘语 əkəna，阿纳尔语 kəna‘耳朵’；加罗语 khna，迪马萨语 khana‘听’，加罗语 na-tśil‘耳朵’（藏－缅语 *g-na）。”[②]

2. 南部方言

南部方言“耳”：$ts\tilde{a}^{21}pʉ^{55}$//$tsa^{13}pɯ^{55}$//$tsa^{35}po^{55}tɕi^{21}$。

南部方言“耳”可与汉语的“聝”进行比较。“聝”$*k^{w}rɯɯk$//$*k^{w}rɯk$，耳朵，《说文》：“聝，軍戰斷耳也。《春秋传》曰：以为俘聝，馘，聝或从首。”《诗经·鲁颂》：“矫矫虎臣，在泮献馘。”此名词，又用为动词。藏缅语名词“耳”有 *g- 前缀。汉语“聝”好像保留了 *g- 前缀 >*k- 前缀，*r 和 *-k 都是动词的标记。[③] 舌根音 *g- 前缀，在土家语的形式是舌尖塞擦音。

白保罗的论述：“前缀 *s- 在缅语、卢舍依语和一些（非正规的）其他藏－缅语言，包括马加里语、迪加罗语、迪马尔语里使鼻音和流音声母送气（不带音）。在列普查语里，前缀 *s- 使鼻音、流音和塞音声母腭化……有些材料可以证明其他前缀，尤其是 *r-，在缅语和卢舍依语中能起与 *s- 相同的作用。”[④] 如果白保罗此段论述也适合土家语的话，那么土家语算是藏缅语中演化得比较快的语言，早期共同土家语“耳”可能是 *sg-nja。

（二）语义演变类型

1.“耳”与相关部位名称

土家语 $ən^{21}tɕhie^{35}$“耳”是一个基本词，不仅单独表达意义，还积极组词，表达与“耳”相关的意义，比如：$ən^{21}tɕhie^{35}toŋ^{21}ka^{35}$“耳孔”，$\tilde{i}^{33}tɕhɛ^{35}sə^{33}$（仙

① 李永燧：《缅彝语音韵学》，839 页，北京，社会科学文献出版社，2011。

② ［美］P.K. 本尼迪克特：《汉藏语言概论》，乐赛月、罗美珍译，120 页，北京，中国社会科学院民族研究所，内部资料，1984。

③ 黄树先：《汉语身体词探索》，171 页，武汉，华中科技大学出版社，2012。

④ ［美］P.K. 本尼迪克特：《汉藏语言概论》，乐赛月、罗美珍译，32 页，北京，中国社会科学院民族研究所，内部资料，1984。

仁话）“耳屎”，tsa^{13}pɯ^{55}sᴇ^{13}（泸溪话）“耳屎”，uŋ^{22}tɕhie^{55}pha^{24}lai^{55}（坡脚话）“耳垂”。

2.“耳”与“耳子”

土家语 ən^{21}tɕhie^{35}“耳”，既表示人和动物的器官名称“耳朵”，也表示物品中像“耳朵”的部位名称“耳子，提耳”。跟汉语相同，汉语“耳”表示人和动物的器官名称，也表示物品部位名称“耳子”。

3.“耳”与“听觉”

土家语 ən^{21}tɕhie^{35}“耳”，既表示人和动物的器官名称“耳朵”，也表示“听觉，听力”，例如：tshʅ^{55}tɕiau^{55}ən^{21}tɕhie^{35}pɤ^{55}tsha^{35}to^{55}“教书要听力好”。

八、眼（eye）

“eye 眼”居“百词表”第 40 位。

（一）词源分析

北部方言：坡脚话 lo^{24}pu^{55}，他砂话 lo^{35}pu^{55}，龙山话 lo^{35}pu^{35}，仙仁话 lo^{35}pu^{33}，保靖话 lo^{35}pu^{55}，永顺话 lo^{24}pu^{44}，古丈话 lo^{35}pu^{35}。

南部方言：ʔa^{21}la^{55}//ʔa^{13}la^{55}。

北部方言词根为 lo^{35}，南部方言为 la^{55}，现代土家语里声母边音 l 与鼻音 n 在元音 -o 和 -a 前面自由变读，不区别意义。

“眼”的早期共同语可能是 *la。张军对土家语南北方言单韵母 a 和 o 进行了对比和历史分析，得出结论，土家语里 *a 演变为 *o 是主要的。土家语元音 a 和 o 的演变能够印证前贤关于原始藏缅语元音 *a 和 *o 演变方向的结论。① 龚煌城论证了藏文、缅文、古汉语与原始汉藏语之间元音 a 的对应关系，并以藏语为例说明元音 a 和 o 的演化与形态之间的关系。②

吴安其认为，开、闭音节中原始藏缅语 *a 元音在不同语支中还是以 *a 的面貌出现；原始藏缅语 *o，在缅语支和景颇语支主要对应 *o 和 *a。一些动词，在原始景颇语、原始缅语中读作 *a 而在藏羌语读 o 的，原始藏缅语应该是 *a 元

① 张军：《土家语语音研究》，香港，香港科技大学博士学位论文，2006，152 ~ 167 页。

② 龚煌城：《汉藏语研究论文集》，7 ~ 28 页，北京，北京大学出版社，2004。

音。① 藏缅语中 *a 为 *o 是主要的，*o 演变为 *a 是较少的。

藏缅语里，*mj- > ȵ-。黄布凡认为，部分语言的舌面前塞擦音和鼻音是由古双唇、舌尖中、舌面后等部位的塞音、鼻音与舌面音融合而成。ȵ- < *mj-，“眼睛”：普米语 ȵə^{35}，贵琼语 ȵɑ^{35}，扎坝语 ȵa^{55}，却域语 mȵe^{55}，嘉绒语 tə mȵak，木雅语 mi^{53}，纳木义语 miɛ^{55}，羌语 mɪj，道孚语 mo，藏文 mjig~dmjig~gmjig。②

白保罗关于藏 – 缅语中这个词讨论：藏语 mig，卡瑙里语 mik，列普查语 ămik，瓦尤语 mek，马加里语 mik，巴兴语 mi-tśi，图隆语、杜米语、赖语 mik-si，林布语 mik，迪马萨语 mi，米里语 əmik，克钦语 myi，加罗语 mik，卢舍依语 mit，米基尔语 mek，但是缅语（以及一般的缅 – 倮倮语）是 myak，怒语 mɛ~nɛ < *myak，也许还有嘉绒语 tĕmńăk “眼睛”（藏 – 缅语 *mik~*myak）。这一词根表明词中元音 *ya 和 *i 的交替。③

根据以上关于元音、辅音的讨论结果，土家语 *la 与“眼睛”的以下藏缅语言语音对应：藏语 mig，墨脱门巴语 miŋ，羌语 mi^{55}，普米语 miɑ^{55}，木雅语 mi^{53}，尔苏语 miɑ^{55}，南涧彝语 mi̱^{33}çe^{21}，傈僳语 miɛ^{44}sɯ^{31}，哈雅哈尼语 mja̱^{33}，基诺语 mja^{42}，缅文 mjɑk^{4}se^{1}，仰光缅语 mjɛ^{ʔ44}si^{53}，载瓦语 mjo^{ʔ21}tʃi^{55}。

李永燧认为，缅彝语“眼睛”古音为 *mrak。④ 这个形式与土家语形式对应整齐。

土家语 *la 还可以与汉语“矑”进行比较。“眼睛”，原始汉藏语 *m-lak。侗台语 *pra 与汉语“矑” *p-lag 恐有同源关系。汉语“额” *ŋrak < *plak 或 *m-lak。侗台语“额” *plak 有同源关系。⑤ 吴安其认为，*m- 是汉藏语的前缀：汉藏语的 *m- 前缀一方面是身体部位名词的构词前缀，另一方面又是不及物动词的前缀。原始汉藏语身体名词的 *m- 前缀保留在不同的支系中，如“眼睛”，上古汉语 *mjuk。藏文 mig，嘉绒语 mȵɑk，缅文 mjɑk，原始藏缅语 *m-lak。⑥

---

① 吴安其：《汉藏语同源研究》，173 ～ 176 页，北京，中央民族大学出版社，2002。

② 马学良：《马学良民族研究文集》，238 ～ 239 页，北京，民族出版社，1992。

③ ［美］P.K. 本尼迪克特：《汉藏语言概论》，乐赛月、罗美珍译，89 页，北京，中国社会科学院民族研究所，内部资料，1984。

④ 李永燧：《缅彝语音韵学》，878 页，北京，社会科学文献出版社，2011。

⑤ 吴安其：《汉藏语同源研究》，309 页，北京，中央民族大学出版社，2002。

⑥ 吴安其：《汉藏语同源研究》，179 页，北京，中央民族大学出版社，2002。

（二）语义演变类型

“眼”是土家语里的基本词，除了单独表意，还作为语素构成其他词，表示与“眼”相关的部位名称及其他相关意义。如：$lo^{24}xa^{53}$“因光线太强造成的眼睛花”，$lo^{35}tsh\text{ɿ}^{33}li^{55}$“眼珠”，$lo^{24}tsi^{55}$“瞎子”。

1.“眼”与“眉”

土家语“眉毛”“睫毛”与“眼”相关。

“眉毛”：坡脚话 $lo^{24}pu^{55}s\text{ɿ}^{24}ka^{33}$，他砂话 $lo^{35}pu^{55}s\text{ɿ}^{35}ka^{55}$，龙山话 $lo^{35}pu^{35}si^{35}ka^{55}$，永顺话 $lo^{24}pu^{44}\text{ɕ}i^{24}ka^{44}$，泸溪话 $\text{ʔ}a^{13}la^{55}\text{ʔ}a^{21}so^{21}$。

“睫毛”：坡脚话 $lo^{24}pu^{55}s\text{ɿ}^{24}ka^{55}$，仙仁话 $lo^{35}pu^{33}\text{ɕ}i^{33}ka^{33}$。

“眼泪”：坡脚话 $p\text{ə}^{55}tsh\text{ə}^{22}$，他砂话 $lo^{35}pu^{55}tsh\text{ɤ}^{21}$，龙山话 $lo^{35}pu^{55}p\text{ɯ}e^{55}tshie^{21}$，仙仁话 $lo^{35}pu^{33}tsh\text{ə}^{54}$，泸溪话 $\text{ʔ}a^{21}la^{55}tshe^{35}$。

2.“眼”与“疙瘩，节疤，窟窿”

土家语 $lo^{35}thi^{53}$“疙瘩”“节疤，（树的）节疤”与“眼”有关，由词根语素“眼”lo^{35} 派生出来。

汉语“目”*mŭk。《说文》：“目，人眼也。”树上的节目，形状与眼睛相似，叫“节目”“眼”，《礼记·学记》：“善问者如攻坚木，先其易者，后其节目。”

湘鄂西土家族聚居区的汉语方言中称“小窟窿”为“眼”$\text{ŋ}an^{51}$，“更小的窟窿”为“眼眼儿”$\text{ŋ}an^{51}\text{ŋ}an^{33}\text{ɚ}^{0}$，“大窟窿”为“洞”$to\text{ŋ}^{35}$。

缅文 $jmak^{4}$“眼”；“（竹、木等）节子，节疤”。

3.“眼”与“兜儿”

土家语里“眼”与附着在衣服上的“小袋”有联系，附着在衣服上的口袋整体看起来就如同衣服的眼睛，$lo^{24}the^{55}$“（衣服上的）口袋”，名词。

九、鼻（nose）

“nose 鼻”居“百词表”第 41 位。

（一）词源分析

土家语“鼻”，南北部方言都是多音节词，似有不同来源，分南北两个方言讨论。

1. 北部方言

坡脚话 uŋ^{24}tɕhi^{55}，他砂话 ẽ^{35}tɕhi^{53}，靛房话 uən^{24}tɕhi^{33}，龙山话 ẽ^{35}tɕhi^{55}//ũ^{35}tɕhi^{55}，仙仁话 ĩ^{55}tɕhi^{33}，保靖话 wuŋ^{35}tɕhi^{55}，永顺话 oŋ^{55}tɕhi^{42}，古丈话 uŋ^{35}tɕhi^{55}。

“鼻”与“耳”语音很接近，都是双音节词，首音节完全相同，尾音节的辅音完全相同，仅是元音稍有差异，即 -i 与 -e。清人记述中，这两个部位名称记录分别为“鼻曰饔起”“耳曰瓮切”①。杨再彪记录的古丈土家语“耳朵”有两个形式：uŋ^{35}tɕhe^{55} 和 uŋ^{35}tɕhi^{55}，uŋ^{35}tɕhi^{55} 同时也表示“鼻子”。②

方言内部是一致的双音节词，首音节带有鼻音，尾音节是舌面音，可能来自带鼻音的复辅音声母。我们扩展参照范围进行比较，对比以下藏缅语族语言“鼻”：藏文 sna，拉萨藏语 nə^{55}ku^{52}，巴塘藏语 n̥a^{53}，夏河藏语 hna ʁoŋ，阿克力藏语 rn̥æ，错那门巴语 na^{53}，墨脱门巴语 na wuŋ，羌语 ətɕyəs，道孚语 sni，却域语 ɕȵ̥i^{55}，缅文 hnɑɑ^{2}khɔŋ^{3}，缅语 n̥ɑ^{22}khɑu^{55}，巍山彝语 ˀnɑ^{55}khṳ^{33}，傈僳语 nɑ̠^{33}khu̠^{33}，拉祜语 nʌ^{31}qhɔ^{53}，永宁纳西语 ȵi^{33}gə^{33}，纳木兹语 ȵi^{55}nga^{55}。

白保罗的讨论：“前缀 *s- 在缅语、卢舍依语和一些（非正规的）其他藏－缅语言，包括马加里语、迪加罗语、迪马尔语里使鼻音和流音声母送气（不带音）。在列普查语里，前缀 *s- 使鼻音、流音和塞音声母腭化。”③根据白保罗的这个解释，推测藏缅语族的“鼻”的语音演变过程是：藏文 sna 代表最古老的形式，却域语 ɕȵ̥i^{55} 是声母腭化的标志，羌语 ətɕyəs 则是声母腭化完成的标志；道孚语 sni 是元音 a 向前高元音 i 演化的标志，同时前高元音 i 也促进了腭化的完成，而土家语则是藏缅语族中演化得最快的形式。以下白保罗关于藏－缅语“鼻”的构拟印证其以上解释。

白保罗依据藏语 sna，内瓦尔语 hna-sa，马加里语 hna，迪马尔语 hna-pu，迪加罗语 həna-gam~hnya-gom，怒语 śəna，卡杜语 səna，缅语 hna，卢舍依语 hna · r“鼻子”，列普查语 nyo“鼻涕”，把原始藏－缅语的“鼻子”构拟为 *s-na。④

① 田恒金：《清代〈永顺县志〉中的土家语词》，载《民族语文》，2004（2）。

② 杨再彪：《湖南西部四种濒危语言调查：土家语、小章苗语、关峡平话、麻塘话》，79 页，北京，民族出版社，2011。

③ ［美］P.K. 本尼迪克特：《汉藏语言概论》，乐赛月、罗美珍译，32 页，北京，中国社会科学院民族研究所，内部资料，1984。

④ ［美］P.K. 本尼迪克特：《汉藏语言概论》，乐赛月、罗美珍译，32 页，北京，中国社会科学院民族研究所，内部资料，1984。

依据藏语 snabs，缅语 hnap，卢舍依语 hnap “鼻涕”，构拟原始藏－缅语的“鼻涕”为 *s-na。[①]

汉语“自” *hljids//*sbits，《说文》：“自，鼻也。”甲骨文中“自”像鼻形。“自”是“鼻”的初文，由 *ɦblji＞ɦlji＞ɦzji 变 dziɪ。[②]

土家语另一个与“鼻”紧密相关的词 nan²¹//lan²² “闻（嗅）”，与藏缅语言里的“鼻” sna 的语音形式广泛相同或对应。

藏缅语族众多语言中“闻（嗅）”与“鼻”直接相关，语音相同或者相似，基本词根形式为 na。土家语北部方言“闻（嗅）”与藏缅语族中众多语言的“闻（嗅）”词根相同。

李永燧认为，缅彝语“鼻子”古音为 *n̥ha，与“耳” *n̥hah 很接近，“鼻涕”为 *n̥ăp。[③]

2. 南部方言

“鼻”：kɯ³⁵tɕi⁵⁵dɯ³⁵//kɯ³⁵tɕi⁵⁵dɯ¹³。

“闻（嗅）”：ɕioŋ²¹。

（二）语义演变类型

1. “鼻”与“耳”

土家语、藏语支、羌语支、缅语支、彝语支、景颇语支等多种藏缅语族语言中“鼻”和“耳”的语音形式相同或相似。

2. “鼻”与“闻”

土家语的 nan²¹//lan²² “闻（嗅）”，与众多藏缅语言的“耳” sna 语音形式对应整齐。

3. “鼻”与“鼻涕”

“鼻涕”与“鼻”关系紧密，“鼻涕” uŋ²²tɕi²²la⁵⁵ 由“鼻” uŋ²²tɕi²² 派生构成。

4. “嗅”与“臭”

北部方言里“嗅，用鼻子闻”和“臭”是同一个形式，坡脚是 lan²²，他砂

① ［美］P.K. 本尼迪克特：《汉藏语言概论》，乐赛月、罗美珍译，32 页，北京，中国社会科学院民族研究所，内部资料，1984。

② 郑张尚芳：《上古音系》（第二版），131 页，上海，上海教育出版社，2013。

③ 李永燧：《缅彝语音韵学》，830 页，北京，社会科学文献出版社，2011。

是 $lã^{21}$，仙仁是 $nã^{33}$。

十、口（mouth）

“mouth 口”居“百词表”第 42 位。

（一）词源分析

1.“口”

北部方言：坡脚话 $zə^{24}$//$tsa^{24}tɕhi^{55}$，他砂话 $tsa^{35}tɕhi^{55}$，龙山话 $tsa^{35}tɕhi^{55}$//$tsie^{35}$，仙仁话 $tsa^{35}tshɿ^{33}$，保靖话 $tsa^{35}tɕhi^{55}$，永顺话 $tsa^{24}tɕhi^{44}$，古丈话 $tsə^{35}$。

南部方言：$ʔa^{21}ze^{21}$//$n̥e^{21}te^{21}$//$ta^{21}ze^{21}$。

南、北方言的语音一致，北部方言单音节词为 $tsie^{35}$，南部方言为 ze^{21}，主元音相同 e，辅音为同部位的舌尖前塞擦音 ts 和擦音 z。清人的记述中“口曰哲”[①] 印证了这个词根形式。

土家语另几个与“口”紧密相关的口部动作词“吃”“咬”“吞”，进一步显示出南北方言的一致对应，也显示出土家语这个词的语音发展轨迹。

2.“吃”

“吃”：北部方言 ka^{24}，南部方言 $ɣɯe^{35}$。南、北方言中的“吃”均与“嘴”的主元音相同，辅音则为相同部位对应的舌根音。

“咬”：北部方言 ka^{24}，南部方言 go^{35}。

“吞”：北部方言 zie^{35}，南部方言 ga^{35}。

对比以上各词、各个方言点的语音形式，土家语“口”的历史发展轨迹大致为：*ka＞*tsa＞tse，ga*＞dza*＞*za＞*ze。

为了印证以上拟测，我们扩大比较范围，与藏缅语的“口”及其相关词进行比较。

“嘴”：藏文 kha，拉萨藏语 kha^{55}，阿力克藏语 khæ，错那门巴语 kha^{53}，羌语 dzə kuə，嘉绒语 tə khɑ，道孚语 jɑ，喜德彝语 $kha^{21}phi^{55}$，南华彝语 $mɛ^{21}khu̠^{33}$，傈僳语 $khɑ̠^{31}bɛ̠^{31}$。

“吃”：藏文 za，拉萨藏语 sa^{13}，阿力克藏语 sæ，墨脱门巴语 ŋam//za，羌语

① 清代首任永顺知县李瑾撰修、乾隆十年（1745 年）刻印的《永顺县志》记录“口曰哲”。

dzə，嘉绒语 khɑ zɑ，缅文 sɑ³，缅语 sɑ⁵⁵，喜德彝语 dzɯ³³，南华彝语 dzo²¹，傈傈语 dzɑ³¹，绿春哈尼语 dza³¹，基诺语 tsɔ⁴⁴。

"咬"：藏文 so rgjag，拉萨藏语 so⁵⁵ca¹³²，巴塘藏语 ndzɛ̰ˀ⁵³，错那门巴语 chaˀ⁵³，扎坝语 a³³ndze⁵⁵，木雅语 khə⁵⁵βɐ⁵³，巍山彝语 kho²¹//kɯ̱³³，南华彝语 khɑ⁵⁵，武定彝语 tɕhɤ̱⁵⁵，撒尼彝语 qhɯ²，傈傈语 kho³¹，绿春哈尼语 ko³¹，墨江哈尼语 kho³¹，拉祜语 tɕhe²¹，纳西语 khæ³³。

土家语"口"和"口"部动作词"吃""咬""吞"与藏缅语的"口"和"吃，咬"有着规整的语音对应关系。

白保罗关于藏－缅语这个词的讨论："藏语 kha'嘴，孔'，克钦语 məkha'张开（如嘴）；开（如门）；孔，口，（如山洞）'，tśyiŋkha'门'，怒语 phəŋ-kha'门'，缅语 tam-khà'门'（也许来自 *ta-mkha），哈卡语和卢舍依语 ka，班约吉语 məka，南部卡米语 əmkha，拉克尔语 pəka，米基尔语 iŋho＜*iŋkha'嘴'，来自藏－缅语 *m-ka……克钦语 niŋkha~nkha，怒语 məkha'颏，腭'，迪马萨语 khu-sga'颏'（khu'嘴'），博德语 khu-ga'嘴'，卢舍依语 kha'下腭'，塔多语 kha'颏'，来自藏－缅语 *（m-）ka~*（s-）ka。"[①]

土家语的另一个词 ji⁵⁵tsa⁵⁵"洞"，与白保罗提供的藏－缅语材料"嘴，洞"也有语音对应关系。

李永燧认为，原始缅彝语"嘴"为 *ŋ̊luat，"嘴唇"为 *qhok，[②]"吃"为 *dzah，[③]与土家语语音形式对应规则。

（二）语义演变类型

1. "口"与"洞"

土家语 tsa²⁴tɕhi⁵⁵，tsie³⁵"口"与"洞"有关联，"洞（山洞）"ji⁵⁵tsa⁵⁵。

2. "口"与"吃"

土家语 tsa²⁴tɕhi⁵⁵"口"，与"吃"ka³⁵ 同源。即身体部位名称"口"演变成相应部位嘴部的动作名称"咬"，"咬"：北部方言 ka³⁵，南部方言 go³⁵。

① ［美］P.K. 本尼迪克特：《汉藏语言概论》，乐赛月、罗美珍译，129 页，北京，中国社会科学院民族研究所，内部资料，1984。

② 李永燧：《缅彝语音韵学》，886 页，北京，社会科学文献出版社，2011。

③ 李永燧：《缅彝语音韵学》，833 页，北京，社会科学文献出版社，2011。

十一、牙（tooth）

“tooth 牙”居“百词表”第 43 位。

（一）词源分析

北部方言“牙齿”：坡脚话 sɿ^{33}sɿ^{33}，他砂话 sɿ^{55}sɿ^{55}，龙山话 sɿ^{55}sɿ^{55}，仙仁话 sɿ^{54}sɿ^{33}，保靖话 si^{55}si^{21}，永顺话 sɿ^{44}sɿ^{44}，古丈话 sɿ^{55}sɿ^{55}。

南部方言“牙齿”：si^{33}ta^{35}//sɿ^{55}ta^{13}。

对比南北部方言，土家语“牙齿”的根语素为 si。

“牙齿”这个词广泛分布在藏缅语言中：藏文 so，藏语 so^{53}，错那门巴语 wa^{53}，墨脱门巴语 ɕa，羌语 ʂuə，兰坪普米语 ʂy^{55}，嘉绒语 tə swɑ，却域语 ski^{55}，尔龚语 ɕɯ，木雅语 xɯ^{35}，尔苏语 ʂɿ^{55}ma^{55}，纳木义语 xə^{33}，喜德彝语 dʐʅ^{33}，南涧彝语 ɕy^{21}，南华彝语 si^{21}//sɯ^{21}，墨江彝语 dzɛ^{21}，傈僳语 sɿ^{31}tʃhi^{44}，永宁纳西语 xi^{55}，碧卡哈尼语 ɔ^{31}tsɿ^{55}，哈雅哈尼语 sɤ^{31}，拉祜语 tsi^{31}，基诺语 a^{33}tʃɤ^{44}，白语 tsi^{33}pa^{44}，阿昌语 tɕoi^{55}，载瓦语 tsui^{51}，浪速语 tsɔi^{31}，勒期语 tsɿ^{31}，格曼僜语 si^{55}。

土家语“牙齿”与彝语（南华）、傈僳语、哈尼语、拉祜语、基诺语、阿昌语、载瓦语、浪速语、勒期语等缅彝语语音相同或相近，语音对应整齐。

白保罗关于藏－缅语“牙齿”的论述：“藏语 so＜swa，穆尔米语 swa，布拉木语 swa，曼查替语 tshoa（声母不能解释），特博尔语 soa，列普查语 fo＜*swa，内瓦里语 wa，克钦语 wa，卡杜语 səwa，怒语 sa，缅语 swà，莫尚语 va，加罗语 wa（-gam），迪马萨语 ha，卢舍依语（和一般的库基语）ha（声母不能解释），米基尔语 so＜*s（w）a ‘牙’（藏－缅语 *s-wa）。”①

吴安其认为，藏缅语的 *s-wa 来自更早期的 *sk-：“牙齿”，藏文 so＜*skho，却域语 ski，巴兴语 khlo，缅文 tθwɑ^{3}＜*sua-g。原始藏缅语 *s-khlo，*s-khlo-g。②

吴安其的构拟可以跟汉语比较，尤其是却域语的形式，跟汉语更近，应该是

① ［美］P.K. 本尼迪克特：《汉藏语言概论》，乐赛月、罗美珍译，112 页，北京，中国社会科学院民族研究所，内部资料，1984。

② 吴安其：《汉藏语同源研究》，185 页、128 页，北京，中央民族大学出版社，2002。

比较古老的形式。

汉语“齿”*thjɯʔ＜khj//*khjɯ̆，《说文》：“齒，口齗骨也。象口齒之形，止聲。”“齿”早期应该是舌根音。①

包拟古的论断：梅祖麟还指出“齿”在闽语有舌根音声母：“齿”，李方桂*khrjəgx，包拟古 khryɨ，khjɨ//tshï，原始沿海闽语 *khi。梅祖麟认为，闽语是“一种失落 *r 的方言”，这个论断的正确性，可以得到很好的证明。但是实际上，上面两个例子（“止、齿”）中的腭音声母也可认为来自上古的 kj- 和 khj-，只是从原始彝缅语的材料来看，它们的声母是带 -r- 的复辅音。②

根据以上诸位的论断，土家语“牙齿”si＜*tsi＜*skji，与汉语、藏缅语同源，与缅彝支语言同流发展。

（二）语义演变类型

土家语“牙齿”si＜*tsi＜*skji，与“嚼” tɕhie（北部方言 $tɕhie^{21}$，南部方言 $tɕhie^{35}$）同源，即身体部位名称“齿”演变成齿部动作名称“嚼”。

汉语身体词中的不少名词，也可以演变成动词。古汉语“牙”可作动词，《战国策·秦策三》：“投之一骨，轻起相牙者何则？”鲍彪注：“牙，言以牙相噬。”“肘”可作动词，《左传·成公二年》：“皆肘之。”鄂西南汉语方言“肘”，名词“（猪）肘子”，也可以作动词，“举起来”的意思：“帮我肘一下”。鄂西地区的汉语方言“掌”，名词“巴掌”，也可以作动词，“我掌你一耳巴！”

十二、舌（tongue）

“tongue 舌”居“百词表”第 44 位。

（一）词源分析

北部方言：坡脚话 $i^{24}la^{55}$，他砂话 $ji^{35}la^{55}$，龙山话 $ji^{35}la^{55}$，仙仁话 $ʑi^{33}la^{54}$//$ʑi^{33}la^{54}tɕɛ̃^{54}tsɿ^{33}$（半借），永顺话 $i^{24}la^{44}$，古丈话 $ji^{35}la^{35}$。

---

① 黄树先：《比较词义探索》，199 页，成都，巴蜀书社，2012。

② ［美］包拟古：《原始汉语与汉藏语》，潘悟云、冯蒸译，白一平校，239 页，北京，中华书局，2009。

南部方言：dzi^{21}la^{21}//dzɿ^{33}la^{33}。

南北方言是比较一致的双音节词，可能是来原始共同语的复辅音 *sgli-la。

比较藏缅语的“舌头”：藏文 ltɕe，拉萨藏语 tɕe^{55}//tɕe^{55}le^{52}，错那门巴语 le^{53}，羌语 zəχ，缅文 hljaa^{2}，缅语 ɕɑ^{22}，阿昌语 ɕɔ^{55}，载瓦语 ʃo^{51}，浪速语 ʃɔ^{31}，波拉语 ʃa^{55}，勒期语 jo^{33}，喜德彝语 hɑ^{33}ne^{33}，魏山彝语 ˀlɑ^{55}，南华彝语 lo^{55}，傈僳语 l̠ɑ^{33}tɕhɯ̠^{33}，碧卡哈尼语 a^{31}la^{55}。藏语的形式，应该是齿音腭化后的结果。

再看白保罗的论述：“藏语 ltse＜*s-le‘舌头’，me-ltśe‘火舌’，卡瑙里语 le，列普查语 ăli，瓦尤语 li，林布语 le-sot‘舌头’（参见列普查语 lin-śet），怒语 phəlɛ‘舌头’，thəmi-səlɛ‘火舌’，克钦语 lai‘舌头’（适应押韵需要的对偶形式），加罗语 sre‘舌头’，wal-sre‘火舌’，迪马萨语 salai‘舌头’，wai-slai‘火舌’，卢舍依语 lei（库基语 *m-lei），米基尔语 de‘舌头’（藏－缅语 *m-lay ~ *s-lay）。”①

吴安其认为，缅语支的 -j- 当有 *-l- 和 *-j- 两个来源。l- 声母的介音就是后起的。“舌头”，藏文 ltɕe＜*l-tje，巴兴语 ljɑm＜*ljɑ-m，林布语 le-sōt，缅文 hljɑː^{2}＜*s-lja，基诺语 mø^{44}ɬɔ^{44}＜*m-lja，克伦语阿果话 ble^{33}，博德语 si-lɑ，加洛语 srē，那加语坦库尔方言 mɑ-le，原始藏缅语 *s-let，*m-le。②

土家语“舌”这个词可以和汉语的“舌”进行比较。“舌”*sbljĕt，《说文》：“舌，在口所以言也，别味也。”

（二）语义演变类型

土家语“舌”与“舔”*la（北部方言 la^{35}，南部方言 lo^{21}）同源，即身体部位名称“舌”演变成舌部动作名称“舔”。

汉语“舌”“舔”关系密切。汉语 t‘iam//t‘iem“舔”，来自 *liam//*liem，广州话读作 lim，藏缅语 *（s-）lyam“舌，大舌”，这个词根在汉语由“舌”的“隐词”（*d‘iam~*d‘i̯am＜*liam~*li̯am）表现出来。和藏－缅语同源：基兰提语 *lem“舌”：瓦林语、纳切纶语、钦唐语、龙琴蓬语 lem，罗冬语 lam-，林布语 kelim-ba，亚卡语 lim（对比亚卡语 lem“舌”＜藏－缅语 *lyam）③。

① ［美］P.K. 本尼迪克特：《汉藏语言概论》，乐赛月、罗美珍译，66 页，北京，中国社会科学院民族研究所，内部资料，1984。

② 吴安其：《汉藏语同源研究》，128 页、185 页，北京，中央民族大学出版社，2002。

③ ［美］P.K. 本尼迪克特：《汉藏语言概论》，乐赛月、罗美珍译，299 ~ 300 页，北京，中国社会科学院民族研究所，内部资料，1984。

古代汉语“舌”和动词“舔”是一个来源。[1]

十三、脚（foot）

“foot 脚”居“百词表”第 46 位。

（一）词源分析

北部方言：坡脚话 tɕi^{22}pha^{22}，他砂话 tɕi^{21}，龙山话 tɕi^{21}，仙仁话 tɕi^{33}pha^{33}，保靖话 tɕi^{21}，永顺话 tɕi^{21}，古丈话 tɕi^{21}pha^{35}。

南部方言：ʔa^{33}dʑi^{35}//a^{13}dʑi^{13}tɕi^{35}。

“脚”是人类普遍认知的人体器官，这个概念一般不容易借用。对比南北部方言，这个词南北部方言语音对应整齐，单音节词根形式为 tɕi、dʑi。清人的记述中“足曰骑”[2] 印证了这个词根形式。南部方言保留了浊塞擦音 dʑ 和前缀音 a 以及喉塞 ʔ。

1. 北部方言 tɕi^{21}

土家语北部方言 tɕi^{21}“脚”与以下缅彝语“脚”有着规则的语音对应关系：缅文 khre^{2}，仰光缅语 tɕhe^{22}，阿昌语 tɕhi^{55}，仙岛语 chi^{55}，载瓦语 khji^{51}，浪速语 khjik^{31}，波拉语 khji^{55}，勒期语 khjei^{33}，碧江怒语 khɹi^{35}，喜德彝语 tɕi^{33}ɕɿ^{33}，巍山彝语 khɯ^{55}phi^{33}，南华彝语 tɕhi^{33}ɣɯ^{21}，武定彝语 tɕhi^{33}，撒尼彝语 tɕhz̊^{11}be^{44}，大方彝语 tɕhi^{33}pha^{33}，南涧彝语 khɯ^{55}pi̠^{33}，弥勒彝语 tɕhi^{33}ɣɯ^{21}，墨江彝语 gɯ̠^{21}，傈僳语 tɕhi^{33}phɛ^{35}，绿春哈尼语 a^{31}khɯ^{55}，墨江哈尼语 ɔ^{31}khɯ^{55}，碧卡哈尼语 ɔ^{21}tshi^{55}，拉祜语 khɯ^{33}ɕɛ^{33}，基诺语 ʃɔ^{31}khi^{33}，纳西语 khɯ^{33}。

舌根辅音的腭化，是藏缅语普遍的语音演变规律，古缅文 khre^{2}，到现代仰光缅语中演变为 tɕhe^{22}。缅彝支各语言除了墨江彝语是舌根浊音外，其他各语言均是舌根塞音或舌面塞擦音，与土家语语音对应整齐。土家语应当是 tɕi＜*kri“止”＜*kre“肢”，与缅彝语同源。

对比元音，缅彝语支中的缅语与土家语 tɕie^{35}“手”元音对应整齐。其中勒期语保留了“手”“脚”元音分化的中间状态。缅彝语支“脚”对应土家语

---

① 黄树先：《汉语身体词探索》，205 ~ 207 页，武汉，华中科技大学出版社，2012。

② 清代首任永顺知县李瑾纂修、乾隆十年（1745 年）刻印的《永顺县志》记录“足曰骑”。

的“手”和“脚”两个词，可以推测：早期土家语，“手”“脚”本由一个词*kre“肢”来指称，后来通过音变分化出 tɕie^{35} 和 tɕi^{22} 分别指称这两个部位。

对比相似肢体部位名称“脚踝”：缅文 khre^{2}mjɑk^{4}si^{1}，仰光缅语 tɕhe^{22}mjɛ^{ʔ4}si^{53}，阿昌语 tɕhi^{55}tɔ^{ʔ55}，仙岛语 chi^{55}tʂham^{31}，浪速语 khjik^{31}tʃhɛ^{ʔ55}，波拉语 khji^{55}tʃhɛ^{ʔ55}，碧江怒语 khɹi^{35}tsi̠^{53}，巍山彝语 khɯ^{55}n̩^{55ʔ}mɿ^{33}sᴇ^{21}，武定彝语 tɕhi^{33}bɤ̠^{55}，傈僳语 tɕhɛ^{35}be^{33}tsi^{55}，绿春哈尼语 khɯ^{55}tsɿ^{31}，拉祜语 khɯ^{33}mɛ^{54}ɕo^{44}，对比结果支持以上推测，即土家语 tɕi^{22}“脚”＜*kri“止”＜*kre“肢”。

土家语 tɕi^{22}“脚”对应汉语“止”。“止”*kljɯ̌。《说文》：“止，下基也。象草木出有阯，故以止爲足。”甲骨文的“止”字像脚趾之形。汉语“支”既可以指手，也可以指脚，和表示脚的“止”有联系。[①]

包拟古将汉语的“止，趾”和原始彝缅语的*khriy 比较。[②] 白保罗把包括缅文 khre^{2} 在内的原始藏－缅语“脚”构拟为*kriy。[③] 包拟古和白保罗的研究结果支持以上推测：土家语 tɕi“脚”＜*kri“止”＜*kre“肢”，与缅彝语同源。

2. 南部方言 ʔa^{33}dʑi^{35}

前缀 ʔa^{33}- 在这里只充当了名词的词类标志，没有特殊的附加意义。[④] 词头 a- 在藏缅语族中广泛使用，具有区分类别、构词和构形作用，其来源是多方面的。[⑤] ʔa^{33}dʑi^{35} 的喉塞现象可能是源于语音链声母脱落。

比较词根 dʑi 与藏缅语族中的同族词：

“脚”：桃坪羌语 dʑi^{55}，蒲溪羌语 dʑi^{55}，鲁甸普米语 khʐə̠^{55}，九龙普米语 tʂhɿ^{55}，兰坪普米语 tʂhə^{55}，傈坡纳木依语 tʂhɿ^{53}tʂhɿ^{31}，木雅语 ŋgɐ^{24}，贵琼语 ŋga^{55}//gɑ^{35}，墨江彝语 gɯ̠^{21}，义都珞巴语 ɑ^{55}ge^{55}ɕɑ^{55}。

“腿”：夏河藏语 dʑə pa（小腿），阿力克藏语 ɣdʑaŋ ŋər（小腿），桃坪羌语 dʑi^{33}sɑ^{33}，桃巴普米语 pʐɐ^{55}dʑɛ^{53}，甘洛尔苏语 ə^{33}ndʑi^{55}，南华彝语 gɯ̠^{21}pɛ̠^{33}，土家语（南）dʑi^{35}dʉ^{55}。

---

① 黄树先：《汉语核心词探索》，110 页，武汉，华中师范大学出版社，2012。

② ［美］包拟古：《原始汉语与汉藏语》，潘悟云、冯蒸译，白一平校，239 页，北京，中华书局，2009。

③ ［美］P.K. 本尼迪克特：《汉藏语言概论》，乐赛月、罗美珍译，19 页，北京，中国社会科学院民族研究所，内部资料，1984。

④ 田德生、何天贞等编著：《土家语简志》，29 页，北京，民族出版社，1986。

⑤ 汪大年：《藏缅语“a-”词头探源》，见《彝缅语研究》编写组编：《彝缅语研究》，成都，四川民族出版社，1992。

“脚踝”：巴塘藏语 dʑa^{55}tshi^{ʔ53}，夏河藏语 dʑa tshəχ，缅文 khre^{2}mjɑk^{4}si^{1}，仰光缅语 tɕhe^{22}mjɛ^{ʔ4}si^{53}，阿昌语 tɕhi^{55}tɔ^{ʔ55}，仙岛语 chi^{55}tʂham^{31}，浪速语 khjik^{31}tʃhɛ^{ʔ55}，波拉语 khji^{55}tʃhɛ^{ʔ55}，碧江怒语 khɹi^{35}tsi̱^{53}，巍山彝语 khɯ^{55}n̩^{55ʔ}mʅ^{33}sᴇ^{21}，武定彝语 tɕhi^{33}bɣ̱^{55}，傈僳语 tɕhɛ^{35}be^{33}tsi^{55}，绿春哈尼语 khɯ^{55}tsʅ^{31}，拉祜语 khɯ^{33}mɛ^{54}ɕo^{44}。

“腋”：土家语（南）tsi^{21}ka^{21}la^{13}。

“根”：巴塘藏语 ndʐɛ^{ʔ53}，扎坝语 ndʐʅ^{55}，怒苏怒语 gɹɯ^{55}，碧江怒语 gɹɯ^{55}，喜德彝语 ndʑi^{21}pɑ^{44}，拉祜语 ɔ^{31}gɤ^{33}。

比较同族词，彝缅语大部分都是清声类，相近肢体部位名中只有墨江彝语保留了浊舌根辅音，在另一同族词“根”中，则有更多的彝缅语保留了浊声类。在藏缅语族其他语言中，藏羌支语言保留了浊舌根和浊塞擦音声母。这些保留浊声类的藏羌支、彝缅支语言与土家语南部方言语音对应。

土家语当是 ʔa^{33}dʑi^{35} < *gri “止” < *gre “肢”，与羌语、普米语、彝语、尔苏语有着共同来源原始藏缅语 *g（l）re。

再对比藏缅语情况：“怒语 khri‘痒’，但是 ra-kyi tśip‘腋窝’< *ra-kli(ra-‘肩膀’)，缅语 klăkí‘痒’, gyak-kălí tshak-kălí ~ lak-kălí‘腋窝’（lak‘臂’），拉克尔语 kili‘痒’，ba-kəli‘腋窝’（藏 - 缅语 *g-li）; 参见迪马萨语 sisi-khai‘痒’, sisi-khor‘腋窝’。”①以上为白保罗的讨论，结果支持土家语的拟测：ʔa^{33}dʑi^{35} < *gri “止”。

土家语 ʔa^{33}dʑi^{35} “脚”可以与汉语的“肵”比较：“肵”*gaaŋs，“脛”*geeŋs，汉语的这两个词很古老，《说文》：“肵，脛耑也。”《广雅 · 释亲》：“肵，茎也。”《说文》：“脛，肵也。”段玉裁注：“脛之言巠也，如茎之载物。”《释名 · 释形体》：“脛，茎也，直而长，似物茎 *greeŋ 也。”“肵”“脛”分别对应藏文 rkaŋ “脚，腿，干，茎”，keŋ “腿，脚”。②

土家语南部方言保留着成套的浊塞音、浊塞擦音，与北部方言的清塞音、清塞擦音整齐对应。

表 1–2　南北方言声母清浊对应表

词义	南部方言	北部方言
看	bo^{13}	pa^{55}

①［美］P.K. 本尼迪克特：《汉藏语言概论》，乐赛月、罗美珍译，63 ~ 64 页，北京，中国社会科学院民族研究所，内部资料，1984。

② 黄树先：《汉语核心词探索》，132 页，武汉，华中师范大学出版社，2010。

续表

词义	南部方言	北部方言
萝卜	$la^{33}bɯe^{33}$	$la^{55}pɯe^{55}$
粒（一粒米）	bu^{21}	pu^{55}
穿（穿衣）	do^{21}	ta^{24}
痛	di^{21}	ti^{24}
慢	$dɯe^{55}$	$tiə^{55}$
渴	go^{35}	$zə^{24}ka^{21}$
咬	go^{13}	ka^{24}
怕	ge^{33}	$kɯ^{55}$
手	$a^{35}ʥie^{55}$	$tɕie^{24}$
脚	$a^{21}ʥi^{35}$	$tɕi^{22}$，$tɕi^{22}pha^{22}$
追	$ʔa^{21}ʥie^{13}$	$tɕiə^{33}$，$ta^{55}tɕiə^{55}$
饭	$ʣɿ^{35}$	$tsɿ^{22}$

土家语“脚”北部方言 $tɕi^{22}$、$tɕi^{22}pha^{22}$ 与南部方言 $ʔa^{33}dʑi^{35}$ 语音形式对应整齐。这个词的南、北方言形式也分别与藏羌支语言、缅彝语支语言、汉语语音对应规则。早期土家语中，“手”和“脚”可能由一个词“肢”*kre＜*gre 来指称，演变关系为：$tɕi^{22}$，$ʔa^{33}dʑi^{35}$“脚”＜*kri“止”＜*gri“止”＜*gre“肢”＜原始藏缅语 *g（l）ɹ 浊声类。

浊音清化是土家语演变规律。南部方言保留了浊塞音、浊塞擦音和浊擦音，北部方言则已经清化，只残留了部分浊音声母，且南北方言中浊、清音对应规整。大量浊声母汉借词进入南部方言强化了土家语浊声母的语音特征，延缓了其清化进程。①

（二）语义演变类型

1.“脚”与腿、下肢部位名称

土家语里，“脚”源于“肢”，多个肢体部位名称尤其是下肢部位名称词来源于“脚”或者“肢”。

藏文、藏语、缅文、缅语等许多藏缅语言中，“脚”跟“腿”共享一个形式，

① 瞿建慧：《湘西土家语、苗语与汉语方言浊声母演变》，载《民族语文》，2012（3），53 页。

或者由“脚”派生或者合成新的形式表示“腿”。土家语中，“腿”由词根 tɕi²²、dʑi³⁵“脚”直接派生出来。

土家语中，北部方言“脚”：tɕi²²// tɕi²²pha²²，南部方言“脚”：ʔa³³dʑi³⁵。北部方言“腿”：tɕi²²sɿ²²phə³³，南部方言“腿”：dʑi³⁵dʉ⁵⁵。北部方言“爪”：tɕi²²mi⁵³。北部方言“膝盖”：坡脚话 tɕi²²thi²²khɤ⁵⁵，仙仁话 tɕi³³thi³³khɯə⁵⁵，南部方言“膝盖”：ʔa²¹dʑi³⁵po³³lo³³。

汉语：“脚”可以指下肢，也指足，在南方方言里，“脚，混称下肢或部分下肢”，见于西南官话、吴、赣、客、闽语①。金华话“脚”也有“腿”和“脚”两个意思②。客家话“脚”kiok˩ 指“足”，也包括腿，跟吴语相同，跟北京话不同③。“爪”指手脚指甲，《史记·蒙恬列传》：“及成王有病甚殆，公旦自揃其爪以沉于河。”也指动物爪子，《韩非子·解老》：“虎无所措其爪。”④

缅文 khre² “脚，腿；根基，底，根部”（《词典》136）。

藏文 rkaŋ pa “脚，腿，干，茎”，keŋ “腿，脚”；拉萨藏语 rkaŋ⁵⁵pa⁵³ “脚，腿”。

羌语（北）dʑi⁵⁵“脚”；dʑi³³sɑ³³“腿”。桃坪羌语 dʑi⁵⁵“脚”；dʑi³³sɑ³³“腿”。

阿昌语 tɕhi⁵⁵“脚”；tɕhi⁵⁵san⁵⁵“腿”。载瓦语 khji⁵¹“脚”；khji⁵¹“小腿”。

墨江彝语 gɯ̠²¹“脚”；gɯ̠²¹po³³“腿”。

2. “脚”与“根”

土家语、汉语、缅彝语的“根”都跟“脚”有关。

汉语“脚”的同族词有“基”*kɯ，《说文》：“基，牆始也。”本义指墙脚，引申有开始、根本、基础等义。藏文的词义也发生了这样的变化。“基”对应藏文 gʑi “根基，始因”。⑤

缅文 khre² “脚，腿；根基，底，根部”（《词典》136）。

巍山彝语 khɯ⁵⁵phi³³“脚”；khɯ⁵⁵tɕi³³“根”。

绿春哈尼语 a³¹khɯ⁵⁵；a⁵⁵tɕhi⁵⁵“根”。

纳西语 khɯ³³“脚”；dzɚ²¹khɯ³³“根”。

土家语“脚”作词根派生出“根”tɕi²⁴la²¹。

---

① 许宝华、[日]宫田一郎主编：《汉语方言大词典》，5646 页，北京，中华书局，1999。

② 曹志耘：《金华汤溪方言词汇》，载《方言》，1993（1），74 页。

③ 黄雪贞：《客家方言的词汇和语法特点》，载《方言》，1994（4），270 页。

④ 黄树先：《比较词义探索》，235 页，成都，巴蜀书社，2012。

⑤ 黄树先：《汉语核心词探索》，130 页，武汉，华中师范大学出版社，2010。

3. “脚”与坐具

土家语坐具名跟“脚”关系密切，由词根“脚”派生出来。坐具为“歇脚”之物，使人得以休息，现代当地人仍称“休息”为“歇脚”。例如：

表 1–3　土家语“脚”与坐具名

词义	南部方言	北部方言
凳子	phɯe^{21}dʑi^{35}	tsho^{55}khɯe^{55}
长凳	phai^{33}dʑi^{13}ɣɨe^{35}	jian^{55}tɕi^{21}
板凳（歇脚休息用物）	（pe^{44}）dʑi^{35}	（ian^{55}）tɕi^{51}
高脚凳	—	kha^{21}tɕhi^{21}
草凳（草墩）	ma^{21}ka^{21}phai^{33}tɕi^{33}	—
椅子	khuai^{21}	phɯe^{21}dʑi^{35}
小椅子	thau^{33}tɕi^{33}sa^{33}	—
小板凳	—	tshuo^{55}khɯ^{55}pi^{24}

4. “脚”与下部方位

脚处于人体的最下面部位，故土家语中表示抽象方位概念“下，下面，下方”的词由“脚”具象概念直接派生。

北部方言“下面”：tɕi^{21}tha^{21}，南部方言“下面”：ʔa^{33}di^{35}。

5. “脚”与肢体动作

土家语里，“脚”源于“肢”，多个肢体部位动作词尤其是下肢动作词也来源于“脚”或者“肢”。

“踢”：坡脚话 tɕhie^{24}//tɕhi^{24}。tɕhie^{24} 是 tɕie^{24}“手”的送气形式，tɕhi^{24} 是 tɕhie^{24} 的将行貌，tɕi^{24}“脚”的送气形式。

tɕhie^{24}“踢”是下肢脚部动作，与“肢”关系密切，另一个手持工具、武器驱赶的“赶”也与“肢”密切相关。“赶”tɕie^{55}，tɕi^{55} 是将行貌。

由此，也说明早期土家语“手”“脚”可能同用一个形式“肢”*kre 来表示。

ɕi^{55} 脚部动作“踩”，与“脚”有关。ɕi^{55}tsha^{21}“跑”，也与“脚”紧密相关。

“骑”：北部方言 tɕi^{55}，南部方言 dʑi^{13}，也与“脚”有关。

与膝盖紧密相关的动作 khɤ^{55}“跪”、khɨ^{55}“跪”的将行貌形式，khɨ^{55}si^{55}“跳”与“脚”紧密相关，都源于“肢”*kre。

十四、膝（knee）

"knee 膝"居"百词表"第 47 位。

土家语"膝"来源于"脚"，故放在"脚"词条中讨论。为了"百词表"词条数目完整，在此保留"膝"词条。

北部方言"膝盖"：坡脚话 tɕi^{22}thi^{33}khə^{55}，他砂话 tɕi^{21}thi^{21}khɤ^{55}，龙山话 tɕi^{21}thi^{21}khɯe^{55}，仙仁话 tɕi^{33}thi^{33}khɯə^{55}，保靖话 tɕi^{21}thi^{21}khe^{53}。

南部方言"膝盖"：ʔa^{21}dʑi^{35}po^{33}lo^{33}。

"膝"是合成词，与"脚"紧密相关，tɕi^{21} 和 ʔa^{21}dʑi^{35} 是"脚"的意思。

十五、手（hand）

"hand 手"居"百词表"第 48 位。

（一）词源分析

北部方言：坡脚话 tɕie^{24}，他砂话 tɕiɛ^{35}，龙山话 tɕie^{35}，仙仁话 tɕe^{35}，保靖话 tɕie^{35}，永顺话 tɕie^{24}，古丈话 tɕe^{35}。

南部方言：ʔa^{21}dʑe^{55}//a^{35}dʑie^{55}。

"手"是人类进行生产劳动的直接肢体部位名称，是语言里最核心的词，是人类普遍认知的人体器官，这个概念一般不容易借用。对比南北部方言，这个词南北部方言语音对应整齐，单音节词根形式为 tɕi、dʑi。清人的记述中"足曰骑"① 印证了这个词根形式。南部方言保留了浊塞擦音 dʑ 和前缀音 a 以及喉塞 ʔ。

1. 北部方言

北部方言 tɕie^{24}"手"、tɕi^{22}"脚"与缅彝语"脚"有着规则的语音对应关系：缅文 khre^{2}，仰光缅语 tɕhe^{22}，阿昌语 tɕhi^{55}，仙岛语 chi^{55}，浪速语 khjik^{31}，波拉语 khji^{55}，勒期语 khjei^{33}，福贡怒语 ɑ^{31}xɛ^{35}，碧江怒语 khɹi^{35}，喜德彝语 tɕi^{33}ɕɿ^{33}，巍山彝语 khɯ^{55}phi^{33}，南华彝语 tɕhi^{33}ɣɯ^{21}，武定彝语 tɕhi^{33}，撒尼彝语 tɕhz̊^{11}be^{44}，大方彝语 tɕhi^{33}pha^{33}，南涧彝语 khɯ^{55}pi^{33}，弥勒彝语 tɕhi^{33}ɣɯ^{21}，墨

① 清代首任永顺知县李瑾纂修、乾隆十年（1745 年）刻印的《永顺县志》记录"足曰骑"。

江彝语 gɯ̱^{21}，傈僳语 tɕhi^{33}phɛ^{35}，绿春哈尼语 a^{31}khɯ^{55}，墨江哈尼语 ɔ^{31}khɯ^{55}，碧卡哈尼语 ɔ^{21}tshi^{55}，拉祜语 khɯ^{33}ɕɛ^{33}，基诺语 ʃɔ^{31}khi^{33}，纳西语 khɯ^{33}。

舌根辅音的腭化，是藏缅语普遍的语音演变规律，古缅文 khre^{2}，到现代仰光缅语中演变为 tɕhe^{22}。缅彝支各语言除了墨江彝语是舌根浊音外，其他各语言均是舌根塞音或舌面塞擦音，与土家语语音对应整齐。土家语当是 tɕie < *kre“肢”，与缅彝语同源。

李永燧将缅彝语古音“脚”构拟为 *khre，“腋”构拟为 *tʃhap。① 进一步证明土家语与缅彝语的同源关系。

对比元音，缅彝语支中的阿昌语、仙岛语、载瓦语、浪速语、波拉语、勒期语、怒语、彝语、傈僳语、哈尼语、拉祜语、基诺语、纳西语的“脚”与土家语 tɕi^{22}“脚”元音对应整齐。其中勒期语保留了“手”“脚”元音分化的中间状态。缅彝语支“脚”对应土家语的“手”和“脚”两个词，可以推测：早期土家语，“手”“脚”本由一个词 *kre“肢”来指称，后来通过音变分化出 tɕie^{24} 和 tɕi^{22} 来分别指称这两个部位。

土家语 tɕie^{24}“手”对应汉语“肢”：“支，肢”*kjĕ，《周易 · 坤》：“君子黄中通理，正位居体，美在其中，而畅于四支，发于事业、美之至也！”疏：“四支犹人手足。”《说文》：“胑，體四胑也。肢，胑，或从支。”《释名 · 释形体》：“胑，枝也，似木之枝格也。”汉语“支”既可以指手，也可以指脚，和表示脚的“止”有联系。②

tɕie^{24}“手”可以与以下藏羌语支的“腋”比较。“腋”：藏文 mtɕhan khuŋ，拉萨藏语 tɕhẽ^{55}khuŋ^{55}，巴塘藏语 tɕhĩ^{13}kũ^{55}，德格藏语 tɕhen^{55}khu^{ʔ53}，夏河藏语 tɕhan jak，阿力克藏语 ntɕhan，泽库藏语 mtɕhan jək，错那门巴语 tɕhen^{55}ko^{55}，尔龚语 mtɕhɛ khuə və，土家语 tɕie^{35}tan^{55}tɕi^{21}。

“手，脚，腋”为同族词，土家语“腋”由 tɕie^{24}“手”直接衍生出来。藏语支语言“腋”与土家语 tɕie^{24}“手”、tɕi^{22}“脚”语音对应。可以推测：此词族的早期共同语是 *kre“肢”。

---

① 李永燧：《缅彝语音韵学》，848 页、879 页，北京，社会科学文献出版社，2011。

② 黄树先：《汉语核心词探索》，109 ~ 110 页，武汉，华中师范大学出版社，2010。

2. 南部方言

前缀 a^{21}- 在这里只充当了名词的词类标志，没有特殊的附加意义①。词头 a- 在藏缅语族中广泛使用，具有区分类别、构词和构形作用，其来源是多方面的。②ʔa^{21}dʑie^{55} 的喉塞是普遍的发音现象，元音起头的音节，发音前都自然地带着喉部摩擦，这个喉塞摩擦可记也可不记。

比较词根 dʑie 与藏缅语族中的同族词。

“脚”：贵琼语麦崩话 ŋga^{35}，嘉绒语二岗理话 qɑ le，拉乌戎语观音桥话 gav^{55}，拉乌戎语业隆话 gro^{55}，木雅语六巴话 ŋgɐ^{24}，木雅语石棉话 ŋgi^{33}gæ^{53}，普米语兰坪话 tʂhə^{55}，普米语鲁甸话 khʐ̩ə^{55}，普米语箐花话 tʂhə^{55}，普米语桃巴话 tʂhə^{53}，普米语新营盘话 khʐ̩ə^{55}，羌语曲谷话 guaqa，桃坪羌语 dʑi^{55}，羌语麻窝话 dʒɑqu，史兴语兰满话 khɐ^{55}，西夏语 kjaa^{1}，扎坝语扎拖话 tʂhʌ^{13}，墨江彝语 gɯ̠^{21}，义都珞巴语 ɑ^{55}ge^{55}ɕɑ^{55}；

“腿”：桃坪羌语 dʑi^{33}sɑ^{33}，桃巴普米语 pʐ̩ɐ^{55}dʑɛ^{53}，甘洛尔苏语 ə^{33}ndʑi^{55}，南华彝语 gɯ̠^{21}pɛ̠^{33}；

“腋”：桃坪羌语 dʑɑ^{33}χqɑ^{33}，桃巴普米语 ʑɛ^{35}po^{53}，箐花普米语 sdʒɛ^{13}pu^{55}，却域语 rdʑɑ^{13}qa^{55}li^{33}，弥勒彝语 ʑe̠^{55}mʌ^{33}dɯ̠^{21}。

比较同族词，彝缅语基本上都是清声类，只有墨江彝语保留了浊舌根辅音。比较藏缅语族中其他语言，发现藏羌支语言保留了浊舌根辅音和浊塞擦音，与土家语南部方言语音对应。

土家语当是 ʔa^{21}dʑie^{55} < *gre “肢”，与藏羌支羌语、普米语、尔苏语、彝语有着共同来源原始藏缅语 *g (l) re。

白保罗对藏 – 缅语的考察：“怒语 khri ‘痒’，但是 ra-kyi tśip 是 ‘腋窝’ < *ra-kli (ra- ‘肩膀’)，缅语 klǎkí ‘痒’，gyak-kǎlí~tshak-kǎlí~lak-kǎlí ‘腋窝’ (lak ‘臂’)，拉克尔语 kili ‘痒’，ba-kəli ‘腋窝’ (藏 – 缅语 *g-li)；参见迪马萨语 sisi-khai ‘痒’，sisi-khor ‘腋窝’。” ③ 白保罗的讨论结果支持以上土家语拟测：ʔa^{21}dʑie^{55} < *gre “肢”。

① 田德生、何天贞等编著：《土家语简志》，29 页，北京，民族出版社，1986。

② 汪大年：《藏缅语 “a-” 词头探源》，见《彝缅语研究》编写组编：《彝缅语研究》，成都，四川民族出版社，1992。

③ [美] P.K. 本尼迪克特：《汉藏语言概论》，乐赛月、罗美珍译，63 页，北京，中国社会科学院民族研究所，内部资料，1984。

再比较汉语，土家语 ʔa^{21}dʑie^{55} “手” 对应汉语的 “脛”：“脛” *geeŋs，《说文》：“脛，胻也。” 段玉裁注：“脛之言莖也，如莖之载物。”《释名·释形体》：“脛，莖也，直而长，似物莖 *greeŋ 也。” 白保罗把原始藏－缅语的 “茎、腿” 构拟为 *keŋ，并和汉语的 “胫” “茎” 进行比较。①

土家语 “手” 北部方言 tɕie^{24} 与南部方言 ʔa^{21}dʑie^{55} 声音清浊对应规则整齐。这个词的南、北方言形式也分别与藏羌支语言、缅彝语支语言、汉语语音对应规则。早期土家语中，“手” 和 “脚” 可能由一个词 “肢” *kre＜*gre 来指称，演变关系为：tɕie^{24}，ʔa^{21}dʑie^{55} “手” ＜*kre “肢” ＜*gre “肢” ＜ 原始藏缅语 *g（l）ɹ 浊声类。

浊音清化是土家语演变规律。南部方言保留了浊塞音、浊塞擦音和浊擦音，北部方言则已经清化，只残留了部分浊音声母，且南北方言中浊、清音对应规整。大量浊声母汉借词进入南部方言强化了土家语浊声母的语音特征，延缓了其清化进程②。

（二）语义演变类型

1.“手” 与四肢

汉藏语的许多语言中，“手” 跟动物肢体尤其是前肢共享一个形式，土家语则由词根 tɕie^{35}、dʑie^{55} “手” 派生出来。

缅文 lak^{4} “手，畜牲的前肢；袖子”；lak^{4} “（人的）上肢，（动物的）前趾”。

汉语 “臂”，《说文》：“臂，手上也。从肉，辟声。” 又指动物的前肢，《周礼·天官·内饔》：“马黑脊而般臂。” 注：“般臂，臂毛有文。” 贾疏引《郑答冷刚》：“牛无手，以前足当之，此马亦然。” “腋”，指人的手臂、腋下，也指鸟兽翅膀、前腿。司马相如《子虚赋》：“弓不虚发，中必决眦。洞胸达腋，绝乎心系。” ③

土家语中，北部方言 “胳膊”：tɕie^{35}si^{55}phɯe^{55}，南部方言 “胳膊”：ʔa^{21}dʑie^{55} mai^{21}tɕi^{35}。北部方言 “肘”：tɕie^{35}lo^{35}thi^{55}，南部方言 “肘”：ʔa^{13}dʑie^{35}po^{21}lo^{21}。“腋”

① ［美］P.K. 本尼迪克特：《汉藏语言概论》，乐赛月、罗美珍译，230 页，北京，中国社会科学院民族研究所，内部资料，1984。

② 瞿建慧：《湘西土家语、苗语与汉语方言浊声母演变》，载《民族语文》，2012（3），53 ～ 58 页。

③ 黄树先：《比较词义探索》，255 页，成都，巴蜀书社，2012。

tɕie^{35}tan^{55}tɕi^{21}。北部方言“翅膀”：tɕie^{35}tan^{55}khɯe^{55}，南部方言“翅膀”：tɕie^{13}ta^{55}。tɕie^{35}tan^{55}，一义为名词，“手臂”，一义为“翅膀”。藏缅语中不少语言的“翅膀”都与“手，脚，手臂”相关，如藏语、阿侬怒语、缅语等。

2.“手，肢”与“树枝”

汉语“指”“肢”与“枝”有关系①。土家语则由词根 tɕie^{35}“手”派生出来。

“枝”*kjě,《说文》:“枝，木别生條也。”

土家语“树枝”a^{35}tɕie^{35}kha^{21}tɕie^{35}，kha^{21}a^{35}tɕie^{35}，其中 a^{35}tɕie^{35} 为“手”，kha^{21} 为“木”，土家语“树枝”这一概念的表达方式与汉语高度一致。北部方言 tɕie^{35}mi^{55}thi^{21}“手指头”，南部方言 ʔa^{21}dʑie^{35}bie^{21}“手指”。

pha^{35}tɕhie^{55}“房檐”，房之分支（枝）。

3.“手”与“衣袖”

缅语 lak^{4}“手”跟汉语“胳”有发生学关系，这个词也有“袖子”的意思：缅文 vuf lak^{4}“手，畜牲的前肢; 袖子”。缅语这几个意思，都可和汉语“胳、袼”进行比较。“袼”当袖子讲来自“胳”。②

土家语“袖”也与“手”相关。北部方言“袖子”：tɕie^{35}tɕie^{21}// si^{53}pa^{21}tɕie^{53}tɕie^{21}；南部方言“袖子”：dʑie^{53}ɕie^{55}doʉ^{13}。si^{53}pa^{21} 为“衣服”，南部方言中 doʉ^{13} 为当地汉语“兜”。si^{53}pa^{21}tɕie^{53}tɕie^{21} 又义为“袖口”。

4.“手”与“工作”

身体部位名称“手”，派生出做的工作“工作，活儿”，由具体名称发展表示抽象名称。土家语 tɕie^{35} 义为“手，工（做工的工），活儿”。

北部方言 tɕie^{35}ʑi^{53}// kũ^{55}xu^{55}zi^{55}，南部方言 ku^{21}hu^{33}zi^{33}，“做工，劳动”。北部方言中，tɕie^{35}ʑi^{53} 是合成词，直译为“工”“做”，与汉语素加土家语语素的合璧词 kũ^{55}xu^{55}zi^{55} 并存。南部方言 ku^{21}hu^{33}zi^{33}，为汉语素“工夫”加土家语素 zi^{33}“做”的合璧词。

tɕie^{35} 义为“手，工（做工的工），活儿”，可以组成的词还有：tɕie^{35}ʑi^{53}“做工”；tɕie^{35}pho^{53}“收工”，pho^{53} 义为“放置，放”。tɕie^{35}ʑi^{53}ma^{21}“做工的人，劳动力”，ma^{21} 义为“……的人”。

---

① 黄树先:《汉语核心词探索》，109 ~ 110 页，武汉，华中师范大学出版社，2010。

② 黄树先:《服饰名和身体部位名》，载《民族语文》，2009（5），11 页。

5.“手”与肢体动作

土家语里，“手”源于“肢”，多个肢体部位动作词，尤其是上肢动作词也来源于“手”或者“肢”。

“踢”：坡脚话 tɕhie^{24}//tɕhi^{24}。tɕhie^{24} 是 tɕie^{24}“手”的送气形式，tɕhi^{24} 是 tɕhie^{24} 的将行貌。

tɕhie^{24}“踢”是下肢脚部动作，与“肢”关系密切，另一个手持工具、武器驱赶的“赶”也与“肢”密切相关。“赶”tɕie^{55}，tɕi^{55} 是将行貌，北部方言“赶（驱赶）”：tɕie^{55}，南部方言“赶（驱赶）”：ʔa^{21}dʑie^{13}。

由此，更加说明早期土家语“手”“脚”可能同用一个形式“肢”*kre 来表示。

“追”：北部方言 a^{53}tɕie^{55}// tɕie^{55}，南部方言 ʔa^{21}dʑie^{13}，与“手”共同来源于“肢”。

ɕie^{53}“爬”，a^{33}tɕhie^{35}“握（握拳）”，ɕe^{35}“扔（丢掉）”，ɕe^{35}“掷（掷石头）”，这些肢体动作词，都来源于“手”。

另一个动物的肢体“翅膀”的动作“飞”tɕi^{55}tɕie^{53}//mu^{33}dʑi^{21}，也来源于“肢”，“翅膀”亦是源于“肢”的。

ɕi^{55} 脚部动作“踩”，来源于“脚”。“跑”ɕi^{55}tsha^{21}，也来源于“脚”。

“骑”：北部方言 tɕi^{55}，南部方言 dʑi^{13}，也来源于“脚”。tɕi^{55}tɕie^{53}“飞”，由 tɕi^{21}“脚”加 tɕie^{53}“手”组合构成。

十六、腹（belly）

“belly 腹”居“百词表”第 49 位。

（一）词源分析

1.“腹（肚子）”

北部方言：坡脚话 mə^{21}，他砂话 mɤ^{21}//mɤ^{21}ku^{21}，龙山话 mɯe^{21}ko^{21}//mɯe^{21}tshi^{21}khɯe^{55}//mɯe^{21}，仙仁话 mɯə^{33}tie^{33}，保靖话 me^{21}，永顺话 me^{21}ko^{24}，古丈话 mɯe^{21}。

南部方言：mɯe^{35}tɕi^{55}。

“腹”南北方言语音形式比较一致，词根为 mɯe^{21}，可与喜德彝语 i^{21}mo^{21}、嘎卓语 so^{53}ma^{33}ko^{31}“肚子（腹部）”，进行比较。

土家语 mɯe^{21}"腹"与以下羌语支、彝语支语言的"心脏"有语言对应关系：羌语 ɕtɕɪj miɛ，却域语 sme^{55}rmi^{33}，扎巴语 xe^{55}mø^{53}，史兴语 ȵɛ^{53}mi^{33}，吕苏语 ti^{55}mi^{55}，独龙语 ɹɯ^{31}mɛ^{ʔ55}，喜德彝语 he^{33}mɑ^{55}，傈僳语 ni^{35}mɑ^{33}，绿春哈尼语 nɯ^{33}ma^{33}，墨江哈尼语 nɯ^{33}mɔ^{33}，拉祜语 ni^{33}mɑ^{33}ɕi^{11}，纳西语 nv̩^{55}me^{33}。

2. "胃"

北部方言：坡脚话 sə^{21}phə^{21}，他砂话 mɤ^{21}//mɤ^{21}ku^{21}，龙山话 sie^{21}phɯe^{21}，保靖话 se^{21}phie^{21}，古丈话 se^{21}phɯe^{21}。

南部方言：mɯe^{35}tɕi^{55}。

北部方言他砂话的 mɤ^{21} 和 mɤ^{21}ku^{21} 既表示"肚子，腹部"，也表示"胃"；南部方言 mɯe^{35}tɕi^{55}"腹（肚）"也与"胃"的形式相同。

在清人李瑾的记述中，"胸曰历科冲，肚曰阿拱"①。李瑾当时记录所有语言最可能的是汉语方言西南官话，包括永顺在内的西南官话里，"拱"极少用，常用词是"捧"phoŋ^{53}，既是动词捧，双手捧奉的意思，又作量词，一捧（黄豆）。另一常用意义表示动作状态的"拱起来"的"拱"叫捀 *boŋs。因此清人李瑾记录的"肚曰阿拱"，应该是北部方言里的 sie^{21}phɯe^{21}"肚子，胃"。

参照白保罗的论述："汉语 pi̯ôk＞pi̯uk'腹'，p'i̯ôk~b'i̯ôk'寝'，藏－缅语 *puk。"②"相似的汉－藏语同源异形词：pi̯ôk＞pi̯uk"腹"，pi̯ôk/p'i̯uk'寝'~b'i̯ôk/b'uk（洞），藏－缅语 *pu · k~*buk'洞；腹'，来自汉－藏语 *puk~*buk 和 *pu · k~*bu · k。"③藏缅语这个词可与土家语 sie^{21}phɯe^{21}"肚子，胃"进行比较。

土家语 sie^{21}phɯe^{21}"肚子，胃"，还可以与藏缅语中这些语言的"肚子（腹部）"进行比较：墨脱门巴语 pho laŋ，羌语 pu，九龙普米语 py^{55}，嘉绒语 tə pok，木雅语 βə^{33}lø^{53}，缅文 bok^{4}，缅语 bɑi^{24}。

吴安其构拟的原始藏缅语"肚子"为 *bok，依据是嘉绒语 tə pok，林布语 sā-pók，缅文 bok，那加语登沙方言（Tengsa）tɑ-buk，梅梯语 puk，卢舍依语

① 清代首任永顺知县李瑾纂修、乾隆十年（1745 年）刻印的《永顺县志》卷四"风土 · 习俗 · 语言"。

② ［美］P.K. 本尼迪克特：《汉藏语言概论》，乐赛月、罗美珍译，175 页，北京，中国社会科学院民族研究所，内部资料，1984。

③ ［美］P.K. 本尼迪克特：《汉藏语言概论》，乐赛月、罗美珍译，311 ～ 313 页，北京，中国社会科学院民族研究所，内部资料，1984。

pum＜*puk-m。[①]

土家语 $sie^{21}phɯe^{21}$ “肚子，胃”可以与汉语“腹”对比。“腹”*pug//*p ŭ k，《老子》“三章”：“虚其心，实其腹。”《广雅·释诂》：“腹，生也。”《小雅·蓼莪》：“出入腹我。”郑笺：“腹，怀抱也。”汉语“腹”有三个主要意思：肚子，生育，搂抱。与缅文相类：缅文 $pɯk^{4}$“腹；抱，搂抱”；$bɯk^{4}$“腹部；怀孕”；$pɯk^{4}$“抱，拥抱”；$pɯk^{4}$“抱，搂抱”；phak“抱，搂抱”。

土家语的“抱”“怀孕”“包”与汉语的“腹”，缅语 $pɯk^{4}$、$bɯk^{4}$、phak 语音相类。

（二）语义演变类型

1.“心”与“腹”

土家语“腹”与多种羌语支、彝语支语言的“心脏”有语音对应关系。

土家语“心”与“腹”有关系。或者在早期土家语里“腹”与“心”是紧密相连的，是不区别的，或者是用同一个词“腹”来表示这两个意思，“心”是后起的。在当代土家语地区的汉语方言里，仍有“肚心”的说法，骂人话“烂肚心”，即“坏肚心，坏心眼”；“猪肚心”即猪的心脏。

2.“腹”与“孕”

土家语“腹”与“怀孕”关系密切，腹即指孕身。“怀孕”北部方言 $po^{55}lie^{55}$ $khuai^{53}$，南部方言 $mɨe^{13}a^{33}$，南北部方言均为合成词，合成方式为名词加动词，即 $po^{55}lie^{55}$ 加 $khuai^{53}$，$mɨe^{13}$ 加 a^{33}。“抱”北部方言 $pɯe^{53}$，南部方言 $pɯe^{35}$。动作词“包（包药）”$phɯe^{55}$，则又由“孕”派生出来。汉语、缅语亦相类。

3.“腹”与衣服前摆

土家语 $mɯe^{21}pa^{21}$，衣服的前半部分，由语素 $mɯe^{21}$“腹”与 $si^{55}pa^{55}$“衣服（上衣）”组合而成。在汉语和一些语言中，服饰名与所附的身体部位名相同，这些服饰名来自身体部位名[②]。

4.“腹”与“饱”

土家语“饱”$mɯe^{21}tɕie^{55}$，由 $mɯe^{21}$“腹，胃”直接派生出来。

---

① 吴安其：《汉藏语同源词研究》，128 页、185 页，北京，中央民族大学出版社，2002。

② 黄树先：《服饰名和身体部位名》，载《民族语文》，2009（5）。

十七、颈（neck）

“neck 颈”居“百词表”第 50 位。

（一）词源分析

土家语“颈”这个词可以分南北方言讨论。

1. 北部方言

“脖子”：坡脚话 khuŋ^{55}ti^{33}，他砂话 khũ^{55}ti^{55}，龙山话 khoŋ^{55}ti^{55}，仙仁话 ã^{55}ku^{33}，古丈话 khuŋ^{55}ti^{55}。

土家语北部方言里“颈”“脖子”“喉”的语音形式相同。这个词可以与以下藏缅语族中的“脖子”“喉”“颈”等同族词比较。

“脖子”：藏文 ske//mdʑiŋ pa，拉萨藏语 ke^{55}//tɕiŋ^{13}pə^{55}，巴塘藏语 ke^{53}，夏河藏语 hke tə，阿力克藏语 rke，兰坪普米语 qã^{55}，九龙普米语 qã^{35}tsɛi^{55}，阿依怒语 go^{31}ɹo^{55}，喜德彝语 ku^{21}li^{33}，傈僳语 kɯ^{55}tsi^{55}，墨江哈尼语 khɯ^{31}l̥ɯ^{55}。

“喉咙”：缅文 ɑ^{2}khɔŋ^{2}，缅语 ɑ^{22}khɑu^{22}，阿昌语 khz̥ɔŋ^{31}ts̥o^{35}，仙岛语 khz̥oŋ^{31} tz̥oŋ^{31}，载瓦语 khjuŋ^{21}toŋ^{21}，浪速语 khjuaŋ^{35}，波拉语 khjauŋ^{35}，勒期语 khjuŋ^{55}，怒苏怒语 khɹoŋ^{33}te̠^{53}lɔ^{53}。

吴安其认为，原始藏缅语“脖子”是 *g-luŋ：“藏文 ske，却域语 lʁɛ^{55}，阿依怒语 go^{31}ɹo^{55}。景颇语 tu^{ʔ31} < *luk，博嘎尔珞巴语 lɯŋ guŋ，彝语喜德话 ku^{21}li^{33}，藏文 mdʑiŋ（pa）< *m-griŋ，那加语坦库尔方言 ɑ̄gahuŋ，哈克钦语 hŋawŋ。原始藏缅语 *s-ɢro，*g-luŋ。”①

李永燧认为，缅彝语“脖子”古音为 *lheŋ，“喉咙”为 *qhruŋh。②

土家语 khuŋ^{55}ti^{33}“脖子，颈，喉咙，颈脖”这个词与原始藏缅语、缅彝语有共同来源。

白保罗根据藏语 ske“颈，咽喉”，克钦语 ke“成颈状”，又将藏 – 缅语这

---

① 吴安其：《汉藏语同源词研究》，185 页，北京，中央民族大学出版社，2002。

② 李永燧：《缅彝语音韵学》，830 页、845 页，北京，社会科学文献出版社，2011。

个词构拟为 *ke。[①]

土家语 $khuŋ^{55}ti^{33}$ 这个词可以与汉语“頸”对比。“頸”*keŋʔ//geŋ。《说文》：“頸，頭莖也。”“領”*g · rĕŋ，《说文》：“領，項也。”缅语 $laɳ^{2}$ < *leŋ“脖子，颈”，对照汉语和南岛语，缅语这个词的前面可能还有一个塞音。白保罗把原始藏－缅语“颈”构拟成 *liŋ，[②] 并认为汉语的“頸”“領”来自 *g · liĕŋ，和原始藏－缅语 *liŋ 有关。[③]

汉语词根也可能是 *ke，*-ŋ 是加在表示较长的物体上的后缀，可以比较来源相同的“胫”。[④] 湘鄂西汉语方言中，现在仍称“脖子”为 $kɛ^{51}kər^{0}$, $kɛ^{51}tɕin^{33}$。

2. 南部方言

“脖子”：南部方言 $gua^{35}la^{55}$。

南部方言 $gua^{35}la^{55}$“脖子”可以与错那门巴语 $tak^{55}pa^{53}$、尔龚语 ʐqua“脖子”道孚语 qvɑ、扎坝语 $tsa^{55}ka^{35}$“喉咙”进行比较。

南部方言这个词还可以与汉语“胡”进行对比。胡 *gaa//glaa，《说文》：“胡，牛顄垂也。”《诗经 · 豳风 · 狼跋》：“狼跋其胡。”《类篇》：“胡，颈也。”字或作“䪝”。《玉篇》：“牛顄下垂也，与胡同。”

（二）语义演变类型

土家语里，“喉咙”与“喉”密切相关，北部方言 $khuŋ^{55}ti^{33}$，既表示“脖子，颈脖”，也表示“喉咙”；南部方言里，$gua^{35}la^{55}dɯ^{35}$“喉咙”由 $gua^{35}la^{55}$“脖子”派生出来。

十八、胸（breast）

“breast 胸”居“百词表”第 51 位。

“胸”与“心”是相近身体部位，现代土家语在名称上只是略加区分，土家

① ［美］P.K. 本尼迪克特：《汉藏语言概论》，乐赛月、罗美珍译，60 页，北京，中国社会科学院民族研究所，1984。

② ［美］P.K. 本尼迪克特：《汉藏语言概论》，乐赛月、罗美珍译，30 页，北京，中国社会科学院民族研究所，1984。

③ 转引自黄树先：《汉缅语比较研究》，46 页、110 页，武汉，华中科技大学出版社，2003。

④ 黄树先：《汉语身体词探索》，239 页，武汉，华中科技大学出版社，2012。

语这两个词应该是有共同来源，所以，“胸”放到“心”词条里一并讨论。这里只保留条目。

十九、心（heart）

“heart 心”居“百词表”第 52 位。

（一）词源分析

1.“心”

“心”与“胸”是相近身体部位，现代土家语在名称上只是略加区分，早期可能是一个词，两者应该是有共同来源。

北部方言“心脏”：坡脚话 li^{55}kho^{55}li^{55}，他砂话 li^{55}kho^{55}lo^{55}，龙山话 li^{55}kho^{55}lo^{35}//li^{55}khu^{55}li^{55}，仙仁话 li^{55}tho^{33}，保靖话 li^{55}thu^{21}lo^{21}，古丈话 li^{55}kho^{55}lo^{35}。

南部方言“心脏”：li^{21}ŋa^{21}。

土家语 li^{55}kho^{55}li^{55}“心脏”可以与以下藏缅语的“心脏”进行比较：藏文 sȵiŋ，拉萨藏语 ȵiŋ^{55}，夏河藏语 hȵaŋ，错那门巴语 niŋ^{55}，墨脱门巴语 thiŋ lom，缅文 hnɑ^{1}lum^{3}，缅语 hnɑ^{53}lõ^{35}，阿昌语 n̥a^{55}lum^{31}，仙岛语 n̥a^{ʔ31}lum^{31}，载瓦语 ni̱k^{55}lum^{21}，浪速语 na̱k^{55}lum^{35}，波拉语 nak^{55}lum^{31}，勒期语 nə̱k^{55}lɔm^{33}，怒苏怒语 n̥i̱^{53}lɔ^{53}。

白保罗关于藏－缅语“心”的论述：“藏语 snyiŋ‘心，头脑’，卡瑙里语 stiŋ，林布语 niŋ-wa，缅语 hnats < *hnik，卢舍依语（恩特方言）的 niŋ‘心’，米基尔语 niŋ‘心，头脑’，怒语 əniŋ，加罗语 təniŋ‘脑’（藏－缅语 *s-niŋ）。”①

以下羌语支、彝语支语言的“心脏”与土家语 mɯe^{21}“腹”有语音对应关系：羌语 ɕtɕɪj miɛ，却域语 sme^{55}rmi^{33}，扎巴语 xe^{55}mø^{53}，史兴语 ȵɛ^{53}mi^{33}，吕苏语 ti^{55}mi^{55}，独龙语 ɹɯ^{31}mɛ^{ʔ55}，喜德彝语 he^{33}mɑ^{55}，傈僳语 ni^{35}mɑ^{33}，绿春哈尼语 nɯ^{33}ma^{33}，墨江哈尼语 nɯ^{33}mɔ^{33}，拉祜语 ni^{33}mɑ^{33}ɕi^{11}，纳西语 nṿ^{55}me^{33}。

李永燧认为，缅彝语“心脏$_{1}$”古音为 *n̥aʔ//*n̥aŋʔ，“心脏$_{2}$”为 *n̥hak。②

---

①［美］P.K. 本尼迪克特：《汉藏语言概论》，乐赛月、罗美珍译，82 页，北京，中国社会科学院民族研究所，1984。

② 李永燧：《缅彝语音韵学》，876 ～ 877 页，北京，社会科学文献出版社，2011。

"藏－缅语高的词中元音 *u 和 *i，完整地保留在藏语、克钦语和卢舍依语里，但是缅语、加罗语和许多其他藏－缅语言的特点是 *u 和 *i 部分地或全部地被低元音（o~e~a）所取代。"① 土家语 li^{55}kho^{55}li^{55} "心脏" 保留了高元音 i，与这个缅彝语的低元音 a 的 *naŋʔ、*n̥hak 可以进行比较。

2. "胸"

北部方言：坡脚话 li^{55}khuo^{55}tshuŋ^{55}，他砂话 li^{55}kho^{55}tshũ^{55}，龙山话 li^{55}kho^{55}tshoŋ^{55}，保靖话 li^{55}the^{21}lo^{21}，永顺话 li^{44}kho^{44}tshoŋ^{21}，古丈话 li^{55}kho^{55}tshuŋ^{55}。

南部方言：to^{55}po^{21}dɯ^{21}go^{35}//to^{55}po^{21}。

土家语 "胸" 可以与以下藏缅语 "胸脯" 进行比较：藏文 braŋ khog，拉萨藏语 phaŋ^{13}kho^{52}，墨脱门巴语 braŋ toŋ，羌语 jə qhuɑ，扎巴语 ka^{33}rõ^{55}，吕苏语 tsha^{33}ə^{ɹ53}ku^{31}，阿依怒语 gɑ^{31}phɑm^{55}，达让僜语 kɯ^{31}tsɯm^{55}，格曼僜语 gɹoŋ^{35}，缅文 rɑŋ^{2}bhɑt^{4}，缅语 ji^{22}bɑ^{ʔ4}，阿昌语 ɔm^{31}ko^{55}，载瓦语 vaŋ^{51}kaŋ^{51}，浪速语 ɣɔ̃^{31}kɔ̃^{31}，波拉语 ɣɔ̃^{55}kɔ̃^{55}，勒期语 jaŋ^{31}kaŋ^{31}，喜德彝语 ŋɔ^{33}mo^{21}，南华彝语 ȵi̱^{33}mo^{33}tʂo^{55}，撒尼彝语 n̩^{44}tv̩^{44}qɑ^{33}。

（二）语义演变类型

1. "心" 与 "胸"

li^{55}khuo^{55}tshuŋ^{55} "胸" 与 li^{55}kho^{55}li^{55} "心" 是相近身体部位，现代土家语形式很相近，早期可能是一个称呼。

2. "心" 与 "腹"

mɤ^{21} "腹" 也用来表示 "心"，包括具象和抽象两方面的意义，即 "心思，心肠，心里"。例如，mi^{53}lo^{35}kha^{21}tsha^{35}to^{55}, lo^{55}zɿ^{55}mɤ^{21}tsha^{35}to^{55} "烧火柴要好，做人心要好"。po^{35}ka^{55}li^{21}niɛ^{21}sa^{21}mɤ^{21}liɛ^{55}tiɛ^{35}po^{55} "把老师讲的话记在心里"。

二十、肝（liver）

"liver 肝" 居 "百词表" 第 53 位。

① ［美］P.K. 本尼迪克特：《汉藏语言概论》，乐赛月、罗美珍译，78 页，北京，中国社会科学院民族研究所，内部资料，1984。

（一）词源分析

北部方言：坡脚话 $an^{33}ŋan^{33}$，他砂话 $ã^{55}ŋa^{55}$，龙山话 $a^{55}ŋan^{55}$，仙仁话 $ã^{55}ŋa^{33}$，保靖话 $ã^{55}ŋai^{21}$，古丈话 $ã^{55}ka^{21}$。

南部方言里已转用汉语词“肝”。

李永燧认为，原始缅彝语“肝”为 *sheŋh。①

汉语“肝”*kaan，《说文》：“肝，木藏也。”《广韵》“古寒切”，中古音 *kɑn，上古音 *kan。

缅文 kaa3“味苦”。

“肝”：藏文 mtɕin pa，拉萨藏语 $tɕhĩ^{55}pə^{55}$，门巴语 tɕhiŋ pa，麻窝羌语 si，兰坪普米语 $tsyɛ̃^{55}$，嘉绒语 tə pʃu，道孚语 shi，却域语 ze^{13}，扎坝语 $sei^{13/33}$，木雅语 $zə^{53}$，史兴语 $suɛ̃^{53}$，吕苏语 $tsha^{35}$，景颇语 $sin^{31}tʃa^{ʔ31}$，独龙语 $pɯ^{31}ɕin^{55}$，阿侬怒语 $bɯ^{31}ɕin^{55}$，博嘎尔珞巴语 jin，缅文 $ɑ^{1}tθɑɲ^{3}$，缅语 $ɑ^{53}tθɛ^{55}$，阿昌语 $a^{31}ʂəŋ^{31}$，仙岛语 $a^{31}ʂɯŋ^{31}$，载瓦语 $siŋ^{21}$，浪速语 $saŋ^{35}$，波拉语 $saŋ^{35}$，勒期语 $səŋ^{55}$，彝语 si^{21}，傈僳语 si^{31}，哈尼语 $ɔ^{31}tshɿ^{31}$，拉祜语 $ɔ^{31}ɕɛ^{11}$，基诺语 $tshɤ^{42}na^{42}$，纳西语 $sɿ^{13}$，纳木兹 si^{55}，嘎卓语 ka^{33}。

藏缅语族的“肝”比较一致，声母是擦音 s//z//ʂ//ɕ~ 塞擦音 ts//tɕ，主元音是 i~e，土家语 $an^{33}ŋan^{33}$//$ã^{55}ka^{21}$ 很难与藏缅语的“肝”建立语音对应关系，与白保罗的构拟形式 *m-siŋ“肝”也无明显的语音对应关系。

白保罗依据“肝”：藏语 mtśhin＜mśin，卡瑙里语 sin，米里语 əśin，怒语 phəśin，克钦语 sin ~ məsin，缅语 ǎsàń，卢舍依语 thin，米基尔语 iŋthin，构拟了原始藏－缅语的“肝”*m-siŋ。②

（二）语义演变类型

“肝”，暂未在土家语里找到更多的语义演变线索，暂不讨论。

① 李永燧：《缅彝语音韵学》，841 页，北京，社会科学文献出版社，2011。

② ［美］P.K. 本尼迪克特：《汉藏语言概论》，乐赛月、罗美珍译，55 页，北京，中国社会科学院民族研究所，内部资料，1984。

第五节　自然现象、事物名称

一、日（sun）

“sun 日”居“百词表”第 72 位。

（一）词源分析

1.“太阳”

北部方言：坡脚话 $lau^{22}//lau^{22}tshɿ^{22}$，他砂话 lau^{21}，龙山话 $nau^{21}//nau^{21}tshi^{21}$，仁仙话 $nɔ^{35}//mɯe^{35}la^{55}$，保靖话 $lau^{21}//lau^{21}mie^{21}la^{53}$，永顺话 $lao^{21}tshɿ^{21}$，古丈话 $lau^{21}tshɿ^{21}$。

南部方言：$lo^{35}ji^{55}//lo^{35}ji^{33}dɯ^{13}$。

北部方言中，在元音 -a 前面，边音 l 与鼻音 n 可以自由变读，不区别意义，南部方言中舌尖鼻音 n 并入边音 l，由此可见，南北方言声母是相同的，韵母有 o~əu~au 变化。早期共同语单音节词根可能是 *lo。

2.“天（日 day)”

北部方言：坡脚话 $ȵie^{55}$，他砂话、龙山话 $ne^{55}//ȵie^{21}$，仙仁话 $ȵɛ^{33}$，保靖话 $ȵie^{55}$，古丈话 $ȵe^{21}$。

南部方言：$ne^{33}//ȵie^{21}$。

土家语 $ȵie^{55}$“天 / 日（一天 / 日）”与汉语“日”对应：日 *njit＜*m · lĵik。“日”字见于甲骨文，像太阳之形。汉语的“日”有太阳、白天等义：《诗经 · 邶风 · 柏舟》：“日居月诸，胡迭而微。”《诗经 · 唐风 · 葛生》：“夏之日，冬之夜。”

土家语 $ȵie^{55}$“天 / 日（一天 / 日）”与以下藏缅语族语言语音对应规则。

“天（一天）”：藏文 ȵin，拉萨藏语 $ȵĩ^{13}$，巴塘藏语 $ȵi^{13}ma^{53}$，夏河藏语 ȵən，错那门巴 $ȵin^{13}$，麻窝羌语 si，桃坪羌语 sie，桃巴普米语 $n̥ə^{55}$，兰坪普米语 $n̥i^{13}$，嘉绒语 sni，尔龚语 sni，贵琼语 $ȵi^{55}$，纳木义 $ȵi^{33}$，道孚语 sȵi，喜德彝语 $ȵi^{21}$，南华彝语 $ȵi^{33}$，傈僳语 ni^{33}，纳西语 $ȵi^{33}$，拉祜语 ni^{33}，基诺语 ni^{33}，阿

昌语 ȵen^{31}，仙岛语 nɛn^{35}，浪速语 nɛ^{ʔ31}，波拉语 nɛ^{ʔ31}，勒期语 ŋjei^{55}，碧江怒语 ȵi^{31}，义都珞巴语 e^{55}ȵi^{53}，景颇语 ni^{55}，独龙语 ni^{55}，阿侬怒语 ȵi^{31}，怒苏怒语 ȵi^{31}。

"太阳"：藏文 ȵi ma，拉萨藏语 ȵi^{13}ma^{13}，夏河藏语 ȵə ma，扎巴语 ȵi^{53}mɯ^{33}，纳木义语 ȵi^{55}mi^{55}，史兴语 ȵɛ^{55}mi^{53}，独龙语 nɑm^{53}，大方彝语 n̩（i）^{21}dʑy^{33}，武定彝语 ȵi^{11}dʑi^{11}，撒尼彝语 lo^{11}tsz̩^{33}mɒ^{33}，丽江纳西语 ȵi^{33}me^{33}，永宁纳西语 ȵi^{33}mi^{33}，碧卡哈尼语 ni^{55}mɔ^{33}，缅文 ne^{2}，缅语 ne^{22}，阿昌语 ni^{31}mɔ^{31}，仙岛语 n^{31}mɔ^{31}，福贡怒语 nɛm^{31}，碧江怒语 ȵi^{35}ɑ^{55}，义都珞巴语 i^{55}ȵi^{55}。

缅文 ne^{2} "太阳"（《词典》449）；ne^{1} "白天；天，日"（《词典》448）。

白保罗提供的材料：藏语 nyi-ma，卢舍依语 ni"太阳，日"，缅语 ne"太阳"，né "日"，克钦语 ni "日"，迪马萨语 di-ni "今天"（参见克钦语 dai-ni 照字译是"这一天"），藏－缅语 *niy。①

对比下列一组与"天（day）"有关的词，土家语这个词的语音形式，由于各记音人处理方式的差异，存在 ne^{21} 与 ȵie^{21} 的差异。同族词内还有语音屈折形式：ne^{21}，ni^{55}，ni^{21}。

北部方言"白天"：thai^{55}ne^{21}khu^{35}，thai^{55}ne^{21}，thai^{55}ȵie^{21}khu^{21}，坡脚话 thai^{55}ȵie^{55}，他砂话 thã^{55}niɛ^{55}khu^{21}，仙仁话 thɛ^{35}ȵi^{33}，古丈话 thai^{55}ne^{21}kha^{21}；南部方言"白天"：la^{33}ne^{33}tɨ^{55}//la^{33}ȵie^{33}tie^{21}。

北部方言"今天"：nai^{55}，lai^{53}，坡脚话 lai^{53}，他砂话 lai^{53}，仙仁话 nɛ^{35}，古丈话 le^{53}//lai^{53}；南部方言"今天"：mu^{33}ne^{33}//mu^{33}ȵie^{21}。

北部方言"昨天"：phu^{21}ni^{21}，坡脚话 phu^{33}ȵi^{21}，他砂话 phu^{21}ni^{21}，仙仁话 phu^{33}ȵi^{33}，古丈话 phu^{21}ȵe^{55}；南部方言"昨天"：phu^{33}ne^{33}。

北部方言"明天"：nau^{35}tsi^{55}，lau^{35}tsi^{55}，坡脚话 lau^{24}tsɿ^{55}，他砂话 lau^{35}tsɿ^{55}，仙仁话 nɔ^{33}tɕi^{33}，古丈话 lau^{35}tɕi^{55}；南部方言"明天"：kho^{55}nõ^{21}ne^{33}//kho^{55}loŋ^{21}ȵie^{21}。

北部方言"前天"：kɨ^{35}ni^{55}，坡脚话 kɯ^{24}ȵi^{55}，他砂话 kɨ^{35}ni^{55}，仙仁话 kɯ^{35}ȵi^{55}，古丈话 gɯ^{35}ȵe^{55}；南部方言"前天"：ta^{21}de^{21}ne^{33}。

通过这组同族词的语音形式，低元音 a~e 与高元音 i 的交替，我们可以更加清晰地观察到土家语 ne^{55}、ȵie^{55} "天（day）"与藏语等诸多藏缅语族语言的

① ［美］P.K. 本尼迪克特：《汉藏语言概论》，乐赛月、罗美珍译，27～28 页，北京，中国社会科学院民族研究所，内部资料，1984。

“日”“天”语音对应整齐。诸多藏缅语族内各语言中“日”“天”的语音形式非常相似。这组语词的语音形式变化，也印证了白保罗关于藏－缅语高元音的论述：“藏－缅语高的词中元音 *u 和 *i，完整地保留在藏语、克钦语和卢舍依语里，但是缅语、加罗语和许多其他藏－缅语言的特点是 *u 和 *i 部分地或全部地被低元音（o~e~a）所取代。”①

D. 布莱德雷构拟的原始彝语支“太阳”有两个语音形式：$*mo^{2}$//*（ʔ）$-ne^{1}$，共同拉祜语形式 $mu^{\vee}$//ni:，依据缅语 neʔ、傈僳语 $mi^{5}mi^{4}$、普诺伊语 mò ni sì、比傈语 mùŋ hnɯŋ、阿卡语 $nah^{\vee}ma$//beu ma、姆比语 $ɲi^{6}wo^{4}$、共同拉祜语等同源形式。其中，$*mo^{2}$ 在傈僳语、普诺伊语、比傈语、共同拉祜语中出现同源形式，*（ʔ）$-ne^{1}$ 在缅语、普诺伊语、比傈语、阿卡语、姆比语、共同拉祜语中出现同源形式。②

吴安其构拟的原始缅彝语“太阳”为 *s-nin-m。③

李永燧把原始缅彝语“（一）天”构拟为 *ŋ̊hlenʔ。④ 把原始缅彝语“太阳$_{2}$”构拟为 *neŋ，“太阳$_{3}$”构拟为 *nhe。⑤

依据以上讨论，土家语“天（day）”ne＜*niy，与藏缅语同源。

3.“天（天空 sky）”

北部方言：坡脚话 $mə^{24}$，他砂话 $mɤ^{35}$，龙山话 $mɨe^{35}$，仙仁话 $mɯe^{35}$，保靖话 mie^{35}，永顺话 me^{24}，古丈话 $mɯe^{35}$。

南部方言：$mɨe^{21}$//$mɯe^{35}$。

土家语 $mə^{24}$“天（天空 sky）”可以与藏缅语“天（天空 sky）”进行比较：“天（天空 sky）”：兰坪普米语 $mɤ^{55}$，木雅语 $mə^{55}$，史兴语 $mɛ^{35}$，博嘎尔珞巴语 me doŋ moŋ，怒苏怒语 $mɯ^{55}$，南华彝语 $mə^{21}$，纳西语 $mɯ^{33}$。

还可以与藏缅语“太阳”进行比较：拉萨藏语 $ȵi^{13}mə^{55}$，阿力克藏语 ȵə mæ，吕苏语 $ȵi^{33}me^{53}$，南华彝语 $mə^{21}ȵi^{33}$，傈僳语 $mɯ^{31}mi^{33}$，纳西语 $ȵi^{33}me^{33}$。

---

①［美］P.K. 本尼迪克特：《汉藏语言概论》，乐赛月、罗美珍译，78 页，北京，中国社会科学院民族研究所，内部资料，1984。

②［澳］D. 布莱德雷：《彝语支源流》，乐赛月、陈康、鲁丁译，372 ~ 373 页，成都，四川民族出版社，1992。

③ 吴安其：《汉藏语同源研究》，183 页，北京，中央民族大学出版社，2002。

④ 李永燧：《缅彝语音韵学》，871 页，北京，社会科学文献出版社，2011。

⑤ 李永燧：《缅彝语音韵学》，870 页，北京，社会科学文献出版社，2011。

（二）语义演变类型

1.“日”与“天（day）”

土家语里时间意义词“天（day）”由“日（天体）”派生出。土家语与汉语、藏语等诸多藏缅语族语言中的这两个词关系密切，语音形式非常相似，有的就是一个语音形式来指称这两个意义。

土家语的时间意义词 ȵie^{55} 可以表示“天，白天”，如 mi^{35}ȵiɛ^{55}“后天”，mu^{33}ȵie^{21}“今天”；也可以表示“日子”，如 ȵie^{55}pa^{55}“看日子（选择吉日）”；还可以作量词“天”，如 la^{55}ȵie^{55}“一天”，ka^{55}ȵie^{55}“几天”。

土家语的“白天”“前天”“昨天”“今天”“明天”“后天”等时间词的语音形式大部分是以 ȵie^{55}//ni^{55}“天（day 日，时间）”为词根的，还有一部分是以 lau^{21}//*lo“日（天体）”为词根的。北部方言古丈话里的 le^{53}//lai^{53}“今天”保留着这两类词根形式。

汉语“日”字见于甲骨文，像太阳之形。“日”有“太阳，白天”等义。

2.“天”与“日（太阳）”

北部方言仙仁话里“太阳”mɯe^{35}la^{55}、nɔ^{35} 两个形式并存，nɔ^{35} 是单音节词根，与众多藏缅语言“太阳”语音对应，mɯe^{35}la^{55} 则是合成词，mɯe^{35} 为“天”，la^{55} 可能是一个比较古老的表示“日”或“月”的词根，具体分析见“月”词条。

二、月（moon）

“moon 月”居“百词表”第 73 位。

（一）词源分析

1. 北部方言

“月亮”：坡脚话 su^{22}su^{22}，他砂话 su^{21}su^{21}，龙山话 su^{21}su^{21}//su^{21}su^{21}kha^{21}ɕe^{21}，仙仁话、保靖话 su^{21}su^{21}，永顺话 su^{24}su^{44}，古丈话 su^{21}su^{21}。

su^{21}su^{21}kha^{21}ɕe^{21}，合成词，主要词根是 su^{21}su^{21}，kha^{21}ɕe^{21} 的意思是“木梳”，作修饰语，土家语修饰成分在中心语之后，合成意义“木梳状的月亮”，

类似汉语的“娥眉月”。清人记录中“月曰舒舒”① 可作为一佐证。

2. 南部方言

“月亮”：lo^{35}ɕi^{55}// lo^{35}ɕi^{55}dɯ^{13}。

“太阳”：lo^{35}ji^{55}// lo^{35}ji^{55}dɯ^{13}。

南部方言中，“太阳”“月亮”语音形式很接近，只是以内部语音屈折的方式稍加区分，两者共同来源于 *lak。单音节词根 no~lo“太阳”可能来自 *la。北部方言仙仁话中，mɯe^{35}la^{55}、nɔ^{35}“太阳”两个语音形式并存，也可以解释这一点。

*lak 还发展出“时间”的意思，南部方言里，这一些表“时间”的词，都由 *la 派生出来：la^{35}lo^{55}so^{21}“白天”，la^{35}lo^{55}su^{21}“早晨”，lo^{35}tu^{33}ȵie^{21}“中午”，la^{33}phɯe^{35}tɯi^{21}“晚上”，dʑia^{21}a^{21}lan^{35}“现在”，ta^{33}a^{21}lan^{35}“从前”。

为了更好地观察其发展轨迹，我们扩大比较范围，与藏缅语族语言进行比较。南部方言 lo^{35}ɕi^{55}＜*lak“月亮”与以下藏缅语的“月亮”进行比较：藏文 zla ba，墨脱门巴语 la ȵi，嘉绒语 tsə lɑ，道孚语 ɬə ɣnə，却域语 slə^{55}mnə^{33}，木雅语 le̠^{33}nə̠^{53}，景颇语 ʃă^{33}ta̠^{33}，独龙语 sɯ^{31}lɑ^{55}，阿侬怒语 sɿ^{31}lɑ^{55}，格曼僜语 lɑi^{53}，义都珞巴语 e^{55}lɑ^{55}，缅文 lɑ^{1}，缅语 lɑ^{53}，载瓦语 lo̠^{55}mo^{55}，浪速语 lɔ̠^{55}，波拉语 lɛ̠̃^{35}ma^{31}，勒期语 la̠^{55}mo^{55}//lo̠^{53}，怒苏怒语 la^{31}，喜德彝语 ɬo^{21}bo^{21}，哈尼语 ba^{33}la^{33}，克伦语 la̠^{55}。

藏文“月亮”的词根为 zla，是一个带前置浊擦音的边音音节 z-la。却域语词根 slə^{55}mnə^{33} 反映了藏 - 缅语 *zl-＞*sl 的演变环节。

白保罗关于这个词在藏 – 缅语中分布的论述：藏语的 zl- 必然来自 *s-l-［通过同化，如在 zlog-pa“使回转”，ldog-pa（完成体 log）］“回转”中，以 z- 代替正规的使动前缀 s-。两个一般的藏 – 缅语词根与这点有关：藏语 zla-ba，巴兴语 la，瓦尤语 tśolo＜*tśăla，迪加罗语 həla ~ hlo，怒语 səla，缅语 lá（塞芒语 səla，倮倮语 *hla），克钦语 śəta，卡杜语 səda（这两个语言中的齿音无法解释）“月亮”（藏 – 缅语 *s-la）。但卢舍依语 thla＜*khla，梅特黑语 tha＜*khla，米基尔语 tśiklo 是来自藏 – 缅语的 *g-la，马加里语也许是 gya（-hot）。②

土家语 lo^{35}ɕi^{55}＜*lak 这个词还可以与吴安其提供的藏缅语言材料进行对比。

① 转引自田恒金：《清代〈永顺县志〉中的土家语词》，载《民族语文》，2004（2）。

② ［美］P.K. 本尼迪克特：《汉藏语言概论》，乐赛月、罗美珍译，39 ~ 40 页，北京，中国社会科学院民族研究所，内部资料，1984。

吴安其构拟“月亮”的古缅语、原始藏羌语、原始藏缅语：缅文 lɑ^{1}，古缅语 *s-la，克伦语 la̱^{55}，原始藏羌语 *slak。① “月亮”：藏文 zla<*s-lak，缅文 lɑ^{1}<*lɑˀ，景颇语 ʃă^{33}ta^{33}<*s-la，卢舍依语 thlɑ，那加语登沙方言（Tengsa）lu-tɑ。原始藏缅语两个形式 *s-lak//*p-la。②

李永燧把原始缅彝语“月亮”构拟为 *l̥haʔ，“（年）月”构拟为 *l̥haʔ。③

土家语 lo^{35}ɕi^{55}<*lak 这个词还可以与汉语“夕”比较。“夕”*ljaag//*sɢlăk，《说文》：“夕，莫也。从月半見。”甲骨文“夕”“月”混用，金文仍是这样。孙海波《甲骨文录考释》：“卜辞月夕同文，惟以文义别之，盖月夕二字之谊同取于月初见，故易混也。”④ 这说明，“夕”与“月”关系密切。

龚煌城也认为，原始汉语“夕”*s-ljiak>*ljiak>zjäk，并跟藏文 zla-ba“月亮”比较。⑤

（二）语义演变类型

1. “月（moon）”与“月（month）”

“月（month）”：北部方言 si^{55}，南部方言 xɯ^{21}。si^{55}、xɯ^{21}“月（month）”与 su^{21}“月亮（moon）”有关，si~su，xɯ<*su，是藏缅语中很常见的语音对应类型和语音演变类型。

2. “月”与“夕”

土家语里，表示时间的“夕”与 *lak“月”“时间”有关。la^{21}jie^{35}xu^{55}“黄昏”；la^{21}thie^{24}“今晚”；phei^{55}la^{55}“昨晚”；“夜里”：北部方言 lan^{21}tshi^{55}tshai^{55}，南部方言 la^{21}ph-e^{21}te^{55}；“晚上”：北部方言 lan^{35}jin^{55}tshai^{55}//lan^{21}tshi^{55}tshai^{55}，南部方言 la^{33}phɯe^{35}tɯi^{21}//lan^{33}tshai^{55}。

3. “月”与“雪”

“雪”：北部方言 su^{35}su^{55}，南部方言 su^{21}su^{21}，与“月亮”同语音形式。这应该不是偶然相同，有待进一步的证据链支撑。

---

① 吴安其：《汉藏语同源研究》，172 页，北京，中央民族大学出版社，2002。

② 吴安其：《汉藏语同源研究》，183 页，北京，中央民族大学出版社，2002。

③ 李永燧：《缅彝语音韵学》，881 页，北京，社会科学文献出版社，2011。

④ 转引自《汉语大字典》编委会编纂：《汉语大字典》（第二卷），922 页，成都，四川辞书出版社，武汉，湖北辞书出版社，1987。

⑤ 龚煌城：《汉藏语研究论文集》，183 ~ 211 页，北京，北京大学出版社，2004。

4. “月”与“亮（房子很亮）”

“亮（房子很亮）”：北部方言 khu^{55}su^{21}ka^{35}，南部方言 su^{35}//ku^{21}su^{35}，与 su^{21}su^{21}“月亮”有关。

三、星（star）

“star 星”居“百词表”第 74 位。

（一）词源分析

北部方言“星星”：坡脚话 sɿ^{33}zɿ^{33}//sɿ^{33}zɿ^{33}pu^{24}li^{55}，他砂话 ɕi^{55}pu^{35}li^{55}，龙山话 si^{55}zi^{21}//si^{55}zi^{21}//si^{55}zi^{21}pu^{35}li^{35}，保靖话 su^{35}pu^{35}li^{55}，古丈话 ɕi^{53}je^{21}。pu^{35}li^{35} 义为“果，颗粒状物，细小物”，构词时一般在词尾。保靖话里“星星”的概念表达方式是描述式的，与龙山等其他方言点的表达方式不同，su^{35} 是“明亮，亮”的意思，su^{35}pu^{35}li^{55} 的意思就是“明亮的颗粒物”。

南部方言“星星”：mɯe^{21}ɕin^{33}tsi^{33}bu^{21}。语音形式为土家语素和汉语素组合的合璧词，mɯe^{21} 义为“天”，ɕin^{33}tsi^{33} 是汉语词“星子”，bu^{21} 是土家语量词，这种合成方式仍然是土家语的构词法。。

“星星”：藏文 skar ma，夏河藏语 hkar ma，阿力克藏语 rkar mæ，道孚语 zgre，却域语 skar^{55}ma^{55}，这几个应该是比较古老的形式。辅音 sk-、hk-、rk-、zg- 脱落前置辅音，发展为舌根音声母 g-、k-，是藏缅语语音发展的一种普遍类型，如错那门巴语 kar^{55}ma^{53}，傈僳语 ko̠^{33}ma^{33}ze^{33}。另一演变类型舌根音声母发展出塞擦音，如麻窝羌语 ʁdʐə，木雅语 ndʐi̥^{24}βu^{33}，贵琼语 ɣi^{35}tʃə^{31}。景颇语 ʃă^{33}kan^{33}，前置（浊）擦音脱离原来的音节，演变为一个独立的音节。戴庆厦等学者将这类音节称为“弱化音节”或“次要音节”，并称只有在景颇语里才有这类从前置辅音发展而来的弱化音节。[①] 土家语形式 si^{55}zi^{21} 是否是景颇语之外有这种音节的藏缅语，有待进一步的证据链。

土家语“星星”与以下藏缅语羌语支、彝语支语音形式对应：麻窝羌语

① 戴庆厦：《藏缅语族某些语言弱化音节探源》，载《民族语文》，1984（2）；潘悟云：《汉藏语系的次要音节》，见石锋、潘悟云编：《中国语言学的新拓展》，香港，香港城市大学出版社，1999。

ʁdzə̥，桃坪羌语 χdze̥^{33}pe^{55}，桃巴普米语 dzə̥^{35}，箐花普米语 dzə̥^{13}，嘉绒语 tsəu ri，木雅语 dzi̥^{53}vu^{33}，扎巴语 dzi̥^{53}，贵琼语 ɣi^{35}tsɿ^{33}，尔苏语 tʂɿ^{55}，纳木义语 tʂɿ^{35}，喜德彝语 m̩（u）^{33}tɕɿ^{33}，墨江彝语 tsɛ^{55}mo^{21}，碧卡哈尼语 mi^{33}tsi^{55}，哈雅哈尼语 a^{31}gɯ^{55}a^{55}si^{31}。

白保罗关于藏－缅语舌根塞音声母论述："舌根塞音声母的明显消失在某些词根中也可找到痕迹，参见以下例证：藏语 skar-ma，卡瑙里语 kar，列普查语 săhor，米里语 təkar，克钦语 śəgan，西部库基语 *s-gar（科伊伦语 tśəgan，快月语 səgan），卡米语 ka（r）-si~a-si，但卢舍依语（和一般库基语）是 ar-śi '星星'（藏－缅语 *s-kar）。" ①

吴安其构拟的原始缅彝语"星星"为 *s-grar。②

李永燧把原始缅彝语"星星"构拟为 *ɡhrai。③

D. 布莱德雷构拟的原始彝语支 *C-gray^{1}，共同拉祜语 kui:"星"，依据缅语 kray、傈僳语 ku^{3}ra^{5}、普诺伊语 bə̆kf sì、比傈语 ʔù klù、阿卡语 a$_{\vee}$gui$^{\vee}$、姆比语 pi^{2}ki^{6}、共同拉祜语等同源形式。在缅语、傈僳语、普诺伊语、比傈语、阿卡语、姆比语、彝语、共同拉祜语中出现同源形式。④

根据以上论述，推测早期共同土家语的"星星"形式为 *s-gai。

（二）语义演变类型

"星"，在当代土家语里的形式是多语素组合式，概念表达方式是描写描述的方式。因此，此处暂不讨论它的语义演变问题。

四、水（water）

"water 水"居"百词表"第 75 位。

---

① ［美］P.K. 本尼迪克特：《汉藏语言概论》，乐赛月、罗美珍译，22 页，北京，中国社会科学院民族研究所，内部资料，1984。

② 吴安其：《汉藏语同源研究》，183 页，北京，中央民族大学出版社，2002。

③ 李永燧：《缅彝语音韵学》，877 页，北京，社会科学文献出版社，2011。

④ ［澳］D. 布莱德雷：《彝语支源流》，乐赛月、陈康、鲁丁译，372 ~ 373 页，成都，四川民族出版社，1992。

（一）词源分析

1. “水”

北部方言：坡脚话 tshə^{21}，他砂话 tshɤ^{21}，龙山话 tshe^{21}//tshie^{21}，仙仁话 tshə^{54}，保靖话 tshe^{21}，永顺话 tshe^{21}，古丈话 tshe^{21}。

南部方言：tshe^{35}//tshie^{35}。

南北方言内部语音形式一致，“水”这个概念一般不大容易借用，属于比较稳固的词。tshie^{35}“水”与南部方言的 ze^{35}//zie^{35}“雨”语音形式规则对应，南部方言中保留了浊音形式。

吴安其认为，藏文 tɕhu 来源于 *khru，陶楚语（Thauchu）tɕùɦ，缅文 re^{2} 来源于 *gri，都是舌根塞音，构拟的原始藏缅语“水”为 *grə-g 和 *kh-ru-g。①

李永燧认为，原始缅彝语“水$_{1}$”为 *gri；“水$_{2}$”为 *laŋ；“水$_{3}$”为 *rhre。②

D. 布莱德雷认为，“水”有两个原始形式，一个原始形式构拟为多个音节形式 *re^{1} 和 *ʔ-grak^{H}，另一个原始形式构拟音节形式为 *laŋ^{1}。原始彝语支多音节 *re^{1} 在缅语 re、傈僳语 yi^{3}jya^{3}、阿卡语 ui$^{\vee}$cu$_{\wedge}$//i$^{\vee}$cu$_{\wedge}$、共同拉祜语形式 *g^{1}ui$_{\vee}$“液体”中出现同源形式。音节 *-grak^{H} 在傈僳语 yi^{3}jya^{3}、阿卡语 ui$^{\vee}$cu$_{\wedge}$//i$^{\vee}$cu$_{\wedge}$、姆比语 tɕhoʔ^{5}、共同拉祜语形式 *ka$^{\wedge}$中出现同源形式。③

由以上研究成果来看，藏缅语“水”的声母为舌根塞音，土家语“水”tshe^{21} <*kri，与藏缅语同源。与以下藏缅语言的藏语、羌语支、彝语支有着规则的语音对应关系。

“水（流水）”：夏河藏语 tɕhə，错那门巴语 tshi^{53}，羌语 tsə，桃巴普米语 tɕɨ^{53}，箐花普米语 tʃə^{55}，木雅语 tɕɯ^{53}，扎巴语 ʑi^{35}，贵琼语 tʃʅ^{53}，史兴语 dʑɛ^{55}，彝语 ʑi^{21}，傈僳语 e^{44}dʒɛ^{44}，纳西语 dʑi^{31}。

同族词“露”：阿昌语 tshe^{31}，仙岛语 tshɛ^{31}，怒苏怒语 tʂhe^{55}，喜德彝语 tʂɯ^{55}ʐʅ^{33}，南华彝语 tʂə^{55}ʑi^{33}，撒尼彝语 tsz̥^{55}z̥^{33}，绿春哈尼语 tshi^{31}xa^{31}，纳西语 dʐə˞^{33}，嘎卓语 tsɛ^{55}ji^{323} 等，以上缅彝语与土家语“水”语音形式相同或高度相似。

① 吴安其：《汉藏语同源研究》，183 页，北京，中央民族大学出版社，2002。

② 李永燧：《缅彝语音韵学》，869 页，北京，社会科学文献出版社，2011。

③ ［澳］D. 布莱德雷：《彝语支源流》，乐赛月、陈康、鲁丁译，376 ~ 377 页，成都，四川民族出版社，1992。

2. “河”

“河”：北部方言 tshe^{21}//tshie^{21}，南部方言 tshe^{55}ni^{55}//tshie^{21}ȵi^{35}。土家语“河”与“水”关系密切，“水”即“河”。与土家语语音对应规则的藏缅语族语言亦如是。

“河”：夏河藏语 tɕhə wo，泽库藏语 tɕhə，错那门巴语 tshi^{53}tʌ^{53}，麻窝羌语 qhuɑː//tsə，桃巴普米语 tɕɨ^{53}te^{53}，箐花普米语 tʃə^{55}ta^{13}，木雅语 tɕɯ^{53}mɐ^{35}，扎巴语 ʑi^{35}，贵琼语 tʃɿ^{53}，史兴语 jɑ̃^{35}，彝语 ʑi^{21}mo^{21}，傈僳语 e^{31}mɑ^{33}，纳西语 dʑi^{31}xo^{31}“河”。

3. “露水”

“露水”：北部方言 so^{55}tshie^{21}，南部方言 ʔa^{21}la^{55}tsho^{55}tshe^{35}。

“露”：阿昌语 tshe^{31}，仙岛语 tshɛ^{31}，怒苏怒语 tʂ̥he^{55}，喜德彝语 tʂ̥ɯ^{55}ʑɿ^{33}，南华彝语 tʂ̥ə^{55}ʑi^{33}，撒尼彝语 tsz̥̊^{55}z̥̊^{33}，绿春哈尼语 tshi^{31}xa^{31}，纳西语 dʐ̥ɚ^{33}，嘎卓语 tsɛ^{55}ji^{323}。

除了以上缅彝语的“露水”与土家语“水”语音形式相同或高度相似以外，羌语支中的“露水”，如羌语 dʐ̥əχ、九龙普米语 ʂ̥ɿ^{11}tɕɯ^{53}、嘉绒语 tʃhə ri、木雅语 rɐ^{24}tɕə^{33} 亦与土家语“露水”有语音对应关系。

4. “汗”

很多学者拿“汗”与“水”作比较，土家语“汗”也与“水”关系密切，语音形式中心语素为“水”。北部方言 ku^{55}tshie^{21}，南部方言 si^{21}to^{21}tshie^{35}，南北方言均为合成词，ku^{55}、si^{21}to^{21} 形容词，义为“热”，tshie^{21} 义为“水”。

李永燧构拟的原始缅彝语“汗$_{1}$”*klueh，“汗$_{2}$”*khreh 与“水$_{1}$”*gri、“水$_{3}$”*rhre 语音对应。①

D. 布莱德雷构拟的原始彝语支 *ʔ-krwe^{2}“汗”与土家语 tshie^{21}“水”语音对应规则。原始彝语支 *ʔ-krwe^{2}“汗”，共同拉祜语形式 *kui_，在缅语 hkrwe：、傈僳语 chï^{1}、阿卡语 ku$_{\vee}$pyu$^{\vee}$、姆比语 ŋ^{4}khi^{6}luŋ^{4}mo^{4}、共同拉祜语中出现同源形式。共同拉祜语形式 *g^{1}ui$_{\vee}$“液体”。②

藏缅语族中，羌语支、彝语支语言“汗”与土家语 tshie^{35}“水”有语音对应关系。缅文 khjwe^{3}、缅语 tɕhwe^{55} 也与土家语 tshie^{35}“水”有语音对应关系。

---

① 李永燧：《缅彝语音韵学》，869 页，北京，社会科学文献出版社，2011。

② ［澳］D. 布莱德雷：《彝语支源流》，乐赛月、陈康、鲁丁译，344 ~ 345 页，成都，四川民族出版社，1992。

“汗”：羌语 xtʂuə，兰坪普米语 $skhi^{55}$，史兴语 $tɕyз^{53}$，喜德彝语 ku^{21}，南华彝语 ke^{55}，撒尼彝语 $tɕæ^{55}$，傈僳语 $tɕi^{55}ʑi^{33}$，拉祜语 $kɯ^{31}$，基诺语 khi^{44}，纳西语 $tsʅ^{55}$。

5.“雨”

北部方言：坡脚话 $mə^{24}tsə^{21}$，他砂话 $mɤ^{35}tsɤ^{21}$，龙山话 $mɨe^{35}tse^{21}$//$mɯe^{35}tsie^{21}$，仙仁话 $mɯe^{35}tsə^{55}$，保靖话 $mie^{35}tse^{21}$，永顺话 $me^{24}tse^{21}$，古丈话 $mɯe^{35}tse^{21}$。

南部方言：ze^{35}//$zie^{35}dzi^{55}$。

土家语“雨”是一个合成词，与“水”有关，由“水”发展而来。$mɯe^{35}$ 义为“天”，$tsie^{21}$、zie^{35}、$tshie^{21}$、$tshie^{35}$ 都是“水”的意思，可视为以语音内部屈折的方式来表示相关的新语义，也是不同方言之间的区别形式。

（二）语义演变类型

1.“水”与“河”

土家语“河”与“水”关系密切，“水”即“河”。藏缅语中，藏语（泽库）、门巴语、普米语、木雅语、扎巴语、贵琼语、彝语、纳西语的“水”也表示“河”。

2.“水”与“露”

土家语 $so^{55}tshie^{21}$“露水”由 $tshie^{21}$“水”派生出，与诸多藏缅语族语言相类。

3.“水”与“汗”

土家语“汗”由“热”与“水”组合表达，形象化的表达。

4.“水”与“雨”

$mɯe^{35}tsie^{21}$“雨”“天水”，由“天”与“水”组合而成。

5.“水”与“落水”（“雨”与“下雨”）

土家语“雨”即“天水”，$mə^{24}tsə^{21}$ 既表示自然物“雨”的名称，同时又表示动词“下雨”。$tsə^{21}$ 是动词，表示“水落下来”，“水落”即“下雨”的意思。

五、雨（rain）

“rain 雨”居“百词表”第 76 位。

土家语“雨”与“水”的形式密切相关，源于“水”，故在“水”词条中讨论。为使“百词表”词数完整，在此保留“雨”词条，具体内容见“水”词条。

六、石（stone）

“stone 石”居“百词表”第 77 位。

（一）词源分析

土家语“石”方言有差异，分南北方言进行讨论。

1. 北部方言

“石”：坡脚话 a^{21}“石头”、a^{21}pa^{21}“石头块”，他砂话 a^{21}//a^{21}pa^{21}，龙山话 a^{21}pa^{21}//ɣa^{21}pa^{21}，仙仁话 ɣa^{33}khɔ^{33}，保靖话 a^{35}pa^{21}，永顺话 a^{21}pa^{21}，古丈话 ɣa^{21}kho^{21}。

词根为 ɣa^{21}＜*gha，kho^{21} 可能是早期汉语借入语素“窟”*khluud。土家语北部方言区的汉语方言中有 ŋai^{21}pau^{21}“石头”，也有 ŋai^{21}kho^{35}“很多石头堆在一起，岩窟”这些说法。ŋai^{21}//ŋai^{21}kho^{35} 与土家语 ɣa^{21}//ɣa^{21}kho^{21} 是借贷关系，还是同源关系，都缺乏有力的证据。

ɣa^{21} 可以与藏羌支语言、彝语支语言进行比较。“岩石”：藏文 brɑg，拉萨藏语 tʂha^{132}，巴塘藏语 tʂɑ^{ʔ231}，墨脱门巴语 bra^{ʔ}，兰坪普米语 zgɑ^{13}，道孚语 rdza，贵琼语 tʂa^{55}，史兴语 ra^{33}ʁa^{55}，傈僳语 ɣɑ^{55}，拉祜语 xɑ^{35}pɯ^{33}，基诺语 ja^{55}tha^{55}。

ɣa^{21} 可以与汉语“磽”进行比较。硗，《说文》：“磽，磬石也。”其义为坚硬的石头。引申为贫瘠多石的土地。

白保罗关于这个词在藏－缅语中的讨论：“藏语 brag，克钦语 luŋ-bra，加罗语 roŋ-brak‘岩’（藏－缅语 *brak）。”①

2. 南部方言

“石”：lɯ^{35}//lɯ^{35}kɯ^{33}tɯ^{35}。

词根为 lɯ^{35}＜*luk。可以与缅彝语支语言“岩石”“石头”进行比较。

“岩石”：仙岛语 lu^{ʔ55}phʐa^{35}，载瓦语 lu^{ʔ21}pjo̱^{ʔ55}，浪速语 lauk^{31}tsaŋ^{31}，勒期语 luk^{31}luaŋ^{55}，怒苏怒语 lu̱^{53}phɯ^{31}，喜德彝语 vɑ^{55}lu^{33}，魏山彝语 ^{ʔ}lo^{33}tsɿ^{33}，南

① ［美］P.K. 本尼迪克特：《汉藏语言概论》，乐赛月、罗美珍译，37 页，北京，中国社会科学院民族研究所，内部资料，1984。

华彝语 lu̠^{33}tsi̠^{55}，武定彝语 fɑ̠^{55}lu̠^{2}。

“石头”：墨脱门巴语 luŋ，阿昌语 laŋ^{31}kɔ^{ʔ55}，仙岛语 lu^{ʔ55}kɔ^{ʔ55}，载瓦语 lu^{ʔ21}kok^{21}，浪速语 lauk^{31}tsaŋ^{31}，波拉语 lau^{ʔ31}taŋ^{55}，勒期语 luk^{31}tsəŋ^{31}，怒苏怒语 lu̠^{53}，喜德彝语 lu̠^{33}mɑ^{55}，魏山彝语 ka^{55}lo^{33}，南华彝语 lṳ^{33}，武定彝语 lɤ^{11}bɤ^{11}，傈僳语 lo̠^{33}tshi^{35}，绿春哈尼语 xa^{31}lu̠^{33}，墨江哈尼语 l̥u^{33}mɔ^{33}，基诺语 lo^{42}mɔ^{33}，纳西语 lv̩^{33}。

白保罗关于这个词在藏－缅语中的分布也有讨论：“巴兴语 luŋ，列普查语 lăŋ（在复合词中是 luŋ-），米里语 u-liŋ（阿博尔语 ö-lüŋ），克钦语 luŋ~nluŋ，缅语 kyauk＜*k-lauk，加罗语 roŋ，迪马萨语 loŋ，卢舍依语 luŋ，米基尔语 arloŋ‘石头’（藏－缅语 *r-luŋ）。”①

藏缅语中，藏语支、羌语支语言与北部方言 ɣa^{21}＜*gha 语音对应，而缅语支、彝语支与南部方言 lɯ^{35}＜*luk 语音对应。但是，门巴语中，一支与北部方言对应，一支与南部方言对应，缅语支的拉祜语与北部方言对应，绿春哈尼语则似土家语南北方言之合成形式。如此看来，土家语南北方言与原始藏缅语有同源关系，但方言内部分化较早，北部方言与羌语支相近，南部方言则与缅彝语接近。

但是，根据李永燧构拟的原始缅彝语“石头$_{1}$”*l̥hok，“石头$_{2}$”*glok，② 在缅彝语中这个词也是有多个形式。上面藏缅语材料中的缅语支语言拉祜语并不与其他缅语支语言对应土家语南部方言，而是对应土家语北部方言。如此看来，土家语南北方言均在缅彝语范围之内。

D. 布莱德雷认为，“石”有两个原始形式：k-lok^{L}，C-rak^{L}。k-lok^{L} 在缅语 kyok//klok、普诺伊语 lǒphú、比傈语 lɔba、阿卡语 k^{1}a$_{V}$ lo、姆比语（so//sɑ）^{2}loʔ^{4}、黄拉祜语中出现同源形式。C-rak^{L} 在傈僳语 rgha^{1}hchi^{3}、黑拉祜语中出现同源形式。③ 从 D. 布莱德雷的论述来看，原始彝语“石”也是舌根塞声母，与以上分析相吻合，土家语与缅彝语有语音对应关系。

① ［美］P.K. 本尼迪克特：《汉藏语言概论》，乐赛月、罗美珍译，28 ～ 29 页，北京，中国社会科学院民族研究所，内部资料，1984。

② 李永燧：《缅彝语音韵学》，866 页，北京，社会科学文献出版社，2011。

③ ［澳］D. 布莱德雷：《彝语支源流》，乐赛月、陈康、鲁丁译，376 ～ 377 页，成都，四川民族出版社，1992。

（二）语义演变类型

土家语“沙”由“石”直接派生出来。“沙子”：北部方言 a^{21}pu^{35}li^{35}//ɣa^{21}pu^{21}li^{21}，南部方言 lʉ^{35}sa^{55}tsi^{21}。南北方言中均是合成词，ɣa^{21} 义为“石”， pu^{21}li^{21} 义为“果，颗粒状的物品，细小粒物”；南部方言已是土家语素 lʉ^{35} “石”加汉语语素 sa^{55}tsi^{21} 组合而成。

汉语“沙”亦与“石”相关，《说文》：“沙，水散石也。”

七、沙（sand）

“sand 沙”居“百词表”第 78 位。

土家语“沙”源于“石”，故“石”词条中也有“沙”相关讨论。

北部方言：坡脚话、他砂话 a^{21}pu^{35}li^{55}//a^{21}sa^{21}tsɿ^{21}，龙山话 a^{21}pu^{35}li^{35}，ɣa^{21}pu^{21}li^{21}，仙仁话、保靖话 a^{21}pu^{35}li^{53}，古丈话 ɣa^{21}pa^{21}pu^{35}le^{35}。坡脚话、仙仁话中，这个词转用了汉语。

南部方言：lʉ^{35}sa^{55}tsi^{21}//lɯ^{35}se^{55}。

南北方言中均是合成词，ɣa^{21} 义为“石”， pu^{21}li^{21} 义为“果，颗粒状的物品，细小粒物”；lʉ^{35}sa^{55}tsi^{21}//a^{21}sa^{21}tsɿ^{21} 是“土家、汉合璧词”，由土家语素 l^{35}//a^{21} “石”加汉语语素 sa^{55}tsi^{21}//sa^{21}tsɿ^{21} “沙子”组合而成。

汉语沙 *sraal。《说文》：“沙，水散石也。”

八、地（earth）

“earth 地”居“百词表”第 79 位。

（一）词源分析

土家语的“地”“土”“泥”“山”等多个语词意义相关，且多个语音形式并存，南北部方言内部稍有语音形式差异，分别讨论。

1. “土，地”

土家语北部方言 zo^{55} 是“土地”“泥土”，也指“旱地”；南部方言 za^{55} 表示

“旱地”，也表示天地的“地”，与 za^{55}“山，坡”同形。

土家语北部、南部方言的单元音 a 与 o 对应规则，元音 a 是较古的形式。①“地”北部方言 zo^{55} 与南部方言 za^{55} 规则对应，共同形式为 *za。

*zo“土，地”可与其他藏缅语比较。书面藏语 sa“地，土”，拉萨藏语 sa^{55}“地，土”，墨脱门巴语 sa“地，土”，羌语 zə“地，田”，兰坪普米语 tsɑ^{55}“土”，兰坪普米语 xqɑ^{13}“山坡”，木雅语 tsa^{55}“土”，阿侬怒语 ɑ^{31} sɑ^{53}“土”，箐花普米语 tsɑ^{55}“土”，扎坝语 sha^{33} tɕa^{55}“地”，缅文 jɑ^{2}“地（旱地）”，缅语 jɑ^{22}“地（旱地）”，阿昌语 ʑɔ^{55}“地，水田”，载瓦语 jo^{51}“地，田”，浪速语 jɔ^{31}“地”，怒苏怒语 lia^{33}“地”，喜德彝语 tsɑ^{33} 土，基诺语 ɕɔ^{31} 地（旱地），书面藏语 la//ri“山”，书面藏语 la“山坡”，夏河藏语 la“坡”，兰坪普米语 ɣɢo^{13}“山”，道孚语 la“山”，拉祜语 qhɔ^{33}“山”。

土家语的 *za“泥土，旱地，土地”与普米语 tsɑ^{55}、木雅语 tsa^{55}、缅语 jɑ^{22}、阿昌语 ʑɔ^{55}、载瓦语 jo^{51}、彝语 tsɑ^{33} 语音形式对应。② 在其他藏缅语中，基兰提语 *kha，卡杜语 ka，莫尚语 ga，加罗语 ha。白保罗将原始藏－缅语的“土地”构拟为 *r-ka。③ 吴安其构拟的原始藏缅语“土，地”的一种语音形式就是 *s-kra，④ 这种构拟已经考虑到藏缅语中表示塞擦音、擦音和软腭音之间的关联。潘悟云也指出早期东亚表示“土，地”的词语有一个形式是 *k-la 或 *kla，声母的演变为：kh-la > hla > la > sa > tsa。⑤ 在僜语中，“土，地”是 kɯ^{31}lai^{55}，但是从后一音节的音节首辅音 l，可以看出原来的原始藏缅语表示土地的词语应该是复辅音 kr- 或者 k-l。

综合藏缅语的语言材料以及各家的构拟，同时考虑到在汉藏语中表示土地的词语还有另外一个有不同来源的形式 li。从语音上看，r- 和 l- 都是流音，读音十分接近，在语言中相互演变很常见。但是从音系上看，r- 和 l- 又是两个不同音位。为了凸显这种区分，我们认为原始汉藏语的“土地”是 *k-ra 或 *kra。

① 张军：《土家语语音研究》，香港，香港科技大学博士学位论文，2006。

② 结合金理新的论述可以看出，彝语支语言跟藏语的 sa“土，地”共源。见金理新：《汉藏语系核心词》，820 ~ 293 页，北京，民族出版社，2012。

③ ［美］P.K. 本尼迪克特：《汉藏语言概论》，乐赛月、罗美珍译，30 页，北京，中国社会科学院民族研究所，内部资料，1984。

④ 吴安其：《汉藏语同源研究》，184 页，北京，中央民族大学出版社，2002。

⑤ 潘悟云：《东亚语言中的“土”与“地”》，载《民族语文》，2013（5）；潘悟云：《从地理视时还原历史真时》，载《民族语文》，2010（1）。

不过考虑到现实的音变情况，可以推断，藏缅语中普遍把“土，地”读为za、sa或tsa之类的齿龈擦音或塞擦音，直接来源应该是*ra。[①]因为r>z或r>s是常见的音变现象，比如藏文rku“偷”，普日格话读sku。藏文rta“马”，普日格话读sta。在突厥语中r和z交替也是很常见的音变。[②]同时，汉藏语中浊音清化是语言中更常见的现象，张济川有详细论述[③]，因此，藏缅语内部的整个音变过程为：k-ra>ra>za>sa>sha>tsa。

因此土家语的za“泥土”更早的来源可能是*ra。无论是从音变还是藏缅语内部的材料看，都是很有可能的。

土家语za<*ra“土，地”可能还与与藏语la“山”对应。在汉藏语中，有时“山”与“土”也在语源上是相关的。比如Manyak语mli“土地”，但是在侬语方言məli表示“山”。[④]

土家语中的“土”和“山”之间也是相关的。这可能和土家族的生产方式有关。虽然学界对于土家族的族源众说纷纭，[⑤]但有两点却是共同认识：一是土家族族源是多源的；二是土家族的主要繁衍、生活地是山区，是一个山地民族，一直持续到现代。土家先民的早期生产方式主要是狩猎，后来发展到开荒耕作，农耕成为主要生产方式。“开山取地”取得耕种土地的生产方式一直延续到现代。因此，土家族耕种的“土地”与“山”是密切相关的，可耕种的山也就是地。现代湘鄂土家人仍称“山里”为“地里”。

土家语*za<*ra“土，地”还与上古汉语的“垆”*ra和“野”*k · laaʔ比较。[⑥]

---

① 更早的来源则是**k-ra或**kra。

② 张济川：《藏语词族研究——古代藏族如何丰富发展他们的词汇》，263页，北京，社会科学文献出版社，2009。

③ 张济川：《藏语词族研究——古代藏族如何丰富发展他们的词汇》，270～280页，北京，社会科学文献出版社，2009。

④ ［美］P.K. 本尼迪克特：《汉藏语言概论》，乐赛月、罗美珍译，44页，北京，中国社会科学院民族研究所，内部资料，1984。

⑤ 详见田德生、何天贞等编著：《土家语简志》，北京，民族出版社，1986；潘光旦：《湘西北的“土家”与古代的巴人》，见《中国少数民族社会历史调查资料丛刊》修订编辑委员会：《土家族社会历史调查》，北京，民族出版社，2009；杨铭：《氐族史》，131页，北京，商务印书馆，2014。

⑥ 上古来母原来一般都认为和中古一样是l，Schuessler（1974）最早提出上古来母是r。后来得到许多学者认同，有了更多的材料支持，详见郑张尚芳：《上古音系》（第二版），90页，上海，上海教育出版社，2003；潘悟云：《汉语历史音韵学》，267～289页，上海，上海教育出版社，2000。

"垆"，《说文》："墟刚土也。"《广雅》："垆，土也。"与土家语的 za＜*ra"土，地"对应非常整齐。而"野"与"土"是一对派生词。人类初民起先无固定居所，到了有固定居所以后，才把聚居地与野外地区分开。"野"甲骨文字形为，就是"埜"，①表示的是一片长有树木的野外地。当代土家族聚居区仍称"地里"为"山里"，即为远离聚居区的山地。

"野"*k · laaʔ，《说文》："野，郊外也。""野"又特指田野，《吕氏春秋 · 审己》："稼生于野而藏于仓。""壄"*k · laaʔ，《文选 · 长笛赋》："山鸡晨群，壄雉晁雊。"李善注："壄，古野字。"埜，《晏子春秋 · 外篇》："及庄公陈武夫，尚勇力，欲辟胜于邪，而婴不能禁，故退而埜处。"汉语的"野""垟"，对应缅语 rwaa^{2}"乡村"。汉语与藏缅语的这些形式应该是有共同的来源。②

由上文的分析可以看出，土家语 za＜*ra"土，地"是土家语固有词，也是土家语基本词，与汉语、藏语、缅语等藏缅语族语言有着同源关系。

藏缅语族语言中"土""地""泥""田"意义常常交叉。羌语支的一些语言"土""泥"相混。

"土地"是人类社会生存的首要资源，也应该是各族人们的共同认识，这种共同认识也会反映在各自的语言里，形成语言类型的共性特征。我们来比较土家语 *za＜*ra 与侗台语的"田，地"。

"水田"：德宏傣语 la^{2}，西双版纳傣语 na^{2}，泰语 na^{2}，武鸣壮语 na^{2}，龙州壮语 na^{2}，布依语 na^{2}，暹罗语 naa^{2}，侗语 ja^{5}，佯僙话 za^{5}，莫话 ja^{5}，拉珈语 ja^{6}，标语 jo^{6}，芒市傣语 la^{2}，孟连傣语 na^{2}，景洪傣语 na^{2}，金平傣语 na^{2}，元阳傣语 na^{2}，武定傣语 na^{2}，元江傣语 na^{2}，马关傣语 na^{2}，绿春傣语 na^{2}，Yay 语 na^{4}，Saek 语 naa^{4}，Po-ai 语 naa^{2}，暹罗语 naa^{1}，白泰 naa，黑泰 naa^{4}，Nong Khai 台语 naa^{6}，Chieng Hung 台语 naa^{4}，Chiengmai 台语 naa^{1}，Lei Ping 台语 naa^{4}，Lungming 台语 naa^{4}，西侬台语 naa^{4}，Ping Siang 台语 naa^{4}，Ning Ming 台语 naa^{4}。③在侗台语内部来看，德宏傣语

---

① 黄德宽：《古文字谱系疏证》，1483 页，北京，商务印书馆，2007。

② 黄树先：《汉缅语比较研究》，137 页，武汉，华中科技大学出版社，2003。

③ 苗语个别方言中，"土，地"也有类似的表达，如融水苗语 la^{6} 表示"地，旱地"，与壮侗语族相似，不过并不见于其他苗语。因此是借词可能比较大。详见王均等编著：《壮侗语族语言简志》，796 ~ 797 页，北京，民族出版社，1984；周耀文、罗美珍：《傣语方言研究》，北京，民族出版社，2001；Li,Fang Gui. A Handbook of Comparative Tai. Hawaii, The University Press of Hawaii, 1977:70; Hudak, T. J. William J. Gedney's Comparative Tai Source Book, Hawaii, University of Hawaii Press，2008: 92.

的 l- 经常与其他侗台语中的 n- 对应，如“皮肤”，德宏傣语 lang1，西双版纳傣语 nang^{1}，武鸣壮语 nang^{1}，龙州壮语 nang^{1}。“脸”，德宏傣语 la^{13}，西双版纳傣语 na^{1}，武鸣壮语 na^{1}，龙州壮语 na^{1}。① 这主要是因为德宏傣语音系里没有 n- 声母，德宏傣语里的 n- 声母全部演变为 l- 了。② 因此早期侗台语“水田”的语音形式是 *na^{2}。但是由于 n 和 l 语音本身极为接近，也不能排除早期的侗台语与土家语的 *za＜*ra“土，地”以及其他汉藏语的 ra“土，地”存在关联。

因此可以看出，土家语 *za＜*ra“土，地”不仅与汉语和藏缅语对应，还可能跟侗台、苗瑶语族的“田，地”有明显的语音对关系。

2.“地”

土家语中，还有一个表示“地”的词语。土家语北部方言 li^{55} 既可以是天地的“地”，也表示土地的“地”“土”，如，li^{55} ka^{55}“锄地，挖地”。这个词语可能和藏缅语中另外一个表示“土地”的词语相关，白保罗构拟为 *mliy ③。藏缅语中具体材料如下：

米基尔语 mili~meli“沙堤，不毛之地”，怒语方言 məli“乡村，山”；“地”：弥药语（西蕃语群）məli · mli，缅语 mre，塔沃杨方言 mle，丰语（塞芒方言）təmli · təmyi，缅文 mre^{2}，缅语 mje^{22}，阿昌语 mi^{55}，仙岛语 mi^{55}，浪速语 mjik^{31}，巍山彝语 mi^{55}ti^{55} //mi^{21}，南华彝语 mi^{33}，武定彝语 mi^{33}，傈僳语 mi^{33}nɛ^{33}，绿春哈尼语 mi^{55}tsha^{31}，墨江哈尼语 mɛ^{55}tshɔ^{31}，拉祜语 mi^{31}，基诺语 mi^{31}tsha^{55}，纳西语 lɯ^{33}，嘎卓语 ʈi^{35}。

“地（田地）”：道孚语 lʒə，却域语 le^{55}，木雅语 re^{53}，南华彝语 mi^{33}，纳西语 lɯ^{33}。

“土”：缅文 mre^{2}，缅语 mje^{22}，阿昌语 mi^{55}，仙岛语 mi^{55}，南华彝语 ȵi^{55}，武定彝语 ȵe^{55}，傈僳语 mi^{33}nɛ^{33}，绿春哈尼语 mi^{55}tsha^{31}，墨江哈尼语 mɛ^{55}tshɔ^{31}，拉祜语 mi^{31}，基诺语 mi^{31}tsha^{55}，纳西语 lɯ^{33}，怒苏语 lia^{35}，福贡怒语 mɯ^{55}，嘎卓语 ni^{31}。

“山”：书面藏语 ri//la，拉萨藏语 ri^{13}，夏河藏语 rə，错那门巴语 ri^{35}，九龙

① 王均等编著：《壮侗语族语言简志》，814 ~ 815，北京，民族出版社，1984。

② 喻翠蓉、罗美珍编著：《傣语简志》，10 页，北京，民族出版社，1980。

③ ［美］P.K. 本尼迪克特：《汉藏语言概论》，乐赛月、罗美珍译，44 页，北京，中国社会科学院民族研究所，内部资料，1984。

普米语 zɿ^{35}，却域语 ri^{13}，道孚语 la//ri rav，扎坝语 zɿ^{13}，贵琼语 zə^{35}。

“水田”：羌语 zə，尔龚语 ʑɯ，扎巴语 ʑi^{35}le^{55}，大方彝语 tə^{33}，武定彝语 ji^{11}mi^{33}，基诺语 tə^{44}，拉祜语 ti^{33}mi^{33}，缅文 lɑj^{2}，缅语 lɛ^{22}。

《缅汉词典》ajr mre^{2}“土地，土层，土，泥土，土壤，国土”。《白狼歌》“土地硗确”，用汉字“犁籍憐憐”来对译。郑张尚芳先生认为，“犁籍”正对缅文 mrei-saah，这个词现代缅语仍说，正是“土质”之意。[①]“犁”*rii 记录的就是缅文的 ajr mrei“土，土地”，和汉语的“地”对应。“籍”*dzjaag 记录缅文 -saah“土，土质”，与藏文 sa“土地”对应。

龚煌城构拟汉藏语元音 *i 时，将汉语的“底”“低”与缅文的 mre<mily^{2}“地，土地，土壤”、藏文的 mthil 比较。其词汇学上的联系，他认为可以比较英语中的 bottom 和德语中的 boden。[②]

汉语的“底”*tiilʔ，“低”*tiil 和“地”*m · l̥ils，其音义是有联系的。“地”字见于金文，“土地”是其本义，古书习见。又有田地、领地等义：《管子 · 权修》：“地之生财有时。”此指田地。《周礼 · 大司徒》：“诸公之地，封疆方五百里。”此作领地。

土家语的 li^{55} 与壮侗语也存在关联。

“地，旱地”：田东壮语 li^{6}，田林壮语 li^{6}，三江壮语 li^{6}，凌乐壮语 li^{6}，东兰壮语 lei^{6}，邕北壮语 lui^{6}，普标语 liu^{6}，龙胜壮语 ri^{6}，环江 rei^{6}，德保 rai^{6}，Yay 语 ri^{5}，Saek 语 rii^{5}，Po-ai 语 lii^{6}，布央语 laai^{24}，暹罗语 ray^{3}，白泰 hay^{5}，武鸣壮语 roy^{6}，Longming 语 lay^{5}，西侬语 ðay^{5}，Tay 语 lay//ray，Tho 语 reï，Dioi 语 thi，His-lin 语 ðii，Ch'ien-chiang 语 ɣii，Lü 语 hrai，老挝语 hai, T' ien-pao 语 hrai，西双版纳傣语 hai^{6}，德宏傣语 hai^{6}，龙州壮语 ɬai^{6}，布依语 zi^{6}，侗语 ti^{6}，水语 ndaai^{5}，莫语 dai^{6}，毛南语 ndaai^{5}。[③]壮侗语族中，r 显然是 l 的变体，整个变化过程是：

---

① 郑张尚芳：《上古缅歌——〈白狼歌〉的全文解读》，见郑张尚芳：《郑张尚芳语言学论文集》，671 ～ 700 页，北京，中华书局，2012。

② 龚煌城：《汉藏语研究论文集》，14 页，北京，北京大学出版社，2004。

③ 详见张均如等：《壮语方言研究》，600 页，成都，四川民族出版社，1999；王均等编著：《壮侗语族语言简志》，814 ～ 815 页，北京，民族出版社，1984；李锦芳等：《西南地区濒危语言调查研究》，411 页，北京，中央民族大学出版社，2006；杨通银：《莫语研究》，200 页，北京，中央民族大学出版社，2000；Hudak，William J. Gedney's Comparative Tai Source Book. Hawaii, University of Hawaii Press，2008：92；Li,Fang Gui. A Handbook of Comparative Tai, Hawaii, The University Press of Hawaii，1977:142-143。

li^{6} > lei^{6} > lai^{6} > hai^{6}，或者 ri^{6} > rei^{6} > rai^{6} > hai^{6}。由于 l 与 r 和 d 语音接近可以互变，从侗台语内部看，可以看出侗语 ti^{6} 来自 li^{6} 或者 ri^{6}。辅音 l 和 r 变成 z 也是常见音变，因此布依语中 zi^{6} 也是来自 ri 或 li。侗台语中“地，旱地”原始形式可以确定是 *li^{6}。可以看出壮语里的“土地”与土家语的 li^{55}“土地”也是一样的。

汉藏语中“土”“地”“水田”“山”这几个义项经常存在语义交叉重叠现象。比如，羌语的“土”与“田”语源相关，zuə^{31} pə^{33}“地”，zuə^{31}“田”，“田”和“地”有共同的词根 xə^{31}，应该是同源分化的关系。“水田”和“地”本身是语义范畴的大小问题，“水田”是“地”的一类。因此语义交叉重叠是很常见的。此外，由于亚洲南部普遍多山，因此许多民族都生活在山地，因此，就把“山”和“地”关联在一起。

土家族是山地民族，土家语的“土”“地”与“田”和“山”在语源上是相关的，这和汉藏语以及部分壮侗语都是一致的。

土家语的 za^{55} 和 li^{55}“土，地”两个形式并存，这也和汉藏语是完全一致的。李永燧将原始缅彝语的“土”构拟为 *m̥hre,[①] 与“天地”的“地”是同一个形式，“旱地”的“地”是 *ʒha。土家语的 li^{55}“地”，za^{55}“地”，zo^{55}“土，地（旱地）”与缅彝语这个词的两个形式分别对应。“土，地”这两种语音表现方式在深层还存在对应，这是汉藏语的一个重要特点。

（二）语义演变类型

1. 具象“地（土地）”与抽象“地（天地）”

南部方言里，抽象的“地”与具象的“地”为一个语音形式，北部方言里的形式有分别。

2. “地”与“土”

土家语“地”与“土”关系密切。北部方言里，li^{55} 义为“天地的地”，phɨe^{35}thi^{55} 为“旱地的地”。zo^{55} 义为“旱地”，又泛指“土”。南部方言里，则没有了土地之地与天地之地的区分，za^{55} 既表示具体的“土地”，又表示抽象的“天地的地”。

3. “地”与“山”

土家语里耕种的“地”与“山，山地”密切相关。

---

① 李永燧：《缅彝语音韵学》，836 页，北京，社会科学文献出版社，2011。

九、云（cloud）

“cloud 云”居“百词表”第 80 位。

（一）词源分析

1.“云”

北部方言：坡脚话 mə^{24}la^{55}uŋ^{21}，他砂话 mɤ^{35}lã^{55}wu^{21}，龙山话 mɨe^{35}la^{55}ɣu^{21}//mɯe^{35}la^{55}ɣoŋ^{21}，保靖话 mie^{35}phu^{55}li^{55}，永顺话 me^{24}laŋ^{24}oŋ^{44}，古丈话 mɯe^{35}lã^{55}uŋ^{21}。

南部方言：yin^{21}dɯ^{21}bo^{33}。

南北方言都是合成词，mɨe^{35} 义为“天”，mɯe^{35}la^{55} 义为“太阳”，尾音节 ɣũ^{21}、ɣoŋ^{21} 或 uŋ^{21}。起首辅音 ɣ，就实际音值和音位系统理论而言，这个声母的设置是可以讨论的。在土家语的实际使用中，这个声母已不稳定，时有脱落现象。韵母是鼻化韵还是 -ŋ 韵尾，主要源于记音人处理方式的差异。yin^{21} 为汉语借词“云”，土家语里没有前高圆唇元音 -y，汉语撮口呼音节借入土家语，以及操土家语人说汉语撮口呼音节时，将元音 -y 自然转换成土家语固有的前高不圆唇元音 -i。汉语借词“云”的实际音值为 in^{21}。

2.“阴”

北部方言：坡脚话 uo^{24}//mə^{24}lu^{55}，他砂话 wo^{35}，龙山话 wo^{35}//lu^{35}//lau^{21}thai^{35}，仙仁话 mɔ^{35}，保靖话 mie^{35}wu^{35}。

南部方言：dza^{35}//mɯe^{33}dza^{35}。

南北方言中，这个词都是单音节形式与双音节合成形式共存。wo^{35} 的实际音值为 uo^{24}，意为“阴，暗”，如形容词 wo^{35}khɯ^{55}khɯ^{55}“暗（屋子很暗）”。uo^{24} 还有一个近义词 u^{33}//wu^{35}，指“暗，阴暗的地方，阴森可怕之处”。合成词 lau^{21}thai^{35} 中，lau^{21} 义为“太阳”，thai^{35} 义为“没有”。

dza^{35} 义为“阴，暗”，如 tsha^{33}te^{21}dza^{35}“屋子暗”，mɨe^{21}lo^{35}dza^{13}“天阴”。合成词 mɯe^{33}dza^{35} 中，mɯe^{33} 义为“天”，dza^{35} 义为“暗”。

土家语北部方言 uo^{24}//wu^{35}//lu^{35}//mɔ^{35}“阴，暗”可以与以下藏缅语的“云”进行比较：墨脱门巴语 muk pa，喜德彝语 m̩（u）^{33}ti^{33}，傈僳语 mu^{44}ku^{55}，豪白哈尼语 u^{31}tu^{55}，基诺语 mɯ^{33}tjɐ^{33}，碧江白语 mɯ^{21}ko^{42}，载瓦语 mu̠t^{55}mau^{55}，义

都珞巴语 ɑ⁵⁵mu⁵⁵。

白保罗对藏－缅语中这个词的论述："藏语 smuʔ-ba'雾'，克钦语 mu'有云的，天，雷和闪电'，ləmu（考里方言 məmu）'天'，怒语 mu'天'（mru'被闪电侵袭'），缅语 muì（gh）'天；云，雨'（-gh 是研究词源的成果）；还参见缅语 muì'盖，在头顶上撑开（如伞）'，amuì'屋顶'（藏－缅语 *r-muw）。"①

土家语北部方言 uo²⁴//wu³⁵//lu³⁵//mɔ³⁵"阴，暗"可以与以下藏缅语的"阴"进行比较。

"阴（天）"：错那门巴语 lup¹³，缅文 mo³um¹，缅语 mo⁵⁵õ⁵³，喜德彝语 m(u)³³ ŋo³³，弥勒彝语 mu²¹dɯ̱³³，纳西语 mɯ³³lv³³lv³³，傈僳语 nɛ⁴⁴mɯ³⁵，福贡怒语 mu²⁵³ɖɯ²⁵³，扎巴语 kə³⁵mu⁵³，景颇语 muŋ³³，苏龙珞巴语 lɯ³³。

"天阴"：缅文 mo³um¹，缅语 mo⁵⁵õ⁵³，喜德彝语 mu³³ŋo³³，墨江哈尼语 u³¹na³³na³³，拉祜语 nu⁵³nɑ⁵⁴。

白保罗对藏－缅语中这个词的论述："列普查语 so muŋ（＝so muk）'阴天'，克钦语 muŋ'多云的，阴沉的'，缅语 hmuiŋ'阴沉的，萎靡不振的'，hmuìŋ'很暗'来自藏－缅语 *mu·ŋ，是 *muk 的一个同源异形词。"②

南部方言 mɯe³³dza³⁵"天阴"与以下藏缅语的词义和组合方式相类或相似。

"阴（天）"：尔苏语 mɛ³³ŋa⁵⁵，史兴语 mɐ³³zɑ⁵⁵，桃巴普米语 mə⁵⁵dʐɐ³⁵mə⁵³，哈雅哈尼语 tshø³¹，阿昌语 tʂau³⁵，载瓦语 tsau⁵⁵，浪速语 tap⁵⁵。

"天阴"：羌语 mə dzə zdɑ，兰坪普米语 mɤ⁵⁵dʐõ¹³，道孚语 zdo，吕苏语 me³³ŋæ⁵³，武定彝语 mɣ̩³³dʑɑ̱²，撒尼彝语 m̩¹¹dʑe³³，纳西语 mɯ³³dzɑ³³，纳木兹语 mu⁵³zʉ⁵³。

还可以与羌语 zdɑm、嘉绒语 zdɛm、道孚语 zdo、波拉语 tʃa̱m⁵⁵、克伦语 da³¹ɤ³¹"云"进行比较。

D. 布莱德雷构拟的原始彝语支"云"就有两个语音形式：*mo¹//*C-dim¹，*mo¹形式依据傈僳语 mu⁻⁵ti³、普诺伊语 mò thàm、比傈语 mɤ́j、阿卡语 m$_V$dm^V、姆比语 muʔ³"阴天"、共同拉祜语 *mo$_V$ 同源形式，*C-dim¹ 形式依据傈僳语 mu³ku¹、普诺伊语 mò thàm、比傈语 mɤ́j、阿卡语 tm$_V$、姆比语 fal"云"。原始彝语支

① ［美］P.K. 本尼迪克特：《汉藏语言概论》，乐赛月、罗美珍译，156 页，北京，中国社会科学院民族研究所，内部资料，1984。

② ［美］P.K. 本尼迪克特：《汉藏语言概论》，乐赛月、罗美珍译，80 页，北京，中国社会科学院民族研究所，内部资料，1984。

“天”*mo^{2}。①

（二）语义演变类型

1.“云”与“天”

云往往依附于天空，这两个词也相关。土家语 mɯe^{35}la^{55}ɣoŋ^{21}“云”与 mɯe^{35}“天（空）”有关系，同族词“阴”单音节词形式 dza^{35} 与由 mɯe^{33}“天”派生出来的合成形式 mɯe^{33}dza^{35} 并存。

2.“云”与“阴（天）”

mɯe^{35}la^{55}ɣoŋ^{21}“云”与 mɯe^{33}dza^{35}“阴”是同族词，都与 mɯe^{35}“天”相关。

十、烟（smoke）

“smoke 烟”居“百词表”第 81 位。

（一）词源分析

北部方言“烟（炊烟）”：坡脚话 khə^{24}kha^{33}，他砂话 khɤ^{35}kha^{53}，龙山话 khɨe^{55}kha^{21}//khɯe^{35}kha^{21}，仙仁话 khɯə^{33}khɯə^{54}，古丈话 khəu^{55}kha^{21}。

南部方言“烟（炊烟）”：kɨe^{55}sa^{21}//khɯe^{55}sa^{21}。

南北方言内部语音形式比较一致，共同语形式应该是 *khuk。

藏缅语族语言中，土家语与羌语支、缅语支、彝语支语言、门巴语、景颇语以及其他未定语支语言普遍有着语音对应关系。

“烟（烧火出烟）”：错那门巴语 me^{35}kun^{55}，墨脱门巴语 mu gu，桃坪羌语 mə^{31}khuə^{55}，箐花普米语 skhiɯ^{13}，嘉绒语 tɐ khə，道孚语 mkhə，却域语 ʂ̥khɯ^{55}，扎坝语 khə^{55}li^{33}，尔龚语 mkhɯ lɯ，木雅语 mũ^{35}khɯ^{55}，扎巴语 khu^{53}，史兴语 ɲ̥ɜ^{33}khuɜ^{53}，吕苏语 me^{33}nkhɯ^{53}，尔苏语 mɛ^{33}ŋkhɛ^{35}，纳木义语 mu^{55}ŋkhu^{33}，缅文 mi^{3}kho^{3}，缅语 mi^{55}kho^{55}，载瓦语 mji^{21}khau^{21}，浪速语 mji^{35}khuk^{55}，勒期语 mji^{33}khou^{55}，怒苏怒语 mi^{55}khɯ^{55}，喜德彝语 mu^{33}ku^{33}，巍山彝语 ˀm̩^{21}khu^{21}，大方彝语 m̩(u)^{33}kɯ^{33}，南华彝语 ᴀ^{55}khɯ^{33}，墨江彝语 ᴀ^{55}khɯ^{33}，傈僳语 mu^{31}khu^{31}，丽江纳西语 mɯ^{55}khɯ^{31}，

① ［澳］D. 布莱德雷：《彝语支源流》，乐赛月、陈康、鲁丁译，374 ~ 375 页，成都，四川民族出版社，1992。

拉祜语 $mu^{53}qhɔ^{53}$，碧江怒语 $khɯ^{55}$，景颇语 $wan^{31}khut^{31}$，达让僜语 $mɑ^{31}khɯɯ^{53}$，格曼僜语 $tɑ^{31}khɯi^{51}$，义都珞巴语 $khɯɯ^{53}$，纳木兹语 $mu^{55}nkhu^{31}$，嘎卓语 $m^{35}khv^{31}$，克伦语 $me̠^{31}u̠^{55}khɯ^{31}$。

如此广泛的语音相似和相近，应该不是偶然。前辈学者们的研究也与这广泛的对应结果一致。D. 布莱德雷对彝语支源流的研究结果、李永燧对缅彝语言音韵研究的研究结果都与以上广泛语音对应结果一致。

D. 布莱德雷构拟的原始彝语支 $*ko^2$，共同拉祜语 hk^1uh^{V}，在缅语 mui: hkui:、傈僳语 mu^5hku^5、普诺伊语 bə́khàw、比傈语 bì khàw、阿卡语 $u_V\ k^1oe_V$、姆比语 mi^2khwi^2、共同拉祜语中出现同源形式。①

李永燧构拟的原始缅彝语“(火)烟”为 *qhoh。②

白保罗对藏－缅语中这个词分布的讨论也支持以上结果。“藏拉语 mu-gu，特博尔语和布南语 khu，瓦尤语 ku-lu，巴兴语 ku-ni，林布语 me-ku，迪加罗语 nəmiŋ-khu~-khau，米里语 nikki（阿博尔语 muikü），怒语 məö（未阐明声母的丢失），缅语 mì -khuì~ăkhuì，加罗语 wal-ku，卢舍依语 mei-khu‘烟’，克钦语 wan-khut‘烟’，wan-k hut khu‘吸烟’；藏－缅语 *kuw(注意一般使用在与带‘火’的词组成的复合词里)。”③

再来对比汉语材料。“炱”*g · lɯɯ。《说文》：“炱，灰炱煤也。”段玉裁注：“《通俗文》曰，积烟曰炱煤。《玉篇》曰，炱煤，烟尘也。《广韵》曰，炱煤，灰入屋也。”

缅文 $khɯ^3$“烟，烟雾”(《词典》103)。《缅甸馆译语 · 杂字》用“阿叩”来对译，这个缅文字作 $a^1khɯ^3$“汽，烟，雾”。

综上，土家语“烟”与汉语、藏缅语族语言存在着广泛的语音对应关系。

(二)语义演变类型

“烟”，暂未在土家语里找到更多的语义演变线索，暂不讨论。

---

①［澳］D. 布莱德雷：《彝语支源流》，乐赛月、陈康、鲁丁译，376 ~ 377 页，成都，四川民族出版社，1992。

② 李永燧：《缅彝语音韵学》，878 页，北京，社会科学文献出版社，2011。

③［美］P.K. 本尼迪克特：《汉藏语言概论》，乐赛月、罗美珍译，62 页，北京，中国社会科学院民族研究所，内部资料，1984。

十一、火（fire）

“fire 火”居“百词表”第 82 位。

（一）词源分析

1. “火”

北部方言：坡脚话 mi^{33}，他砂话 mi^{53}，龙山话 mi^{55}，仙仁话 mi^{54}，保靖话 mi^{55}，永顺话 mi^{44}，古丈话 mi^{55}。

南部方言：mi^{55}。方言内部没有形式差别。

比较藏缅语族各语言“火”：藏文 me，拉萨藏语 me^{13}，错那门巴语 me^{13}，墨脱门巴语 mi，麻窝羌语 mə，桃坪羌语 mi^{33}，普米语 mɐ^{35}，嘉绒语 tə mtʃik，尔龚语 wmɯ，木雅语 mə^{53}，扎巴语 mɐ^{35}，贵琼语 mi^{33}tɑ^{53}，尔苏语 mɛ^{55}，纳木义语 mi^{55}，史兴语 ȵɛ^{35}，喜德彝语 m(u)^{21}tu^{55}，纳西语 mi^{33}，碧卡哈尼语 mi^{33}tsɔ^{31}，拉祜语 ᴀ^{31}mi^{31}，基诺语 mi^{33}，缅文 mi^{3}，缅语 mi^{55}，阿昌语 poi^{31}，载瓦语 mji^{21}，浪速语 mji^{35}，波拉语 mi^{31}，勒期语 mji^{33}，怒苏怒语 mi^{55}，纳木兹语 mi^{51}，克伦语 mə̠^{31}，福贡怒语 tɕhɛ^{31}mi^{55}，碧江怒语 mi^{55}，独龙语 tɯ^{31}mi^{55}。

土家语与藏语支、羌语支、缅语支、彝语支及其他藏缅语有着广泛的语音形式相同或相似关系，这应该是语音对应关系。

从前辈学者研究的成果来看，土家语与缅彝语更接近。D. 布莱德雷构拟的原始彝语支“火”*C-mi^{2}，共同拉祜语形式 *mi，在缅语 mi:、普诺伊语 bì、比倮语 bì thɔ、阿卡语 mi$_{V}$ dza$_{V}$、姆比语 mi^{2} 中出现同源形式。①

李永燧构拟的原始缅彝语“火”有两个音节形式，“火$_{1}$”为 *mhih。②

白保罗构拟的藏 – 缅语元音 -ey，一般的对应：藏语 -e，克钦语 -i，缅语 -i，加罗语 -e，迪马萨语 -ai，卢舍依语 -ei。③ 参见“词根藏语 me，卡瑙里语 me，嘉绒语 timi，巴兴语 mi，怒语 thəmi，缅语 mì，卢舍依语 mey，米基尔语

① ［澳］D. 布莱德雷：《彝语支源流》，乐赛月、陈康、鲁丁译，374 ~ 375 页，成都，四川民族出版社，1992。

② 李永燧：《缅彝语音韵学》，847 页，北京，社会科学文献出版社，2011。

③ ［美］P.K. 本尼迪克特：《汉藏语言概论》，乐赛月、罗美珍译，58 ~ 67 页，北京，中国社会科学院民族研究所，内部资料，1984。

me‘火’，克钦语 myi-phrap‘闪电’（火光），myi-than tu‘萤火虫’（藏 – 缅语 *mey）。”①

吴安其认为藏文 me，缅文 mi^3 来源于 *mel，构拟的原始藏缅语“火”为 *məl 或 *mər。②

汉语材料：“焜”*hmɯ̆lʔ。《说文》：“焜，火也。诗曰：王室如焜。”段玉裁注：“今诗作燬。”陆德明《经典释文》：“或云：楚人名火曰燥，齐人曰燬，吴人曰焜。此方俗讹语也。”郑张尚芳拿汉语“焜”和缅文、藏文比较，并认为汉语的“焜”*hmɯlʔ* 通“燬”，义兼名动。③“燬”*qhwr ǎ lʔ，元音交替，可能有形态上的变化。④

2.“烧”

北部方言：坡脚话 u^{24}，他砂话 lo^{35}，龙山话 wu^{35}，仙仁话 $nɔ^{33}//wu^{54}$，永顺话 lo^{21}，古丈话 lo^{21}。

南部方言：$ʔɯ^{55}$。

“烧火”：坡脚话 $mi^{33}lo^{35}//mi^{55}u^{35}$，他砂话 $mi^{53}lo^{35}$，仙仁话 $mi^{54}nɔ^{33}$，永顺话 $mi^{44}lo^{21}$，古丈话 $mi^{55}lo^{21}$。

北部方言中，坡脚话 $kɯ^{21}$“着火，发烧”，仙仁话 $kɯ^{33}$“燃烧”、$kɯə^{33}$“烧焦”。

（二）语义演变类型

“火”，暂未在土家语里找到更多的语义演变线索，暂不讨论。

十二、灰（ash）

“ash 灰”居“百词表”第 83 位。

---

① ［美］P.K. 本尼迪克特：《汉藏语言概论》，乐赛月、罗美珍译，67 页，北京，中国社会科学院民族研究所，内部资料，1984。

② 吴安其：《汉藏语同源研究》，184 页，北京，中央民族大学出版社，2002。

③ 郑张尚芳：《汉语与亲属语同源根词及附缀成分比较上的择对问题》，见郑张尚芳：《郑张尚芳语言学论文集》，713 ~ 730 页，北京，中华书局，2012。

④ 黄树先：《汉缅语比较研究》，178 页，武汉，华中科技大学出版社，2003。

（一）词源分析

1.“灰”

北部方言“灰，草木灰”：坡脚话 $pu^{22}tsh\eta^{24}$，他砂话 $pu^{21}tsh\eta^{21}$，龙山话 $pu^{21}tshi^{35}$，仙仁话 $pu^{21}tsh\eta^{35}$，保靖话 $pu^{21}tshi^{21}$，古丈话 $pu^{21}tshi^{35}$。

南部方言“灰，草木灰”：$mu^{13}tshi^{55}$。

南北方言语音形式基本一致，双唇首辅音 p- 和 m- 交替。

藏缅语中“草木灰”这个词的分布：错那门巴语 pla^{53}，麻窝羌语 tɕi çi buʐ，桃坪羌语 $mə^{33}bzi̥^{241}$，独龙语 $ɑ^{31}pɑ^{53}$，阿侬怒语 $phɯ^{31}iɛ^{31}$，缅文 $prɑɑ^{2}$，缅语 $pjɑ^{22}$，克伦语 $pha^{31}tsha^{55}$。

白保罗的材料：“列普查语 muk‘野草，垃圾’，米里语 pömuk‘灰尘’，缅语 ăhmuik‘垃圾，灰尘’（藏－缅语 *mu · k）。”[①]

李永燧构拟的原始缅彝语“（草木）灰”有两个音节形式：“（草木）灰$_1$”为 *lhua，“（草木）灰$_2$”为 *mhăp。[②]

吴安其构拟的原始藏－缅语“（草）灰”为 *pla。[③] 与白保罗的这些材料一致：“缅语 pra，米基尔语 phelo < phla，加罗语 tapra，迪马萨语 thapla‘灰烬’（藏－缅语 *pla）。”[④]

土家语 $pu^{21}tsh\eta^{35}$“灰”可以与汉语的“灰”“炱”进行比较：“灰”*mqhwɯɯ，《说文》：“灰，死火餘熜也。”

2.“尘土”

北部方言“土（干土）”：龙山话 $pa^{21}tsi^{35}$//$phɯe^{35}thi^{55}$，仙仁话 $pa^{33}la^{55}$，保靖话 $phe^{35}thi^{53}$。

南部方言“土（干土）”：$mu^{21}tshie^{21}$。

土家语的“灰”与“土”关系密切，南北各方言里的“灰”与“土”的形式都只是语音内部屈折以示区别。北部方言中，zo^{55}、li^{53} 表示“田土”的“土”“土地”。

① ［美］P.K. 本尼迪克特：《汉藏语言概论》，乐赛月、罗美珍译，80 ~ 81 页，北京，中国社会科学院民族研究所，内部资料，1984。

② 李永燧：《缅彝语音韵学》，847 页，北京，社会科学文献出版社，2011。

③ 吴安其：《汉藏语同源研究》，184 页，北京，中央民族大学出版社，2002。

④ ［美］P.K. 本尼迪克特：《汉藏语言概论》，乐赛月、罗美珍译，37 页，北京，中国社会科学院民族研究所，1984。

土家语 pu^{21}tshɿ^{35}“灰”、phɯe^{35}thi^{55}“土”可以与藏缅语“尘土”进行比较：墨脱门巴语 phur tsi，九龙普米语 tʃɑ^{55}pu^{55}lɛi^{11}，吕苏语 phu^{33}li^{53}，景颇语 num^{55}phu^{51}。

另一个土家语词 khɤ^{55}la^{55}“烟尘，烟熏后的尘挂”，当地汉语方言称之为“烊尘”，也可以与藏缅语“尘土”进行比较：藏文 thal ba，拉萨藏语 thɛ^{55}la^{55}，达让僜语 khɯ^{31}lɑi^{55}khɑu^{53}，喜德彝语 khu^{21}dzɿ^{55}，巍山彝语 khu^{21}tshɑ^{55}，南华彝语 khu^{21}çi^{33}thu^{21}。

土家语 khɤ^{55}la^{55}“烟尘，烟熏后的尘挂”这个词还可以与汉语“炱”比较：“炱”*g · lɯɯ。《说文》：“炱，灰炱煤也。”段玉裁注：“《通俗文》曰，积烟曰炱煤。《玉篇》曰，炱煤，烟尘也。《广韵》曰，炱煤，灰入屋也。”

（二）语义演变类型

土家语 pu^{21}tshɿ^{35}、mu^{13}tshi^{55}“灰”与 pa^{21}tsi^{35}、mu^{21}tshie^{21}“尘土”紧密相关，语音形式以语音内部屈折方式区别意义。

十三、路（path）

“path 路”居“百词表”第 85 位。

（一）词源分析

1.“路”

北部方言：坡脚话 la^{55}，他砂话 la^{53}，龙山话 la^{55}，仙仁话 la^{54}，保靖话 la^{53}，永顺话 la^{51}。

南部方言：lo^{33}//lo^{55}xo^{21}。

吴安其认为，开、闭音节中原始藏缅语 *a 元音在不同语支中还是以 *a 的面貌出现；原始藏缅语 *o，在缅语支和景颇语支主要对应 *o 和 *a。一些动词，在原始景颇语、原始缅语中读作 *a 而在藏羌语读 o 的，原始藏缅语应该是 *a 元音。① 藏缅语中 *a 演变为 *o 是主要的，*o 演变为 *a 是较少的。土家语 a 和 o

① 吴安其：《汉藏语同源研究》，173 ~ 176 页，北京，中央民族大学出版社，2002。

的演变能够印证以上结论。① 因此，早期共同土家语“路”应为 *la。

土家语 *la “路”与藏缅语族藏语支、缅语“路”语音形式相同或相似：藏文 lam，拉萨藏语 $lam^{13}//laŋ^{13}ka^{52}$，巴塘藏语 lam，夏河藏语 lam，错那门巴语 $lem^{35}taŋ^{55}$，墨脱门巴语 lam，缅文 $lɑm^{3}$，缅语 $l\tilde{ɑ}^{55}$，景颇语 lam^{33}，格曼僜语 $bloŋ^{35}//lɑm^{55}$，博嘎尔珞巴语 lamtə。

土家语 *la “路”不与彝语支语言的语音形式相似，与 D. 布莱德雷构拟的原始彝语支形式 ʔ-ga（ŋ）[1] “小道 / 路”也不对应。②

但是，李永燧构拟的缅彝语古音“路”有两个形式：*Ghra “$路_{1}$”，*lamh “$路_{2}$”。③ 第二个形式 *lamh 应该是参照了缅语形式推出的，第一个形式 *Ghra 应该是彝语支共同的舌根塞音集合。这里，土家语应该与缅语有语音对应关系。

吴安其认为缅文 $lɑm^{3}$ 来源于 lam-g，他构拟的原始藏缅语“路”为 *g-lam。④

据上，土家语 *la “路”与藏缅语有对应关系。

再比较白保罗的讨论：“藏语 lam，克钦语 lam，缅语 làm，加罗语 ram-a ‘路’，怒语 lam ‘边，方向’，卢舍依语 lam ‘道路，方向，地方’，lam-lian ‘路’（lian ‘大’）（藏 – 缅语 *lam）。” ⑤

2. “来”

土家语的 *la “路”与藏缅语言里的“来”语音形式高度相似：错那门巴语 ra^{35}，木雅语 $rɐ^{53}$，吕苏语 $læ^{31}$，缅语 $lɑ^{22}$，仙岛语 $lɔ^{55}$，载瓦语 le^{55}，浪速语 $lɔ^{31}$，波拉语 la^{55}，勒期语 $le{:}^{55}$，怒苏怒语 la^{33}，喜德彝语 $lɑ^{33}$，巍山彝语 la^{55}，南华彝语 le^{33}，傈僳语 $lɑ^{33}$，绿春哈尼语 la^{55}，墨江哈尼语 $lɔ^{55}$，拉祜语 $lɑ^{31}$，基诺语 $lɔ^{42}$。

汉语旅 *răʔ，《广雅 · 释诂》：“旅，客也。”

缅文 laa^{2} “来”（《词典》842）；laa^{3} “去，到”（《词典》842）。《白狼歌》“闻风向化”，用汉字“徵衣随旅”来对译；“携负归仁”用汉字“踪优路人”来对

① 张军：《土家语语音研究》，152 ～ 167 页，香港，香港科技大学博士学位论文，2006。

② ［澳］D. 布莱德雷：《彝语支源流》，乐赛月、陈康、鲁丁译，390 ～ 391 页，成都，四川民族出版社，1992。

③ 李永燧：《缅彝语音韵学》，854 页，北京，社会科学文献出版社，2011。

④ 吴安其：《汉藏语同源研究》，191 页，北京，中央民族大学出版社，2002。

⑤ ［美］P.K. 本尼迪克特：《汉藏语言概论》，乐赛月、罗美珍译，28 页，北京，中国社会科学院民族研究所，内部资料，1984。

译。郑张尚芳认为这里的“旅”*ra、“路”*raah 记录的就是缅文的 laah“赴，往”，和汉语的“旅”* ra、藏文 Hgro 对应。[1]

汉藏语中，名词同时作动词，即事物名称词，又用作指称该事物动作的用法比较普遍。例如，“行”既指称“道路”，《尔雅·释宫》“行，道也。”《诗经·豳风·七月》：“女执懿筐，遵彼微行。”孔颖达疏：“行，训为道也。步道谓之径，微行为墙下径。”《说文》：“行，人之步趨也。”“行”也表示动作“行走”义，《释名·释姿容》：“两足进曰行。”《诗经·唐风·杕杜》：“独行踽踽，岂无他人？”《墨子·公输》：“行十日十夜，而至于郢。”[2]

土家语中，这类既作名词又作动词的用法也很普遍，例如：mɤ^{35}tsɤ^{21} 既指“雨”，名词，也表示“下雨”，动词。tsɤ^{35} 指称“嘴巴”，也表示“讲（话），告诉”的意思。khɤ^{35}kha^{53} 指称“烟”，也表示动词“使烟（由于烟的刺激使眼睛流泪或睁不开）”的意思。niɛ^{35}piɛ^{53} 既指“瞌睡，睡意”，也表示“打瞌睡”。

因此，土家语的 *la“路”很有可能用作动词“行路，来”，与以上藏缅语中的“来”语音形式一致，形成语音对应关系。

李永燧构拟的缅彝语“来”的古音也有两个形式，“来$_{1}$”为 *la，“来$_{2}$”为 *leʔ。[3] 土家语材料支持此拟测。

（二）语义演变类型

土家语 la^{55} 除了“道路”的意思，还作为语素，与其他语素合成构词，指称条状物。

北部方言“舌”：龙山话 ji^{35}la^{55}，仙仁话 ʑi^{33}la^{54}//ʑi^{33}la^{54}tɕɛ̃ ^{54}tsɿ^{33}（半借）。

ɣ-e^{35}la^{35}“绳子”， tɕhi^{33}la^{35}“裹腿”，

phe^{55}la^{55}“蚂蟥”，khuai^{35}tɕhi^{55}la^{55}“蚯蚓”，ɕe^{55}tɕi^{21}la^{35}“蜈蚣”，tshe^{21}la^{21}“沟（水渠）”，

tɕi^{55}la^{21}“根”，thu^{21}la^{35}“茎”，

pi^{35}la^{55}“肠子”，ẽ^{35}tɕhi^{55}la^{55}“鼻涕”，

① 郑张尚芳：《上古缅歌——〈白狼歌〉的全文解读》，见郑张尚芳：《郑张尚芳语言学论文集》，671 ~ 700 页，北京，中华书局，2012。

② 《汉语大字典》编辑委员会编纂：《汉语大字典》，872 页，成都，四川辞书出版社，2010。

③ 李永燧：《缅彝语音韵学》，852 页，北京，社会科学文献出版社，2011。

南部方言“舌”：dzi^{21}la^{21}。

十四、山（mountain）

“mountain 山”居“百词表”第 86 位。

（一）词源分析

土家语里有关“山”的词很多，可以分南北方言来讨论。

1. 北部方言

一组关于“山”的词：khu^{55}tsha^{55}“山”，khu^{55}“山包”之义，一般不单用。khu^{55}le^{55}“山坡”，khu^{55}za^{55} 比山包大点的“山”，khaŋ^{22}khu^{55}“山里，野外”，khu^{55}tɕi^{22}“山脚”，khɤ^{55}xau^{55}“山坳”，kɤ^{55}xa^{53}“山坳上”。

这一组词都是双音节词，词根为 khu^{55}，如合成词 su^{24}mu^{55}$_{祖先}$khu^{55}“地名，祖先山，祖先坨”。

khu^{55} 这个词可以与多种彝语支语言“山”进行比较：巍山彝语 khu̠^{55}dʐɑ^{21}，南华彝语 ɣo^{21}me^{21}，南涧彝语 khu̠^{55}dʐʅ^{21}，傈僳语 ko̠^{33}，墨江哈尼语 kv̩^{31}tʃv̩^{31}，拉祜语 qhɔ^{33}，基诺语 ɣɯ^{31}tha^{55}。从这些对应的或相似的语言形式来看，土家语与彝语支语音相近。

还可以与藏缅语“山谷”进行比较：扎巴语 khui^{55}，景颇语 khjet^{31}，格曼僜语 giuŋ^{53}，义都珞巴语 ɑ^{31}goŋ^{55}，仙岛语 a^{31}khʐo^{ʔ55}，怒苏怒语 khua^{55}，基诺语 a^{44}khro^{33}。

参照彝语支源流研究成果，土家语与原始彝语支有语音对应关系。D. 布莱德雷构拟的原始彝语支“山”为 *kaŋ^{1}，并且在缅语 toŋ//hkaŋ、阿卡语 gaw$_{\vee}$ jaw$_{\vee}$、共同拉祜语 *hk^{1}aw: 中出现同源形式。①

土家语 khu^{55} 与李永燧构拟的缅彝语“山谷”*khuŋh 语音对应。②

白保罗认为原始藏 – 缅语的“山冈”是 *s-g[a,a.]ŋ ：藏文 sgaŋ“山上突出的

---

① ［澳］D. 布莱德雷：《彝语支源流》，乐赛月、陈康、鲁丁译，372 ~ 373 页，成都，四川民族出版社，1992。

② 李永燧：《缅彝语音韵学》，864 页，北京，社会科学文献出版社，2011。

部分或山梁”，缅文 khaŋ＜*[s-g]aŋ，原始汉－藏语 *s-ga.ŋ。[①]

土家语 khu^{55} 可以与汉语“冈”进行比较：“冈” *klaaŋ。《说文》：“冈，山骨也。”

缅文材料显示，缅文与汉语一致，舌根清塞音声母，主要元音为 *a，与土家语北部方言有对应关系。缅文 $khaŋ^{2}$“土岗，丘陵”（《词典》108）。$khaŋ^{2}rɯ^{3}$“丘陵地带，山冈”（《词典》108）。

2. 南部方言

“山”：za^{55}。

南部方言里 za^{55} 又义为“地（天地）”“土，土地”，北部方言里与之相对应的词是 zo^{55}“土，土地”。土家语的“土”“地”与“田”和“山”在语源上是相关的[②]。土家族主要生活在山区，在土家语里，“山”与“地”关系密切，可耕种之地往往是开荒山、伐木烧沙开辟出来的。当地汉语方言里，说“山里”也还有“山地”之意，比如，“我山里的工夫还没做完。”

（二）语义演变类型

1. “山”与山体部分

山体部分名称由“山”派生出来：$khu^{55}le^{55}$“山坡”，$khu^{55}a^{21}tsha^{21}$“崖”，$khu^{53}tsa^{53}tɕi^{21}tha^{21}$“山脚”，$khu^{53}tsa^{53}ka^{21}$“岗”。

2. “山”与“山地”

土家语南部方言 za^{55} 既表示“山”，也表示“地（天地）”“土，土地”。

十五、夜（night）

“night 夜”居“百词表”第 92 位。

时令、时间类词“夜”与宇宙天地间的两个天体太阳和月亮紧密相关。因此，我们讨论“夜”这个词之前，先梳理“太阳”“月亮”这两个词。

南部方言“太阳”：$lo^{35}ji^{55}$//$lo^{35}ji^{33}dɯ^{13}$，“月亮”：$lo^{35}ɕi^{55}$//$lo^{35}ɕi^{55}dɯ^{13}$。北

① ［美］P.K. 本尼迪克特：《汉藏语言概论》，乐赛月、罗美珍译，459 页，北京，中国社会科学院民族研究所，内部资料，1984。

② 熊英：《土家语的“土”与“地”》，载《语言研究》，2021（4），118～122 页。

部方言“太阳”：lau^{21}tshi^{21}//lau^{21}。

南部方言中，“太阳”“月亮”语音形式很接近，只是以内部语音屈折的方式稍加区分，两者共同来源于 *lak。单音节词根 no~lo“太阳”可能来自 *la。北部方言仙仁话中，mɯe^{35}la^{55}、nɔ^{35}“太阳”两个语音形式并存，也可以解释这一点。

*lak 还发展出“时间”的意思，南部方言里，以下表示“时间”的词，大多由 *la 派生出来：la^{35}lo^{55}su^{21}“白天”，la^{35}lo^{55}su^{21}“早晨”，lo^{35}tu^{33}ȵie^{21}“中午”，la^{33}phɯe^{35}tɯi^{21}“晚上”，dʑia^{21}a^{21}lan^{35}“现在”，ta^{33}a^{21}lan^{35}“从前”。

（一）词源分析

土家语里，表示“夜”的词有一组：

“黄昏”：龙山话 la^{21}jie^{35}xu^{55}，他砂话 la^{21}tai^{21}，仙仁话 nã^{33}tshɛ^{55}。

北部方言“晚上”：龙山话 lan^{35}jin^{55}tshai^{55}//tɯi^{21}lan^{21}tshi^{55}tshai^{55}，坡脚 lan^{22}tshʅ^{55}tshə^{55}//nan^{22}tshʅ^{55}tshai^{55}，他砂话 lã^{21}tɕhi^{55}//la^{21}jiau^{35}，仙仁话 na^{33}ʑɔ^{35}，古丈话 lo^{35}jo^{55}。南部方言“晚上”：la^{33}phɯe^{35}tɯi^{21}。

北部方言“夜里”：龙山话 nã^{21}tshi^{55}tshai^{55}//lan^{21}tɕhi^{53}tshai^{21}。南部方言“夜里”：la^{21}phɨe^{21}te^{55}。

“明晚”：仙仁话 nɔ^{33}tɕi^{33}phɛ$^{35/55}$。

“今晚”：龙山话 la^{21}thie^{35}，他砂话 la^{21}thiɛ^{21}，仙仁话 na$^{33/31}$thie^{35}。

“昨晚”：龙山话 phei^{55}la^{55}，坡脚话 phei^{55}na^{22}，他砂话 phai^{53}lã^{21}，仙仁话 phɛ^{35}na^{33}。

土家语词根 la//lan 表达时间意义“夜，晚上”，la 来自汉藏语 la“月”，lan 与颜色“黑”相关①。la 还可以表示“晨”，南部方言 la^{35}lo^{55}su^{21}“早晨”。

白保罗对藏－缅语里这个词的讨论：切邦语 ya，怒语 ya，米里语 yo＜*ya，米基尔语 dzo＜*ya，但卢舍依语是 za · n＜*ya · n，塔多语 yan“夜”，藏－缅语 *ya。②

土家语“夜”可以与汉语的“夕”“夜”进行比较。

“夕”*ljaag//*sɢlak，《说文》：“夕，莫也。从月半見。”当“夜”讲，《诗经 ·

---

① 熊英：《土家语颜色词探源》，载《民族语文》，2020（1），90 ～ 96 页。

② ［美］P.K. 本尼迪克特：《汉藏语言概论》，乐赛月、罗美珍译，104 页，北京，中国社会科学院民族研究所，内部资料，1984。

唐风·绸缪》："今夕何夕，见此良人。"

"夜" *laags//*k-laks，《说文》："夜，舍也，天下休舍也。从夕，亦省聲。"《广雅·释言》："夜，暮也。"也指凌晨。《周礼·鸡人》："大祭祀，夜嘑旦，以嘂百官。"注："夜，夜漏未尽鸡鸣时也。"

汉语"夕""夜"跟汉藏语系表示月亮的"夕"来源相同，汉语"夕""夜"可以跟白保罗构拟的藏－缅语进行比较。

缅文 rak^{4}"日，天"(《词典》795)。《白狼歌》中"百宿到洛"，用汉字"理歴髭雒"对译。郑张尚芳认为，这里的"歴" *reeg 记录的就是缅文的 rak^{4}，和藏文的 zjag < ljag"(一) 夜"、汉语的"夜" * laags、"夕" *ljaag 对应。①

缅文 ȵa^{1}、缅语 ȵa^{53}"夜里"。

土家语 la"夜"与汉语、藏缅语、缅语语音对应，有亲源关系。

（二）语义演变类型

"夜"，是一个界限比较模糊的概念，土家语里与"夜""昏"相关的词也有多个，暂未确定哪个词是最基础的表示"夜"的词。因此，此处暂不讨论"夜"的语义演变问题。

第六节　颜色词

一、红（red）

"red 红"居"百词表"第 87 位。

（一）词源分析

土家语颜色词"红"可以分南北方言进行讨论。

① 郑张尚芳：《上古缅歌——〈白狼歌〉的全文解读》，见郑张尚芳：《郑张尚芳语言学论文集》，671～700 页，北京，中华书局，2012。

1. 北部方言

“红”：坡脚话 mian^{24}tɕie^{33}，龙山话 mian^{55}tɕie^{55}，他砂话 miã^{55}tɕiɛ^{55}，仙仁话 miɛ̃^{55}tɕɛ^{33}，永顺话 mia^{44}tɕie^{51}，古丈话 mian^{55}tɕe^{55}。坡脚话 mian^{24}tɕie^{33}“红色”，也可讲 mian^{55}tɕie^{55} 或 mian^{33}tse^{33}。

许多语言里的“红色”与“血”密切相关，如汉语、藏缅语。但是土家语的“血”与“红”不相关，“血”的语音形式如下表：

表 1–4　土家语中的“血”

词义	南部方言				北部方言		
	田德生等（1986）①	李敬忠（2000）	陈康（2006）	潭溪话	田德生等（1986）	陈康（2000）	坡脚话
血	me^{55}	mi^{21}mi^{21}	mie^{21}mie^{21}	mie^{22}mie^{22}	me^{21}me^{21}	mie^{53}	mie^{53}

土家语北部方言的“红”，可能和古汉语的“璊 / 䅬 / 虋”有关系。

汉语表示“红色”义的“璊”古音为 *muun/*mbun。《说文》：“璊，玉赬色也。禾之赤苗謂之䅬，言璊，玉色如之。”《诗经 · 王风 · 大车》：“毳衣如璊，”莫奔切。段玉裁注：“禾之赤苗謂之䅬。䅬即艸部虋字之或體。言璊玉色如之。虋声在十三部，与十四部㒼声最近，而又双声，此璊䅬字皆于虋得义也。”

藏语 dmar po“红”。藏语的这个形式与北部方言形式有相似，但两者之间，或者说与藏缅语族语言的关系，还待进一步考证。

2. 南部方言

“红”：bo^{33}ni^{13}。南部方言的“红”：田德生等记为 bo^{33}ni^{13}，李敬忠记为 bo^{33}ȵi^{13}，陈康记为 bo^{21}ȵi^{21}，② 笔者记录的潭溪话为 bo^{22}ȵi^{22}ku^{22}。

bo^{33}ni^{13}“红”可以与藏缅语的“红”进行比较：桃坪羌语 χ ȵi^{31}ȵi^{33}，桃巴普米语 ȵɛ^{55}mə^{53}，尔龚语 nɣiŋ nɣi，木雅语 ni^{55}ni^{33}，扎巴语 n̥i^{55}n̥i^{55}，贵琼语 ȵi^{55}xĩ^{55}，尔苏语 ȵi^{55}，喜德彝语 a^{33}n̥i^{33}，南华彝语 ȵi^{33}，弥勒彝语 ni^{33}//ni^{33}pɛ^{33}，傈僳语 ni^{33}，哈尼语 ȵi^{55}，拉祜语 ni^{35}，基诺语 a^{55}mɯ^{44}，缅文 ni^{22}，缅语 ni^{22}，载瓦语 ne^{51}，浪速语 nɛ^{31}。

---

① 表中仅注明语音形式的著作者及著作出版时间。以下表格同。

② 田德生、何天贞等编著：《土家语简志》，北京，民族出版社，1986；李敬忠：《泸溪土家语》，北京，中央民族大学出版社，2000；陈康：《土家语研究》，北京，中央民族大学出版社，2006。

上述藏缅语材料中，基诺语的 a^{55}mɯ^{44}“红”值得关注，似可与土家语 mie^{55}“血”对应。

根据缅语 ni、傈僳语 ni^{3}、普诺伊语 ʔá̃ hné、比傈语 ʔaŋ hnɛ́、阿卡语 nĕ、姆比语 nɤ^{5}、共同拉祜语 *ni: 等同源形式可将原始彝语支“红”构拟为 *ʔ-ni^{1}。①

李永燧构拟的缅彝语古音“红”为 *n̥hai。②

汉语材料：“赭”*tjaaʔ < *kljaaʔ。《说文》：“赭，赤土也。”“赪”*kh · lěŋ。《说文》：“赪，赤色也。”“赤”*khjăk。《说文》：“赤，南方色也。”

（二）语义演变类型

“红”，暂未在土家语里找到更多的语义演变线索，暂不讨论。

二、绿（green）

“green 绿”居“百词表”第 88 位。

（一）词源分析

1.“绿”

笔者记录的土家语北部方言表“绿色”的词有 ɕin^{24}ka^{55}“青”、ɕin^{24}ka^{55}tie^{21}“绿色、青的”、ɕin^{24}ka^{55}tan^{22}tan^{22}“绿油油”；南部方言有 ɕi^{22}iaŋ^{24}ku^{22}“绿”。ka^{55}、ka^{55}tie^{21} 的“颜色”义不固定，缀于颜色词“黑、绿”等之后，也可以缀于其他形容词之后，如 ka^{35}ka^{55}tiɛ^{21}“稀，稀疏”。

北部方言仙仁话中表示颜色的“绿”已借用汉语 lu^{33}，但保留了重叠式形容词 ɕĩ^{35}ka^{54}tõ^{33}tõ^{33}“绿油油”中的 ɕĩ^{35}ka^{54}“绿”。他砂话 ɕĩ^{35}ka^{53}“绿”。

“绿色”，田德生等记录的土家语北部方言为 lu^{35}ka^{55}，土家语南部方言为 lu^{21}。陈康记录的土家语北部方言有 lu^{35}ka^{55} 和 ɕin^{35}ka^{55}，南部方言为 lu^{33}。③

“绿”，土家语北部方言的词根为 ɕin^{24}//lu^{35}，南部方言的词根为 ɕi^{22}//lu^{21}//lu^{33}。

---

① ［澳］D. 布莱德雷：《彝语支源流》，乐赛月、陈康、鲁丁译，404 ~ 405 页，成都，四川民族出版社，1992。

② 李永燧：《缅彝语音韵学》，845 页，北京，社会科学文献出版社，2011。

③ 田德生、何天贞等编著：《土家语简志》，202 页，北京，民族出版社，1986；陈康：《土家语研究》，220 页，北京，中央民族大学出版社，2006。

$lu^{35}//lu^{21}//lu^{33}$ 为当地汉语借词“绿”。

$çin^{24}ka^{55}$ 可以表示“青绿色”，如 $li^{24}pu^{33}çin^{24}ka^{55}$ “绿油油的水稻”。除了表示“绿色”外，$çin^{24}ka^{55}$ 还可对应“蓝色”义，如 $mə^{24}çin^{24}ka^{55}$“蓝天”、$xo^{24}çin^{24}ka^{55}$ “蓝布”。

土家语“绿”的词根语素 $çin^{24}$ 可能是早期汉语“青” $tçhin^{55}$ 的借词。有着相同语音变化的还有“覃”，“覃” $tçhin^{24}$ 当地汉语读为 $çin^{24}$。

2.“蓝”

“蓝”：北部方言 $ç\tilde{ı}^{35}ka^{55}//ç\tilde{ı}^{35}kai^{55}$，南部方言 $çi^{21}$。

北部方言仙仁话中表示颜色的“蓝”已借用汉语 $l\tilde{a}^{33}ti^{33}$，但保留了重叠式形容词 $ç\tilde{ı}^{35}ka^{54}pa^{33}tçhe^{33}tçhe^{33}$，“蓝莹莹”中的 $ç\tilde{ı}^{35}ka^{54}$ “蓝”。

土家语“蓝，绿”可以对应汉语的“青”，“青”*tsheeŋ,《荀子 · 劝学》：“青，取之于蓝，而青于蓝。”与缅文 sim^{3} “青，绿，碧绿”（《词典》252），亦有对应关系。

（二）语义演变类型

“绿”，暂未确定是否有土家语固有词，此处暂不讨论“绿”的语义演变问题。

三、黄（yellow）

“yellow 黄”居“百词表”第 89 位。

（一）词源分析

土家语颜色词“黄”的语音形式见下表。

表 1–5　土家语颜色词“黄”

词义	南部方言				北部方言		
	田德生等（1986）	李敬忠（2000）	陈康（2006）	潭溪话	田德生等（1986）	陈康（2006）	坡脚话
黄色	$ħɯ^{33}$	$hɯ^{33}$	$xɯ^{33}$	$xɯ^{33}ku^{22}$	$w\tilde{a}^{21}ka^{55}da^{55}$，$w\tilde{a}^{21}ka^{55}la^{55}$	$wan^{21}ka^{55}la^{55}$	$uaŋ^{33}ka^{55}li^{55}$，$uaŋ^{33}ka^{55}lai^{55}$

土家语“黄”的语音形式，可能的对应有缅文 waŋ^{3}、waa^{2}，二者形式相近，都表示“黄色”的意义；缅文 waŋ^{3}“（果实熟时）发黄”，waa^{2}“黄色的”。汉语“黄”*ɡ^{w}aaŋ，《诗经·邶风·绿衣》：“绿衣黄里”。

那么，土家语北部方言的形式是由当地汉语语素 uaŋ^{33}//wan^{21}“黄”加土家语词缀组合而成，还是土家语词根 uaŋ^{33}//wan^{21} 加词缀形式构成的固有合成词，还需要更多的证据。

（二）语义演变类型

uaŋ^{33}//wan^{21}“黄”，暂未确定是否为土家语固有词，此处暂不讨论“黄”的语义演变问题。

四、白（white）

“white 白”居“百词表”第 90 位。

（一）词源分析

土家语南、北部方言颜色词“白”的形式见下表。

表 1–6　土家语颜色词“白”

词义	南部方言			北部方言				
	田德生等（1986）	李敬忠（2000）	潭溪话	龙山话	仙仁话	古丈话	坡脚话	他砂话
白色	si^{33}	sɿ^{33}	si^{22}ku^{22}	a^{21}si^{21}	ɣa^{33}sɿ^{33}	a^{21}si^{21}	a^{22}sɿ^{22}	a^{21}sɿ^{21}

“白”这个颜色词，土家语方言内部形式基本一致，核心语素是 sɿ^{22}//si^{33}//sɿ^{33}。

sɿ^{22}//si^{33}//sɿ^{33} 与藏缅语的“白”不对应。藏文与藏缅语族其他语支“白”的形式差异较大，藏文是 dkar po，羌语是 phɹɿʂ，普米语是 phʂə̃^{55}，缅文是 phru^{2}，南华彝语是 phyo^{33}。

但土家语的“白”似可与 D. 布莱德雷构拟的原始彝语支“颜色”*ʂ - 对应，与普诺伊语 sɿ̀、姆比语 si^{4}、共同拉祜语形式 *suh^{-} 同源。[①] 但是，土家语“白”

① ［澳］D. 布莱德雷：《彝语支源流》，乐赛月、陈康、鲁丁译，404 ~ 405 页，成都，四川民族出版社，1992。

的核心语素 si^{22}//si^{33}//sɿ^{33} 不表“颜色”。

a^{22}sɿ^{22}“白”与以下多种藏缅语族语言的“血”语音形式似可对应，语义却相差甚远。一般说来，“白”与“血（红色的，绀色的）”语义难以构成对应。

“血”：墨脱门巴语 ji，麻窝羌语 sa，桃巴普米语 se^{35}，嘉绒语 ta ʃi，尔龚语 she，木雅语 sa^{53}，贵琼语 tsɿ^{53}，纳木义语 sɛ^{33}，史兴语 sɛ^{55}，阿侬怒语 ʂɯ^{55}，喜德彝语 sɿ^{33}，大方彝语 ɕi^{33}，南华彝语 si^{21}，傈僳语 sɿ^{31}，永宁纳西语 se^{33}，碧卡哈尼语 ɔ^{31}si^{31}，哈雅哈尼语 si̱^{31}，豪白哈尼语 ʃɿ^{31}，拉祜语 ɔ^{31}sɿ^{11}，基诺语 a^{33}ɕi^{44}。

因此，土家语 a^{22}sɿ^{22}“白”可能并非源自藏缅语，而是有其他来源，或是某种语言的借词，或是自源（自创）词。

汉语“白”*braak，《诗经·白驹》：“皎皎白驹”；与缅文 prak^{4}（古）“明显，鲜明”同源①。土家语 si^{22}“白”应该不是汉语借词。

从语言发展的一般规律来看，表达抽象概念的词语往往来源于表达具象概念的词语。颜色词普遍的语义引申方式是由具体物名到色彩。例如，藏语的“白色”dkar po 由“雪”kha ba 引申而来。汉语的“丹”是一种赤色矿物，《说文》：“丹，巴越之赤石也”；也指赤（红）色，“巴郡、南越皆出丹沙”。傈僳语“红”有两个音，其中一个是 sɿ^{31}，与“血”同音，早期“红”与“血”是同义的。英语 red（红）与法语 rouge（红）原型也是“血”②。

土家语 a^{22}sɿ^{22}“白”则可能由 sɿ^{33}sɿ^{33}“牙齿”引申而来。sɿ^{33}sɿ^{33} 与藏缅语族羌语支、缅语支、彝语支、格曼僜语的“牙齿”的语音形式都可对应。

“牙齿”：兰坪普米语 ʂy^{55}，道孚语 ɕə，却域语 ski^{55}，尔龚语 ɕɯ，木雅语 xɯ^{35}，尔苏语 ʂɿ^{55}ma^{55}，纳木义语 xə^{33}，阿昌语 tɕoi^{55}，载瓦语 tsui^{51}，浪速语 tsɔi^{31}，勒期语 tsɿ^{31}，喜德彝语 dzʅ^{33}，南涧彝语 ɕy^{21}，南华彝语 si^{21}、sɯ^{21}，墨江彝语 dzɛ^{21}，傈僳语 sɿ^{31}tʃhi^{44}，永宁纳西语 xi^{55}，碧卡哈尼语 ɔ^{31}tsɿ^{55}，哈雅哈尼语 sɤ^{31}，拉祜语 tsi^{31}，基诺语 a^{33}tʃɤ^{44}，纳木兹语 xi^{31}//xə^{31}，白语 tsi^{33}pa^{44}，格曼僜语 si^{55}，嘎卓语 sɿ^{31}sɿ^{33}。

土家语词根 sɿ^{33} 与藏缅语族多种语言的这个词的词根语音对应，所以，sɿ^{33}sɿ^{33}“牙齿”可能是土家语与藏缅语固有的核心词。

由核心词 sɿ^{33}sɿ^{33}“牙齿”引申到表示牙齿的颜色“白色”是可能的。如同上述一些语言里，由“血”引申出语义“血红，红色”一样。

① 黄树先：《汉缅语比较研究》，45 页，武汉，华中科技大学出版社，2003。

② 戴庆厦、胡素华：《彝语支语言颜色词试析》，载《语言研究》，1993（2）。

（二）语义演变类型

“白”，暂未在土家语里找到更多的语义演变线索，暂不讨论。

五、黑（black）

“black 黑”居“百词表”第 91 位。

（一）词源分析

1. “黑”

“黑”这个颜色词北部方言有不同形式：坡脚话 lan^{24}ka^{55}tie^{22}//lan^{24}ka^{55}，他砂话 lã^{35}ka^{55}，仙仁话 nõ^{35}ka^{33}，古丈话 lã^{35}ka^{55}。南部方言的词根形式为 lo^{33}//lo^{21}。北部方言形式中的核心语素是 lan^{24}//nõ^{35}//lã^{35}，ka^{55}tie^{22} 和 ka^{55}、ka^{33} 为词缀，没有实际意义。lan^{24} 与 nan^{24} 自由变读①。

北部方言“黑”三音格、四音格形式有：o^{21}khɯ^{55}khɯ^{55}“黑洞洞，黑黢黢”，lã^{35}ka^{53}tɕhe^{21}tɕhe^{21}“黑黢黢”，lan^{35}ka^{55}xai^{21}xai^{21}“黑黝黝的”，o^{21}khɯ^{55}tai^{21}tai^{21}“黑洞洞的”，o^{21}khɯ^{55}khɯ^{55}tai^{21}tai^{21}“最黑最黑”。这些三音格、四音格词中的核心语素分别是 o^{21} 和 lan^{35}。北部方言中核心语素 o^{21}，与南部方言形式 lo^{33}//lo^{21} 都表示“黑”，且语音形式相对一致，可以与藏缅语的“黑，夜”比较，详见后文。

土家语北部方言颜色词“黑”的核心语素 lan^{24} 与藏缅语的语音形式不对应，有可能是借词，而且可能是借自汉语，因为土家语与汉语接触历史悠久，且汉语一直是绝对强势语言。

汉语“蓝”，《说文》:“藍，染青草也。”又指深青色。“葴”，《说文》:“葴，

① 关于土家语 n 与 l 声母的问题有两种观点，一种观点以田德生等（1986）和李敬忠（2000）为代表，认为土家语 n 和 l 应分立为两个独立音位。前者的音位说明由于受当地汉语方言的影响，青年人中有自由变读的现象；后者则进一步明确说明“边音 l 和鼻音 n 可自由变读，以 l 为主。凡读 l 的一般不读成 n，但读 n 的可以读成 l。”另一种以陈康（2006）为代表，认为北部方言中 n 和 l 自由变读，以 l 作音位代表。详见田德生、何天贞等编著:《土家语简志》，北京，民族出版社，1986；李敬忠:《泸溪土家语》，北京，中央民族大学出版社，2000；陈康:《土家语研究》，北京，中央民族大学出版社，2006。
笔者的调查结果显示，北部方言中，在元音 a、o 前，n 与 l 可以自由变读，但在元音 i 前对立分明。汉语借词也反映出这个语音规律，比如，现代汉语借词“牛奶”借入土家语中，可以读 niunai，也可以读 niulai，但不读 liunai；“牛”只读 niu，“奶”可以读 nai，也可以读 lai，自由变读。

馬藍也，”跟“蓝”同。“蓝”就是一种青黑色。《春秋传》有秦鍼虎，或作“葴”，《集韵·盐韵》其淹切。①“青，取之于蓝，而青于蓝”（《荀子·劝学》）。“青”也可以表示黑色，“厥土青黎”（《尚书·禹贡》），指黑色的土。“青丝白发”的“青丝”则指黑色的头发。

藏文 sngo nag“黝黑色，青色，深蓝色；石青调和墨汁所成颜色”。sngo bsangs“蔚蓝，深青，苍苍之色；黑色；夜”。②

土家语 lan^{24}ka^{55}“黑色的，青色的”，如 sɿ^{33}pa^{33}lan^{24}ka^{55}“黑色的衣服，青色的衣服”，ŋa^{24}sɿ^{33}pa^{33}lan^{24}ka^{55}səu^{24}“我的衣服是青色的”。lan^{24}ka^{55} 也可以表示植物的颜色“青色的”，如 li^{24}pu^{33}lan^{24}ka^{55}“绿油油的水稻”；还可以表示“蓝色的”，如 xo^{24}lan^{24}ka^{55}“蓝色的布”。

综上，土家语 lan^{24}ka^{55}“黑”中的 lan^{24} 可能是汉语借词“蓝”。

2.“夜”

土家语的颜色词“黑”与“夜”密切相关。土家语方言与“夜”相关的词，包含词根语素 la^{22}//la^{21}//la^{55}//lan^{22}//lan^{21}//nan^{22}//lan^{35}“黑”。

土家语中，与“夜，黑夜”相关的词有“今晚”“天黑”“天快黑了”“晚上”“黄昏”“夜里”“早晨”等③。

北部方言“今晚”，陈康记作 la^{21}thie^{35}，笔者记作 la^{22}thie^{24}；“晚上”，陈康记作 lan^{35}jin^{55}tshai^{55} 和 lan^{21}tshi^{55}tshai^{55}，笔者记作 lan^{22}tshɿ^{55}tshə^{55} 和 nan^{22}tshɿ^{55}tshai^{55}；“早晨”，田德生等记作 sau^{55}ku^{55}te^{55} 和 tsau^{55}ku^{55}te^{55}，陈康记作 tsau^{55}koŋ^{55}tie^{55}，笔者记作 man^{24}lan^{55} 和 tsau^{33}ku^{33}tie^{33}；“天黑”，笔者记作 na^{22}ie^{24}，“天快黑了”笔者记作 tso^{22}la^{55}ɸu^{55}④；“黄昏”，陈康记作 la^{21}jie^{35}xu^{55}，“夜里”，田德生等记作 nã^{21}tshi^{55}tshai^{55}。⑤

南部方言“晚上”，陈康记作 la^{33}phɯe^{35}tɯi^{21}；“夜里”，田德生等记作 la^{21}phɨe^{21}te^{55}，李敬忠记作 la^{21}phie^{21}te^{55}；“早晨”，田德生等记作 la^{33}no^{55}so^{21}，

① 黄树先：《比较词义探索》，395 页，成都，巴蜀书社，2012。

② 张怡荪主编：《藏汉大辞典》，713 页、715 页，北京，民族出版社，1993。

③ 见前文第五节“夜”词条。

④ ɸu 是词缀，表示动作行为将要进行。

⑤ 以上材料来自于田德生、何天贞等编著：《土家语简志》，北京，民族出版社，1986；李敬忠：《泸溪土家语》，北京，中央民族大学出版社，2000；陈康：《土家语研究》，北京，中央民族大学出版社，2006。

陈康记作 la^{35}lo^{55}su^{21}，李敬忠记作 la^{21}no^{55}su^{21}。①

北部方言的 la^{22}thie^{24}“今晚”的构词方式为词根加词缀；tso^{22}la^{55}ɸu^{55}“天快黑了”、na^{22}ie^{24}“天黑”与 la^{21}jie^{35}xu^{55}“黄昏”实际上指的都是天色近黑的时候，xu^{55} 与 ɸu^{55} 是词缀，语法意义相同，表示动作情态。na^{22}ie^{24}//la^{21}jie^{35} 即“黑夜”。

北部方言的 lan^{22}tshʅ^{55}tshə^{55}、nan^{22}tshʅ^{55}tshai^{55}“晚上”和 nã^{21}tshi^{55}tshai^{55}“夜里”，与南部方言的 la^{33}phɯe^{35}tɯi^{21}“晚上”和 la^{21}phie^{21}te^{55}“夜里”的核心语素对应，核心语素分别是 lan^{22}、nan^{22}、nã^{21} 和 la^{33}、la^{21}。

3. 土家语的“黑”“夜”可与藏缅语对应

北部方言的 o^{21} 和南部方言的 lo^{33}//lo^{21} 表示“黑”。北部方言的 nã^{21}/la^{22}//lan^{35}、南部方言的 la^{33}//la^{21}，都有“夜，天色黑”的意思。可以与以下藏缅语族语言的“黑”和“夜”进行比较。

藏语的“黑”：藏文 nag po，拉萨话 na^{13}ko^{53}，巴塘话 nɑ^{13}nɑˀ^{55}，夏河话 hnak kwo，阿力克话 nok ko，德格话 nɑ^{55}nɑʔ^{55}，泽库话 nak kwo。

羌语支的“黑”：普米语 n̥ɑ^{13}，嘉绒语 snɐk tsɐ，道孚语 n̥a n̥a//gan̥a，却域语 n̥e^{55}n̥e^{55}，扎坝语 na^{55}na^{55}，尔龚语 n̥a n̥a，尔苏语 nuɑ^{55}。

缅语支的“黑”：缅文 nɑk^{4}，缅语 nɛʔ^{44}，阿昌语 lɔk^{55}，仙岛语 nɔˀ^{55}，载瓦语 noˀ^{21}，浪速语 nɔˀ^{31}，波拉语 naˀ^{31}，勒期语 nɔːˀ^{31}，怒苏语 na̱^{53}。

彝语支的“黑”：喜德彝语 ɑ^{34}nɔ^{33}，大方彝语 na^{33}，南华彝语 ne̱^{33}，武定彝语 nɑ̱^{2}，傈僳语 nɛ̱^{33}，丽江纳西语 nɑ^{31}，永宁纳西语 nɑ^{13}，绿春哈尼语 na̱^{33}，墨江哈尼语 na^{33}，拉祜语 nɑ^{54}//nʌ^{54}，基诺语 a^{33}na^{42}，碧江怒语 nɑ^{35}nɑ^{53}。

“黑”：独龙语 nɑˀ^{55}，嘎卓语 na^{53}。

4. 土家语“黑”“夜”的早期形式可构拟为 *la

藏缅语族语言“黑”的语音形式普遍相同或相近。这个词的藏文词根元音是 a，除阿力克话外，拉萨话等几个藏语方言也是 a；羌语支语言是 ɑ//a，缅文是 ɑ，彝语支语言也多为 a//ɑ。

前辈学者们为“黑”构拟的早期形式也为我们的构拟提供了相关参考。

白保罗依据藏语 nag-po、怒语 naʔ、缅语 nak、拉祜语 nâʔ、傈僳语 na、阿

① 以上材料来自于田德生、何天贞等编著：《土家语简志》，北京，民族出版社，1986；李敬忠：《泸溪土家语》，北京，中央民族大学出版社，2000；陈康：《土家语研究》，北京，中央民族大学出版社，2006。

细语 nyé、倮倮波语 nɛ̂、尼语 nè，将藏－缅语的“黑”构拟为 *nak。①

李永燧也将缅彝语“黑”的古音构拟为 *nak。②

D. 布莱德雷根据傈傈语 ná^{2}、普诺伊语 ʔá da、阿卡语 na^、姆比语 naŋʔ^{3} 及彝语、哈尼语方言、共同拉祜语 *na^ 等同源形式构拟的原始彝语支“黑”为 *C-nak^{H}。③

综上可见，“黑”在藏缅语内部是比较一致的，其词根元音 *a 是比较古老的。从土家语颜色词“黑”的各方言形式看，其词根语素形式可能来源于藏缅语 *na。

以下为汉藏语系语言“夜”的相关构拟形式。

汉语“夜”*laaks < *k · laaks，《诗经・小雅・庭燎》：“夜如何其，夜未央。”

白保罗依据切邦语 ya、怒语 ya、米里语 yo < *ya、米基尔语 dź o < *ya，卢舍依语 za · n < *ya · n，塔多语 yan“夜”，构拟了原始藏－缅语“夜”的形式 *ya。④

D. 布莱德雷根据缅语 nyaʔ//nyanyʔ、傈傈语 h^{1}yá^{6}、姆比语 ʔuŋ^{2}khwiʔ^{2}、哈尼语方言、共同拉祜语 *hɑ$^{-}$ 等同源形式构拟的原始彝语支“晚上”为 *ʔ-rak^{L}。⑤

李永燧认为，缅彝语“晚上”的古音有两个形式，“晚上$_{1}$”为 *mlanʔ，“晚上$_{2}$”为 *ʧhuǎt。⑥

土家语北部方言的 a 对应于南部方言的 o，根据对应规则，元音 *a 是较古的形式。这同其他藏缅语族语言类似。土家语北部方言 o^{21} 和南部方言 lo^{33}//lo^{21} 应该是后起的形式，源于早期土家语形式 *la“黑，天色黑；夜，夜里，晚上”。

土家语 la^{21}no^{55}su^{21}、man^{24}lan^{55}、la^{33}no^{55}so^{21}“早晨”的词根语素与 *la“黑，夜”相关。藏缅语族一些语言的“黎明”“早晨”与“夜，晚上”也有关系，相关构拟形式见下。

D. 布莱德雷根据缅语 nam nak//maʔ nak、普诺伊语 lə́sə dà、比傈语 ʔaŋ dà、阿卡语 shaw$_{V}$ //yaw nà$_{\wedge}$eh^{V}、姆比语 naŋʔ^{1}、傈傈语 ná^{6}“早晨”、共同拉祜语 *na^

① ［美］P.K. 本尼迪克特：《汉藏语言概论》，乐赛月、罗美珍译，92 页，北京，中国社会科学院民族研究所，内部资料，1984。

② 李永燧：《缅彝语音韵学》，845 页，北京，社会科学文献出版社，2011。

③ ［澳］D. 布莱德雷：《彝语支源流》，乐赛月、陈康、鲁丁译，404 ～ 405 页，成都，四川民族出版社，1992。

④ ［美］P.K. 本尼迪克特：《汉藏语言概论》，乐赛月、罗美珍译，104 页，北京，中国社会科学院民族研究所，内部资料，1984。

⑤ ［澳］D. 布莱德雷：《彝语支源流》，乐赛月、陈康、鲁丁译，396 ～ 397 页，成都，四川民族出版社，1992。

⑥ 李永燧：《缅彝语音韵学》，874 页，北京，社会科学文献出版社，2011。

等同源形式构拟的原始彝语支“黎明”为 *c-nak^{L}。①

李永燧构拟的缅彝语“早”的古音为 *nhǎk。②

（二）语义演变类型

土家语“黑”与“夜”的语义密切相关，与其他许多语言相一致，比如，汉语、藏缅语族语言、日耳曼语族语言和罗曼语族语言。

汉语“冥”，“黑暗”义，也表示“晚上，夜”。闽语“夜”叫“暝”，也写作“冥”，福州话 maŋ^{52}、厦门话 mĩ^{24}、潮阳话 mẽ^{55}。“暝”表示“夜”的例子，如宗懔《早春》：“昨暝春风起，今朝春气来。”庾信《秋夜望单飞雁》：“无奈人心复有忆，今暝将渠俱不眠。”“昨暝”就是“昨夜”，跟“今朝”对举；“今暝”就是“今夜”。③

白保罗有论述：“藏语 rum‘黑暗，暗’；克钦语 rim‘微暗，黑暗’，nrim‘晚上’，niŋrim rim‘黄昏’，sərim“黄昏”，怒语 rim-rim na‘灰色的’(na‘黑的’)，rim-rim wɛ‘黄昏’（藏－缅语 *num~*rim）。”④

英语 dark“黑暗的；（名词）黑暗；黄昏”；德语 eindämmern“小睡；（瑞士）夜色来临，天变黑”，nacht“夜，晚上；黑暗”。⑤

拉丁语 nox“夜；黑暗”；法语 nuit“夜，夜晚；黑暗，昏暗”；西班牙语 noche“夜；黑暗”；意大利语 notte“夜；黑暗”；罗马尼亚语 noápte“夜；黑暗”。⑥

土家语北部方言中颜色词有 5 个，lan^{35}ka^{55}“黑”，a^{21}si^{21}“白”，mian^{55}tɕie^{55}“红”，uaŋ^{21}ka^{21}li^{53}“黄”，ɕin^{35}ka^{55}“绿”，只有 lan^{35}ka^{55}“黑”与其他众多藏缅语的颜色词“黑”有着明显的语音相似。由此也可以看出，黑色是土家语与众多藏缅语中的基础颜色，或者说是最重要的区分颜色。

土家语的颜色词，与藏缅语族多种语言一样有着“级”范畴。土家语的颜色词分 3 级：原级、比较级和最高级。

① ［澳］D. 布莱德雷：《彝语支源流》，乐赛月、陈康、鲁丁译，396～397 页，成都，四川民族出版社，1992。
② 李永燧：《缅彝语音韵学》，881 页，北京，社会科学文献出版社，2011。
③ 李荣：《关于方言研究的几点意见》，载《方言》，1983（1），1～15 页。
④ ［美］P.K. 本尼迪克特：《汉藏语言概论》，乐赛月、罗美珍译，89 页，北京，中国社会科学院民族研究所，内部资料，1984。
⑤ 黄树先：《比较词义探索》，403 页，成都，巴蜀书社，2012。
⑥ 黄树先：《比较词义探索》，403 页，成都，巴蜀书社，2012。

第二章　动词

第一节　动词（一）

一、喝（drink）

“drink 喝”居“百词表”第 54 位。

（一）词源分析

土家语“喝”可以分为南、北方言来讨论。

1. 北部方言

“喝”：坡脚话 ɸu^{21}，他砂话 xu^{21}，龙山话 xu^{21}，仙仁话 xu^{33}，永顺话 xu^{21}，古丈话（tshe^{21}）xu^{55}。

在笔者的语言调查中，这个词发音时的起首发音动作是很明显地双唇摩擦，元音是 -u，笔者记录为 ɸu^{21}，辅音是双唇擦音 ɸ-。有的记录为 xu^{21}，辅音是舌根擦音 x-，记音人不同的处理方式使得记录符号上有差异。

ɸu^{21} 这个词可以与藏缅语“喝”进行比较：藏文 ɦthuŋ，拉萨藏语 thuŋ^{55}，巴塘藏语 thû^{55}，却域语 ɣɯ^{13}tho^{55}，木雅语 tɕhyɯ^{53}，南涧彝语 du^{55}，弥勒彝语 tu^{33}，傈僳语 do^{33}，纳西语 thɯ^{31}，碧卡哈尼语 tu^{55}，哈雅哈尼语 do^{55}，拉祜语 dɔ^{31}，大理白语 ɣɯ^{35}，缅文 tθɔk^{4}，缅语 tθɑu^{44}，载瓦语 ʃu$^{\text{ʔ}55}$，浪速语 ʃauk^{55}，碧江怒语 çhu̱^{55}。

ɸu^{21} 这个词还可以与藏缅语“吸（气）”进行比较：缅文 hru^{2}，缅语 çu^{22}，仙岛语 jɔ^{31}，撒尼彝语 qo^{33}，傈僳语 ʃu^{33}，绿春哈尼语 ɣo^{55}，基诺语 jo^{42}。

ɸu^{21}“喝”还有一个近义词 khu^{22}，khu^{22}“吸，吮”，man^{22}khu^{22}“喝奶”，m-e^{33}khu^{22}“吸血”。khu^{24}su^{55}“吸（进去），呷，吃流食的动作”；tshe^{22}khu^{22}“动词，吸水，干土吸水，海绵吸水”。

还有一个“呼吸”的“吸”，北部方言中坡脚话 a^{33}、他砂话 a^{21}，南部方言 a^{55}。

土家语“喝”与原始彝语支“饮”*m-daŋ^{1} 比较接近：D. 布莱德雷认为①，原始彝语支“饮”为 *m-daŋ^{1}，并且与傈僳语 daw^{4}、普诺伊语 tã，比傈语 táŋ，阿卡语 daw^{v}-eu、姆比语 taŋ^{5}，彝语 ndo^{33}，哈尼语方言 tu̯^{55}//tu^{55}，共同拉祜语 *daw^{v} 同源。

李永燧认为，原始缅彝语“喝（水）”有两个形式，“喝$_{1}$”*dhaŋ 和“喝$_{2}$”*ʃok。②“喝$_{1}$”*dhaŋ 可以与土家语 khu^{22} 比较，“喝$_{2}$”*ʃok、“吸$_{2}$”*ɣ̊hu 可以与土家语 ɸu^{21} 比较。

土家语“喝”可以与汉语“欶”比较，“欶”*srook，“嗽”*srook。《说文》：“欶，吮也。”《释名 · 释饮食》：“嗽，促也。用口急促也。”

2. 南部方言

“喝”：dzɯ^{33}，“吸”：a^{55}。

南部方言中的“喝”“吸”与北部方言中“吸气”的“吸”形式相同或对应：坡脚话 a^{33}，他砂话 a^{21}，仙仁话 zə^{35}。

dzɯ^{33}“喝”、zə^{35}“吸”的声母可能来自 *dza，跟汉语的“咀”以及藏缅语的“吃”有关。

“咀”*zaʔ，*ʔsaʔ//*sgǎ˙，*skǎ˙，《说文》：“咀，含味也。”《释名 · 释饮食》：“咀，藉也，以藉齿牙也。”慈吕、子语切。“咀”有清浊两个读音。比较藏缅语的“吃”*dza③。

白保罗认为：“巴兴语 dźa，那加里语 dźya，克钦语 śa，缅语 tśa‘吃’，ǎtsa‘食品’，加罗语 tśha‘吃’……但藏语是 za-ba~bza-ba，卡瑙里语 za‘吃’

① ［澳］D. 布莱德雷：《彝语支源流》，乐赛月、陈康、鲁丁译，426 ~ 427 页，成都，四川民族出版社，1992。

② 李永燧：《缅彝语音韵学》，845 页、875 页，北京，社会科学文献出版社，2011。

③ ［美］P.K. 本尼迪克特：《汉藏语言概论》，乐赛月、罗美珍译，143 页，北京，中国社会科学院民族研究所，内部资料，1984。

（藏 - 缅语 *dza）。”①

吴安其讨论藏文 za 的来历：“吃”，藏文 za，原始藏羌语 *gla，原始景颇语 *k-la，原始彝缅语 *tsa，*gla。古藏语 z- < *gl-。②

（二）语义演变类型

土家语“喝”与“吸”相近，且与另一个动作“吃”密切相关，“吃”更普遍一些。

“喝”“吸”“吃”在一些语言里是相通的，在当地汉语方言里，吸烟称“喝烟”“吃烟”，喝酒既称“喝酒”也称“吃酒”。白保罗给藏 - 缅语的“吃”“喝”构拟了一个形式：“怒语 am‘吃’，迪马尔语 am‘喝’（藏 - 缅语 *am）。”③

二、吃（eat）

“eat 吃”居“百词表”第 55 位，是语言里最基本的词。

（一）词源分析

土家语“吃”可以分为南、北方言来讨论。

1. 北部方言

“吃”：坡脚话 ka^{24}，他砂话 ka^{35}，龙山话 ka^{35}，仙仁话 ka^{35}，永顺话 ka^{35}，古丈话 ka^{35}。

“啃”：坡脚话 $sɿ^{55}sa^{55}$，他砂话 $sɿ^{55}sa^{55}$，仙仁话 $ɕi^{54}sa^{33}$，龙山话 $si^{55}sa^{55}$。

“咬”：ka^{55}//ka^{35}，这个词的南部方言形式是 go^{35}//go^{55}。

“吃”是人类生产生活中最重要的生存需要，所以这个概念一般不大容易借用。土家语的 ka^{35}//go^{35}“吃，咬”和 $sɿ^{55}sa^{55}$“啃”与广泛的藏缅语族语言存在语音对应关系。

“吃（饭）”藏文 za，藏语 sa^{13}，夏河藏语 sa，错那门巴语 $zᴀ^{13}$，墨脱门巴语

① ［美］P.K. 本尼迪克特：《汉藏语言概论》，乐赛月、罗美珍译，24 页，北京，中国社会科学院民族研究所，内部资料，1984。

② 吴安其：《汉藏语同源研究》，167 页，北京，中央民族大学出版社，2002。

③ ［美］P.K. 本尼迪克特：《汉藏语言概论》，乐赛月、罗美珍译，150 页，北京，中国社会科学院民族研究所，1984。

ŋam//za，羌语 dzə，普米语 $dzə^{53}$，嘉绒语 ka za，缅文 $sɑ^{3}$，缅语 $sɑ^{55}$，载瓦语 tso^{21}，浪速语 $tsɔ^{35}$，怒苏怒语 dza^{55}，喜德彝语 $dzɯ^{33}$，巍山彝语 $dzɑ^{21}$，南华彝语 dzo^{21}，武定彝语 dzu^{33}，傈僳语 $dzɑ^{31}$，哈雅哈尼语 dza^{31}，拉祜语 ts^{53}，碧江怒语 $dzɑ^{55}$，独龙语 $kɑi^{55}$，嘎卓语 tsa^{31}。

黄树先、田海证明了 ka 跟 tsa 有语音联系。①

在表示"咬"的语义场中，最早的当是"盬"系列：

"盬" *kaa//*ka，《左传·僖公二十八年》："楚子伏己而盬其脑。"注："盬，啑也。"公户切。汉语"口"字和藏缅语似乎对不上，可拿此字对应，不过词义有变化。试比较：

"藏语 kha'嘴，孔'，克钦语 məkha'张开（如嘴），开（如门），孔，口（如山洞）'，tśyiŋkha'门'，怒语 phəŋ-kha'门'，缅语 tam-khà'门'（也许来自 *ta-mkha），哈卡语和卢舍依语 ka，班约吉语 məka，南部卡米语 əmkha，拉克尔语 pəka，米基尔语 iŋho＜*iŋkha'嘴'，来自藏－缅语 *m-ka。"②

"姑" *kaa//*ka，通"盬"。《孟子·滕文公》："狐狸食之，蝇蚋姑嘬之。"焦循："姑与《方言》盬同，即咀也，谓蝇与蚋同咀嘬之也。"

"餬" *gaa//*ga，《说文》："餬，寄食也。"

藏文 ska"稠，浓"，古汉语"黏糊"，上古音 mga。《左传·昭公七年》："以糊予口。"③

《广雅·释器》"糊，饘也。"藏文 ska-ba"（粥等）稠，浓，浆"；lde-gu"汁，粥，糖浆"。skyo-ma"粥，稀饭"。④《尔雅·释言》："餬，饘也。"郭注：糜也。《玉篇》："䊀或作糊。""糊"即"餬"之或体，是"餬、䊀"通。

原始南岛语（布氏）"吃" *kaen，原始南岛语"吃" *qaqan。⑤

D. 布莱德雷构拟的原始彝语支 $*dza^{2}$"吃"则与土家语"吃"有着规则的语音对应关系：原始彝语支"吃"为 $*\ dza^{2}$，并且在缅语 ca:，傈僳语 dza^{5}、普诺

① 黄树先、田海：《说"食"》，载《语言研究》，2015（3），92～97 页。

② ［美］P.K. 本尼迪克特：《汉藏语言概论》，乐赛月、罗美珍译，129 页，北京，中国社会科学院民族研究所，内部资料，1984。

③ 俞敏：《汉藏同源字谱稿》，载《民族语文》，1989（1），61 页。

④ 施向东：《汉语和藏语同源体系的比较研究》，62～63 页、135 页，北京，华语教学出版社，2000。

⑤ 吴安其：《南岛语分类研究》，284 页，北京，商务印书馆，2009。

伊语 cà//cì，比傈语 tsà，阿卡语 dza_V-eu，彝语 dzɯ³³，哈尼语方言 tso³¹，共同拉祜语 *ca^V 中出现同源形式。①

李永燧认为，缅彝语古音“吃”为 *dzah。②

土家语 ka³⁵//go³⁵ “吃，咬”和 sɿ⁵⁵sa⁵⁵ “啃”等“吃”义类词，与汉语“咀”对应。咀 *zaʔ。《说文》：“咀，含味也。”

缅文 tsa³ “吃”（《词典》208）。《白狼歌》有“食肉衣皮”，用汉字“阻苏邪犁”来对译。郑张尚芳等学者认为，这里的“阻” *tsraa’ 记录的就是缅文的 caah、藏文的 za “吃”，和汉语的“咀” *zǎʔ 对应。③

2. 南部方言

“吃”：ɣɯe³⁵。

“吸”：xɯ³⁵。

土家语南部方言的“吃”与北部方言的“喝”语音形式基本相同。语源分析见“喝”条。

（二）语义演变类型

“吃”的另一个近义词“咬”，北部方言是 ka³⁵，南部方言是 go³⁵，北部方言“吃”“咬”为同一形式，南部方言 xɯ³⁵ “吸”与北部方言 xu²¹ “喝”语音对应。“吸（气）”：龙山话 ɣa²¹，古丈话 ɣa²¹，泸溪话 xɯ³⁵。北部方言中的 ɣa²¹ “吸”则与 ka³⁵ “吃”语音相类。土家语里，“喝”“吸”“吃”这几个词有着密切联系。

三、咬（bite）

“bite 咬”居“百词表”第 56 位。

“咬”：北部方言 ka⁵⁵//ka³⁵，南部方言 go³⁵//go⁵⁵。

土家语里“咬”与“吃”实为一个词，故放在“吃”词条中一并讨论，在此存条目。

---

① ［澳］D. 布莱德雷：《彝语支源流》，乐赛月、陈康、鲁丁译，424 ～ 425 页，成都，四川民族出版社，1992。

② 李永燧：《缅彝语音韵学》，833 页，北京，社会科学文献出版社，2011。

③ 黄树先：《汉缅语比较研究》，61 页，武汉，华中科技大学出版社，2003。

四、看（see）

“see 看”居“百词表”第 57 位。

（一）词源分析

1.“看”

北部方言：坡脚话 pa^{55}、pai^{55}（将行貌），他砂话 pa^{53}、$paɪ^{53}$（将行貌），龙山话 pa^{55}，仙仁话 pa^{54}，古丈话 pa^{53}。

南部方言：bo^{13}。

坡脚话中的四音节词 $lo^{24}po^{55}ɕin^{55}po^{55}$ “仇视，（仇视的眼光）看人”，lo^{24} 义为“人”，义为 $ɕin^{55}$ “恨”，po^{55} 义为“盯，视”。由此可见，“看”南北方言的形式一致，声母为双唇塞音，韵母 o<*a，早期共同形式可能是 *ba。

土家语 *ba “看”可以跟缅语、彝语、哈尼语等进行比较。

“看（看书）”：缅文 phɑt，缅语 $phɑ^{ʔ44}$。

“看（给看）”：藏文 bstan，缅文 $prɑ^{1}$，缅语 $pjɑ^{53}$，喜德彝语 po^{34}，墨江哈尼语 $fy̩^{33}$。

2.“看见”

北部方言：坡脚话 i^{21}，他砂话 ji^{21}，龙山话 $ji^{21}//ji^{21}le^{21}$，仙仁话 $ʑi^{33}//lu^{33}$，古丈话 $ji^{21}lio^{55}$。

南部方言：$bo^{13}ji^{35}$。

南北方言内部语音形式一致，ji^{21} “看见”可以跟藏缅语进行比较。

“看见”：德格藏语 ri^{31}，夏河藏语 rək，阿力克藏语 rik，南华彝语 $n̥i^{33}ko^{21}$，丽江纳西语 $ly^{31}do^{31}$。

“看（看书）”：喜德彝语 $hɯ^{21}$，巍山彝语 $^{ʔ}i^{55}$，南华彝语 $n̥i^{33}$，南涧彝语 i^{55}，弥勒彝语 ni^{33}，拉祜语 ni^{33}，丽江纳西语 ly^{31}，永宁纳西语 lie^{31}。

“看（给看）”：巍山彝语 $^{ʔ}i^{55}$，南华彝语 $n̥i^{33}$。“看”：加罗语 ni [①]，迪马萨

① ［美］P.K. 本尼迪克特：《汉藏语言概论》，乐赛月、罗美珍译，76 页，北京，中国社会科学院民族研究所，内部资料，1984。

语 nai ①。

土家语“看”与“看见”与缅彝语一样，都是两个不同的词。

D. 布莱德雷构拟的原始彝语支也有“看”与“见”两个词，“看”有两个语音形式：*C-ɲi^{1} 和 *haŋ^{3}，共同拉祜语 *ni:，*C-ɲi^{1} 在傈僳语 nyi^{1}、彝语、黑拉祜语、（缅语 me://nany: “问”）中出现同源形式。*haŋ^{3} 在阿卡语 haw-eu、哈尼语方言、巴考语 heh_ 中出现同源形式。“见”为 *ʔ-mraŋ^{1}，在缅语 mraŋ、傈僳语 maw^{4}、普诺伊语 hèn//hmjã、比傈语 hmjáŋ、阿卡语 maw$^{\vee}$-eu、姆比语 mjɑŋ^{5}、共同拉祜语 *maw$^{\vee}$ 中出现同源形式。②

李永燧也认为，原始缅彝语有“看”与“看见”两个词：“看”有两个形式，“看$_{1}$”为 *ŋhli，“看$_{2}$”为 *ɣhruʔ；“看见”为 *mhraŋ。③

（二）语义演变类型

“看”，暂未在土家语里找到更多的语义演变线索，暂不讨论。

五、听（hear）

“hear 听”居“百词表”第 58 位。

（一）词源分析

1.“听”

北部方言：坡脚话 zu^{21}，他砂话 zu^{21}，龙山话 zu^{21}，仙仁话 zu^{33}，古丈话 zu^{21}。

南部方言：ho^{33}zi^{33}//xo^{33}zi^{21}。ho^{35} 和 xo^{35}，辅音只是因记音人处理方式的差异而采用的符号稍有区别，都是舌根部位的清擦音声母，义为“话”。

土家语的 zu^{21}//zi^{33}“听”，可以与羌语支、彝语支等藏缅语“听”比较：羌语 khʂu ɕtɕu，嘉绒语 kɑ rə ŋnɑ，却域语 ɣɯ^{13}lnə，阿昌语 kʐua^{31}，仙岛语 kʐɔ^{31}，载瓦语 kjo^{21}，浪速语 kjɔ^{35}，勒期语 kjɔ:^{33}，大方彝语 dʑu^{33}，纳西语 kho^{33}mi^{33}。

① ［美］P.K. 本尼迪克特：《汉藏语言概论》，乐赛月、罗美珍译，227 页，北京，中国社会科学院民族研究所，内部资料，1984。

② ［澳］D. 布莱德雷：《彝语支源流》，乐赛月、陈康、鲁丁译，418 ~ 421 页，成都，四川民族出版社，1992。

③ 李永燧：《缅彝语音韵学》，851 页，北京，社会科学文献出版社，2011。

白保罗的材料：藏语 thos-pa，瓦尤语 thas（-tśe），藏拉语 tha，列普查语 thyo＜*s-ta，怒语 tha，米里语 tat“听”。藏－缅语 *ta-s（藏－缅语 *ta-s）[①]// 独龙语（怒语支语言）有 thaŋ，具有派生的韵尾 -ŋ[②]；内瓦里语有 ta-l，具有后缀 -l[③]。这个词根根据藏语 thos-pa，现已构拟为 *tâ-s[④]。

李永燧认为，原始缅彝语“听”与“听见”是两个词，“听”为 *n̥ha，“听见”为 *grah。[⑤]

D. 布莱德雷构拟的原始彝语支“听”为 *ʔ-na^{1}，在缅语 na:htoŋ，傈僳语 na^{2}na^{2}，普诺伊语 hnã́，比傈语 hná，阿卡语 na^{V}ha$_{V}$-eu，共同拉祜语 *na: 中出现同源形式。[⑥]

2.“听见”

北部方言：坡脚话 ɕi^{22}la^{22}//zu^{22}to^{22}，他砂话 ɕi^{53}//ɕiɪ^{53}，仙仁话 zu^{33}to^{33}。

“听见”：藏文 go//tshor，拉萨藏语 kho^{13}，巴塘藏语 kʊ^{231}//tsho^{55}，羌语 kəm，嘉绒语 kɑ msɑm，却域语 kɯ^{55}mn̥o^{33}，缅文 krɑ^{3}，缅语 tɕɑ^{55}，阿昌语 kʐ̥ua^{31}，仙岛语 kʐ̥ɔ^{31}，载瓦语 vo^{55}kjo^{21}，浪速语 ɣɔ^{55}kjɔ^{35}，勒期语 jɔ:^{55}kjɔ:^{33}，墨江哈尼语 kɔ^{31}，纳西语 kho^{33}mi^{33}thy̩^{33}。

3.“声音”

北部方言：坡脚话 a^{24}zə^{55}，他砂话 a^{35}zɤ^{55}，龙山话 a^{35}zie^{55}。

南部方言：ku^{35}zu^{55}。

南部方言的 ku^{35}zu^{55} 形式与羌语支、彝语支等藏缅语的“听，听见”的语音形式有对应关系。“声音”是动作“听”的对象，“听见”是“听”的结果，三个语义紧密关联。土家语的这三个词与藏缅语存在着语音交叉对应关系，可以说明，土家语与藏缅语有亲源关系。

① ［美］P.K. 本尼迪克特：《汉藏语言概论》，乐赛月、罗美珍译，104 页，北京，中国社会科学院民族研究所，内部资料，1984。

② ［美］P.K. 本尼迪克特：《汉藏语言概论》，乐赛月、罗美珍译，198 页，北京，中国社会科学院民族研究所，内部资料，1984。

③ ［美］P.K. 本尼迪克特：《汉藏语言概论》，乐赛月、罗美珍译，250 页，北京，中国社会科学院民族研究所，内部资料，1984。

④ ［美］P.K. 本尼迪克特：《汉藏语言概论》，乐赛月、罗美珍译，247 页，北京，中国社会科学院民族研究所，内部资料，1984。

⑤ 李永燧：《缅彝语音韵学》，872 页，北京，社会科学文献出版社，2011。

⑥ ［澳］D. 布莱德雷：《彝语支源流》，乐赛月、陈康、鲁丁译，432 ~ 433 页，成都，四川民族出版社，1992。

（二）语义演变类型

土家语里“听”与“听见”是两个词，“听”与“声音”有关联。

六、说（say）

“say 说”居“百词表”第 71 位。

（一）词源分析

“说”是语言中重要的基本概念之一，各语言不太需要借用。土家语的“说”可以分南、北方言来讨论。

1. 北部方言

坡脚话 li^{21}，他砂话 li^{21}，龙山话 li^{21}，仙仁话 li^{33}，永顺话 li^{21}，古丈话 li^{55}。

坡脚话中，还有两个“说”的近义词，$sa^{21}pi^{35}lie^{21}$“讲小话，小声说话，背后说坏话”的 lie^{21}“讲，说”和 tse^{24}“讲（话），单指当面讲，给人讲（事、话），传话”。

li^{21} 可以和藏缅语“说”进行比较：却域语 n̥i^{13}，阿依怒语 $thi^{31}mu^{55}$，波拉语 ṯi̠^{35}。

D. 布莱德雷将原始彝语支的“唱”构拟为 *mi^{1}。①

tse^{24}“讲”可以和藏缅语“说”进行比较：拉萨藏语 çɛ^{52}，墨脱门巴语 jek，羌语 dʑɛ，贵琼语 çe^{55}，吕苏语 dʑi^{35}。

北部方言中，声母 ts- 与 z- 对应，如，tse^{22}“漂亮”也可以讲 ze^{55}。

tse^{24} 对应汉语的“辭，詞”。“辭”*zljɯ。《说文》：“辭，訟也。”徐灏注笺：“凡有说以告于人者谓之辭。”又为名词，《周易・系辞》下：“吉人之辭寡，躁人之辭多。”“詞”*sɢlɯ̆。《说文》：“意内而言外也。”段玉裁注：“词者，文字形声之合也。”又为动词，《礼记・曾子问》：“其词于宾曰。”郑玄注：“词，告也。”

tse^{24} 可以跟缅文 tshɯ^{2}“说，讲；唱，吟，哼；责备，斥责”（《词典》270）进行比较。

---

① ［澳］D. 布莱德雷：《彝语支源流》，乐赛月、陈康、鲁丁译，430 ～ 431 页，成都，四川民族出版社，1992。

tse^{24} 与原始彝语 *dze^{2} 对应，D. 布莱德雷认为，原始彝语支“讲”有两个形式：*yaw^{5} 和 *dze^{2}。*dze^{2} 与普诺伊语 cè，比傈语 tsì//kjì，姆比语 tɕe^{1} “讲”，缅语 caʔka: “会话”同源。[①]

2. 南部方言

“说”：ɦɨ^{55}//xɯi^{55}//xɯ^{55}//çi^{55}。南部方言的形式由于学者记音处理方式的差异而导致“说”的语音形式有差异，我们对比这四种不同的记录形式，发现这四个形式是一致的，声母是舌根清擦音 x 及其音位变体 ç、ɦ，韵母是前、后高元音 i、ɯ 及其音位变体。

从声母来看，南北方言分化较早，韵母仍然比较一致，为前高元音 *i，南部方言因为舌根声母的关系元音也相应往后移 i~ɯ。

因此，南部方言 xɯi^{55} 可以和以下藏缅语进行比较。

“说（说话）”：拉萨藏语 ɕɛ^{52}，墨脱门巴语 jek，独龙语 gɯ^{55}，格曼僜语 kɯ^{31}tɑŋ^{53}，波拉语 ti̠^{35}，喜德彝语 hi^{21}，武定彝语，纳西语 ʂə^{55}。

“讲（故事）”：拉萨藏语 ɕɛ^{52}，巴塘藏语 xɛ^{53}，墨脱门巴语 ɕik，喜德彝语 hi^{21}，绿春哈尼语 gɯ^{33}，纳西语 ʂə^{55}。

（二）语义演变类型

“说”，暂未在土家语里找到更多的语义演变线索，暂不讨论。

七、知（know）

“know 知”居“百词表”第 59 位。

（一）词源分析

北部方言：坡脚话 xau^{55}sɿ^{55}，xa^{53}thai^{21}（“不知道，不懂”，thai^{21} 表示否定），他砂话 xau^{53}zɿ^{21}，xa^{53}thai^{21}（“不知道，不懂”），龙山话 xau^{55}ɕi^{55}，xa^{55}zi^{21}，仙仁话 xa^{33}la^{33}ɕi^{33}，永顺话 xa^{51}thai^{24}（“不知道”），古丈 xau^{55}zɿ^{21}。

南部方言：ɕe^{55}//ɕe^{55}tshe^{55}//ɕie^{55}tshie^{55}。

① ［澳］D. 布莱德雷：《彝语支源流》，乐赛月、陈康、鲁丁译，430 ~ 431 页，成都，四川民族出版社，1992。

$xau^{55}ɕi^{55}$、$xa^{33}la^{33}ɕi^{33}$ 中的 $ɕi^{55}$、$ɕi^{33}$ 和 la^{33}，是词缀，用在动词后面，表示动作情态。表示“知道，懂，知晓”的词根是 $xau^{55}sʅ^{55}$、$xau^{53}zʅ^{21}$、xa^{53}、$ɕe^{55}$。土家语表示“知晓”义的这几个词是否与汉语的“晓，知，悉”有借用关系，下面分别梳理。

xau^{55}、xa^{53} 与“晓”虽然声母相同，但是韵母相差较远。《方言》：“曉，知也。楚谓之黨，或曰晓，齐宋之间谓之哲。”《说文》：“曉，明也。从日。堯聲。”段玉裁注：“呼鳥切。二部。”《汉书·息夫躬传》：“外有直项之名，内实騃不晓（政）事。”《列子·仲尼篇》：“智者之言，固非愚者之所晓。”“是晓为知也。”①

《广韵》：“晓，馨皛切，上篠晓。宵部。”“知，陟離切，平支知。支部。”“悉，息七切，入质心。质部。”

汉语方言丹阳话 ɕiɔ˥tsæʔ˧“晓则”，福州话 hieu˧“晓”，表示“知道”的意思。广州话 hiu˦、东莞话 hiu˦，晓，表示“会，有能力，知道怎么做”。

汉语方言牟平话 tɕi˨，南昌话 tsʅ˨，梅县话 ti˥，广州话 tsi˥，厦门话 tsai˥，成都话 tsʅ˥，表示“知道”。

《玉篇·采部》：“悉，审也。”《后汉书·周纡传》：“乃密问守门人曰：‘悉谁载藁入城者？’”李贤注：“悉，犹知也。”现代汉语方言里少见用“悉”表示“知道，知晓”义。

由此可见，土家语中表示“知晓”的 $xau^{55}sʅ^{55}$、$xau^{53}zʅ^{21}$、xa^{53}、$ɕe^{55}$ 与汉语是借用关系的证据不足。除此之外，土家语的“知悉，知晓”与大多数藏缅语有规则的语音对应关系。

“知道”：藏文 ɕes//rtog，拉萨藏语 $ɕẽ^{52}//tshø^{52}$，德格藏语 $ɕhe^{55}$，夏河藏语 ɕi，墨脱门巴语 se，麻窝羌语 sə，桃坪羌语 $s̩^{35}$，兰坪普米语 $ma^{13}sə^{55}$，贵琼语 $mɑ^{55}sɿ^{55}$，尔苏语 $hɑ^{33}sɛ^{55}$，纳木义语 $s̩^{35}$，史兴语 $sɛ^{53}$，大方彝语 $sə^{55}$，南华彝语 $sɛ̱^{55}$，武定彝语 $sɿ^{55}$，傈僳语 $sɯ^{55}$，纳西语 $sɿ^{33}$，拉祜语 si^{11}，基诺语 $tɕɛ^{44}$，缅文 thi^{1}，缅语 $tθi^{53}$，载瓦语 se^{55}，浪速语 $sɛ^{55}$。

“懂”：藏文 ɕes//go，拉萨藏语 $ɕẽ^{52}//ha^{53}kho^{13}$，泽库藏语 xhi，墨脱门巴语 se，桃坪羌语 $sɿ^{55}$，尔苏语 $hɑ^{33}sɛ^{55}$，史兴语 $sɛ^{53}$，喜德彝语 $sɿ^{21}$，大方彝语 $sə^{55}$，南华彝语 $sə̱^{55}$，傈僳语 $sɯ^{55}$，丽江纳西语 $sɯ^{33}$，永宁纳西语 $sɿ^{33}$，碧卡哈尼语

① ［清］钱绎撰集：《方言笺疏》，李发舜、黄建中点校，2 页，北京，中华书局，2013。

$\mathrm{s\underline{ɿ}}^{31}\mathrm{l\underline{a}}^{31}$，墨江哈尼语 $\mathrm{ɕi}^{31}$，拉祜语 $\mathrm{ɕi}^{11}$，基诺语 $\mathrm{sɯ}^{44}$，载瓦语 se^{55}，浪速语 $\mathrm{sɛ}^{55}$，波拉语 $\mathrm{sɛ}^{35}$，勒期语 $\mathrm{sɛ{:}}^{53}$。

缅文词典 si^{1}“知道，熟悉”（《词典》969）。

“悉”*sĭt。《说文》：“悉，詳盡也。”

综上，笔者推论，土家语的“知晓，懂”与藏缅语有亲源关系，与缅彝语支关系更接近。

参照前辈学者的研究成果，加以印证。D. 布莱德雷构拟的原始彝语支“知道”为 $^*\mathrm{si}^{2}$，在缅语 siʔ、傈僳语 srghe^{1}、普诺伊语 sə̀、阿卡语 si_{V}-eu、姆比语 $\mathrm{sɯ}^{1}$、共同拉祜语 *shi_ 中出现同源形式。①

李永燧构拟的缅彝语古音“懂，知道，熟悉”为 *sěk。②

白保罗的论述：“藏语 śes-pa，瓦尤语 ses，缅语 sî‘知道，懂得’，克钦语 śi‘新闻’，加罗语 masi，迪马萨语 mathi ～ mithi‘知道’，博多语 mithi‘知道’，dithi ～ khithi‘指出’（藏 – 缅语 *syey）。”③

（二）语义演变类型

土家语“知道”“懂”“知悉”这几个词紧密相关，语音形式相同，与藏缅语多种语言一致。李永燧构拟的原始缅彝语这几个词也为同一个语音形式。

第二节 动词（二）

一、睡（sleep）

“sleep 睡”居“百词表”第 60 位。

① ［澳］D. 布莱德雷：《彝语支源流》，乐赛月、陈康、鲁丁译，418 ～ 419 页，成都，四川民族出版社，1992。

② 李永燧：《缅彝语音韵学》，837 页，北京，社会科学文献出版社，2011。

③ ［美］P.K. 本尼迪克特：《汉藏语言概论》，乐赛月、罗美珍译，45 页，北京，中国社会科学院民族研究所，内部资料，1984。

（一）词源分析

1. “睡”

北部方言：坡脚话 ȵie^{24}、ȵi^{24}（将行貌），他砂话 niɛ^{35}、niɛɪ^{35}（将行貌），龙山话 ne^{35}//ȵie^{35}，仙仁话 ȵe^{33}，保靖话 ȵie^{35}，永顺话 nie^{24}，古丈话 ȵe^{35}。

南部方言：ne^{21}//ȵie^{33}//ȵe^{33}。

南北方言内部一致，与多种藏缅语族语言有着规则的语音对应关系。

“睡”：藏文 ȵal，拉萨藏语 ȵɛ^{15}，德格藏语 ȵe^{13}，夏河藏语 ȵal，错那门巴语 ȵɛː^{13}，桃坪羌语 ne^{55}，兰坪普米语 nə^{13}ʒə^{13}，阿依怒语 ȵim^{53}，喜德彝语 i^{55}，大方彝语 ʑi^{35}，傈僳语 e̠^{31}tɑ^{55}，拉祜语 zi^{21}，纳西语 i^{55}，缅文 ip，缅语 e^{44}，阿昌语 e^{31}，仙岛语 it^{55}，福贡怒语 ȵim^{53}。

土家语“睡”与彝语“醒（睡醒）”语音相似：喜德彝语 i^{55}ȵi^{33}，大方彝语 ȵi^{55}（ʑi^{13}ʑi^{55}），弥勒彝语 nɯ^{21}。

白保罗关于藏－缅语这个词的讨论：藏语“睡着 gnyid”，rnyid-pa“枯萎，凋谢”（参见 g-yur“睡”，g-yur-ba“（花的）枯萎，悬挂；靠”），缅语 ńit“点头；（如柱子）靠着一点儿”，藏－缅语 *n（y）it。①

土家语 ȵi^{24} 可以与原始彝语支进行比较：D. 布莱德雷构拟的原始彝语支“睡”为 *yip^{L}，在缅语 ʔip、傈僳语 yi^{5}、普诺伊语 jù p、比傈语 jù 、阿卡语 yi$_{\wedge}$-eu、姆比语 ʔiʔ^{1}（thɤŋ^{1}）、共同拉祜语 *zuh$_{\wedge}$中出现同源形式。②

2. “醒”

北部方言：坡脚话 si^{33}//ȵie^{24}sɿ^{55}，他砂话 ȵie^{35}sɿ^{55}，龙山话 ne^{35}si^{35}//si^{35}//ȵie^{35}si^{55}，仙仁话 ȵe^{33}ɕi^{22}，古丈话 ȵe^{35}ɕi^{35}。

南部方言：ne^{21}ɕi^{35}//ȵie^{33}ɕi^{35}。

土家语“醒”与“睡”有关，南北方言语音形式比较一致，可以和藏缅语进行比较。

“醒（睡醒）”：藏文 gȵid sad，拉萨藏语 ȵi^{ʔ53}sɛ^{53}，德格藏语 si^{53}，夏河藏

① ［美］P.K. 本尼迪克特：《汉藏语言概论》，乐赛月、罗美珍译，56 页，北京，中国社会科学院民族研究所，内部资料，1984。

② ［澳］D. 布莱德雷：《彝语支源流》，乐赛月、陈康、鲁丁译，442 ～ 443 页，成都，四川民族出版社，1992。

语 sal，错那门巴语 sʌt^{53}，墨脱门巴语 se，桃坪羌语 dzɑ^{241}χne^{31}，桃巴普米语 tə^{55}ɕi^{53}，福贡怒语 ɑ^{31}sɛ^{55}。

3. “躺”

北部方言：坡脚话 ȵie^{24}，他砂话 niɛ^{35}、niɛɪ^{35}（将行貌），龙山话 ne^{35}，仙仁话 ȵe^{33}，古丈话 ȵe^{35}。

南部方言：ȵie^{21}。

土家语“躺”与“睡”密切相关，这个词可以和藏缅语“躺”进行比较：藏文 ȵal，拉萨藏语 nɛ^{13}，阿力克藏语 ȵæ，羌语 ɑ nə，载瓦语 le^{ʔ21}。

白保罗根据巴兴语 myel “瞌睡的”、克钦语 myen ~ mye “睡着了或昏倒”、缅语 myàń “瞌睡的、睡”，构拟了原始藏－缅语的相应形式为 *myel。①

（二）语义演变类型

动作“躺”与“睡”的形体姿态相同或者相似，所以这两个词的语音形式相同或相似，在语言里不罕见。土家语“躺”与“睡”密切相关，北部方言里用一个语音形式来表示。藏语、门巴语、羌语里的“躺”亦与“睡”密切相关。

二、死（die）

“die 死”居“百词表”第 61 位。

（一）词源分析

1. “死”

北部方言：坡脚话 sə^{24}，sei^{24} “骂人话，要死，将要死”，sei^{24}（将行体）；他砂话 sɤ^{35}；龙山话 sie^{35}；仙仁话 sə^{33}；保靖话 se^{35}；永顺话 se^{24}；古丈话 se^{35}。

南部方言：se^{21}//sie^{33}。

南北方言内部一致，与多种藏缅语族语言有着规则的语音对应关系。

“死”：藏文 ɕi，拉萨藏语 ɕi^{55}，德格藏语 xhe^{53}，夏河藏语 xhə，墨脱门巴语 ɕi，麻窝羌语 ɕi，桃坪羌语 ʃe^{55}，普米语 nə^{35}sə^{35}，嘉绒语 ka ʃi，尔龚语 sɛ，

① ［美］P.K. 本尼迪克特：《汉藏语言概论》，乐赛月、罗美珍译，46 页，北京，中国社会科学院民族研究所，内部资料，1984。

却域语 si^{55}，木雅语 sɯ^{53}，扎巴语 tə^{35}si^{55}，贵琼语 sə^{55}，史兴语 ɕɛ^{53}，喜德彝语 sɿ^{33}，大方彝语 ɕi^{33}，傈僳语 ʃɿ^{44}，纳西语 ʂɿ^{33}，哈尼语 si^{55}，拉祜语 si^{11}，基诺语 ɕi^{31}，白语 ɕi^{33}，缅文 tθe^{2}，缅语 tθe^{22}，阿昌语 ʂɿ^{55}，载瓦语 ʃi^{51}，浪速语 ʃik^{31}，波拉语 ʃɿ^{55}，勒期语 ʃeːi^{33}，怒苏怒语 ʂi^{33}，阿侬怒语 ʂɿ^{31}，独龙语 ɕi^{53}，景颇语 si^{33}，达让僜语 ɕi^{55}，格曼僜语 si^{53}，义都珞巴语 ɕi^{55}。

李永燧构拟缅彝语古音“死”为 *ʃhe。①

D. 布莱德雷构拟的原始彝语支“死”为 *ʃe^{2}，与缅语 se//siy、傈僳语 shi^{4}、普诺伊语 sə̀、比傈语 ŝi、阿卡语 shi$^{\vee}$-eu、姆比语 si^{5}、共同拉祜语 *suh: 的形式同源。②

土家语 *sie“死”与包括景颇语在内的藏缅语族语言有规则的语音对应关系，即有着共同的来源。与汉语亦有语音对应关系。“死”*sĭʔ。龚煌城 ③、Coblin④、丁邦新 ⑤ 等都认为，缅语的 se^{2}＜*siy^{2}。主要元音是 *i，与白保罗的构拟一致。

龚煌城把汉语 *sjid 与藏文’chi、缅文 se“死”比较，认为藏文’chi＜*’syi，缅文 se＜*siy。⑥

白保罗的论述：“藏语 śi-ba ～’tśhi-ba，卡瑙里语 śi，马加里语 śi，林布语 si，米里语 śi，怒语 śi，克钦语 si，缅语 se，加罗语 si，迪马萨语 thi，卢舍依语 thi，米基尔语 thi‘死’（藏－缅语 *siy）。”⑦

根据原始藏缅语的 *siy，缅语的 se^{2} 的元音 e 是后起的，土家语 *sie 的元音 e 也是后起的，与 D. 布莱德雷构拟的原始彝语支 *ʃe^{2}、李永遂构拟的原始缅彝语 *ʃhe 相同。汉语“死”*sĭʔ 的主要元音为 *i，藏语的主要元音也是 *i，印证了土家语与缅彝语关系较近，而与汉语、藏语关系较远的事实。而汉语的另一个词“杀”*sreet 与土家语 *sie 语音更相近。

① 李永燧：《缅彝语音韵学》，869 页，北京，社会科学文献出版社，2011。

② ［澳］D. 布莱德雷：《彝语支源流》，乐赛月、陈康、鲁丁译，420 ～ 421 页，成都，四川民族出版社，1992。

③ 龚煌城：《汉藏语研究论文集》，14 页，北京，北京大学出版社，2004。

④ W. S. Coblin. A Sinologist’s Handlist of Sino-Tibetan Lexical Comparisons，见《华裔学志丛书》，台北，辅仁大学出版社，1986。

⑤ 丁邦新：《上古汉语的音节结构》，见丁邦新：《丁邦新语言学论文集》，北京，商务印书馆，1998。

⑥ 龚煌城：《汉藏语研究论文集》，14 页，北京，北京大学出版社，2004。

⑦ ［美］P.K. 本尼迪克特：《汉藏语言概论》，乐赛月、罗美珍译，55 页，北京，中国社会科学院民族研究所，内部资料，1984。

2. “杀”

有多种藏缅语的“杀”跟土家语的 *sie “死”对应。

“杀”：藏文 gsod，拉萨藏语 sɛ^{52}，德格藏语 sɛ^{53}，夏河藏语 sçi，墨脱门巴语 çe，九龙普米语 sə^{55}，道孚语 shɛ，扎坝语 she^{55}，木雅语 sɐ^{55}，扎巴语 lə^{35}sɛ^{55}，贵琼语 se^{55}，尔苏语 sɿ^{55}，纳木义语 tu^{35}，史兴语 si^{55}，喜德彝语 si^{55}，大方彝语 se^{13}，南涧彝语 çi̱^{21}，南华彝语 se̱^{55}，傈僳语 se^{41}，哈雅哈尼语 se̱^{31}，豪白哈尼语 si̱^{31}，拉祜语 ti^{53}，基诺语 se^{55}，浪速语 sɛ̱^{55}，达让僜语 se^{55}。

（二）语义演变类型

“死”是“杀”的结果，联系紧密。土家语“死”与多种藏缅语言的“死”语音相似或语音对应，多种藏缅语言里的与“死”相关的词“杀”亦与土家语“死”语音相同或语音对应。

三、杀（kill）

“kill 杀”居“百词表”第 62 位。

（一）词源分析

北部方言“杀”：坡脚话 pu^{24}，他砂话 pɨ^{35}，龙山话 pu^{35}，仙仁话 pu^{33}，保靖话 pu^{35}，古丈话 bɯ^{35}。南部方言“杀”：ʔɨ^{13}//ɯ^{33}。

“死”：北部方言 sie^{35}，南部方言 se^{21}//sie^{33}。

以下藏缅语的“杀”与土家语的 *sie “死”有着规则语音对应关系：藏文 gsod，拉萨藏语 sɛ^{52}，德格藏语 sɛ^{53}，夏河藏语 sçi，墨脱门巴语 çe，九龙普米语 sə^{55}，道孚语 shɛ，扎坝语 she^{55}，木雅语 sɐ^{55}，扎巴语 lə^{35}sɛ^{55}，贵琼语 se^{55}，尔苏语 sɿ^{55}，史兴语 si^{55}，喜德彝语 si^{55}，大方彝语 se^{13}，南涧彝语 çi̱^{21}，南华彝语 se̱^{55}，傈僳语 se^{41}，哈雅哈尼语 se̱^{31}，豪白哈尼语 si̱^{31}，拉祜语 ti^{53}，基诺语 se^{55}，浪速语 sɛ̱^{55}，达让僜语 se^{55}。

汉语“杀” *sreet 也与土家语 *sie “死”语音相近。

土家语 *pu^{24} “杀”与藏缅族“杀”的语音形式对应少，可能另有来源。藏文 bkroŋ 的 b 是否与 *bɯ^{35} 有关系，待证。阿力克藏语 psat、却域语 pse^{55}、义都珞巴语 mu^{55}、克伦语 ma^{33}tθi^{55} “杀” 的声母中的双唇塞音 p-、m- 是否与土家语存在语音对应，待证。而缅文 pɔ^{2}、缅语 pɔ^{22} “杀（宰鸡）” 似与土家语有着语音对应关系。

从缅语的这个词族来看，缅语 tθe^{22} “死”，tθɑ^{4} “杀（杀人）”，pɔ^{22} “杀（宰鸡）”，缅语中声母齿间塞擦音 tθ- < *ts 和双唇塞塞 p- 似乎存在着交替关系。如果这个关系确定，那么土家语的 “杀” 与 “死” 是有关系的，是同族词，而且汉族、藏缅语族中多种语言的 “杀” 与土家语 “死” 的语音形式相似（相同）也就可以解释清楚了。

D. 布莱德雷构拟的原始彝语支 “杀” 为 *C-sat^{L}，与缅语 sat、傈僳语 sye^{6}、普诺伊语 sàt、比傈语 sɛ̀、阿卡语 seh$_{\wedge}$ -eu、姆比语 sɤ^{ʔ1}、彝语 hi^{55}、哈尼语方言 çe^{31}//si̠ ^{55} 形式同源。①D. 布莱德雷构拟的原始彝语支 “杀” 有前缀辅音，声母为舌尖擦音 s-，与土家语 *sie “死” 相同，元音 a~e 也有同源对应关系。

李永燧构拟缅彝语古音 “杀” 为 *shăt。② 李永燧构拟的缅彝语 “杀” 也与土家语 “死” 语音对应。

白保罗的论述如下：“藏语 gsod-pa 完成体 bsad，怒语 sat，克钦语 sat，缅语 sat，迪马萨语 thai < *that，卢舍依语 that，米基尔语 that ‘杀’（藏 – 缅语 *g-sat）。” ③

（二）语义演变类型

“杀”，暂未在土家语里找到更多的语义演变线索，暂不讨论。

四、游（swim）

“swim 游” 居 “百词表” 第 63 位。

（一）词源分析

土家语称 “游泳” 为 “洗澡”，当地汉语亦如此称谓。土家语里 “ swim 游”

① ［澳］D. 布莱德雷：《彝语支源流》，乐赛月、陈康、鲁丁译，438 ~ 439 页，成都，四川民族出版社，1992。

② 李永燧：《缅彝语音韵学》，864 页，北京，社会科学文献出版社，2011。

③ ［美］P.K. 本尼迪克特：《汉藏语言概论》，乐赛月、罗美珍译，24 页，北京，中国社会科学院民族研究所，内部资料，1984。

这个词是一个合成词，由名词 tshe^{21} “水” 加动作 tsa^{55} “洗” 构成。

1. “洗（洗澡）”

北部方言：坡脚话 tsa^{24}//tsh^{21}tsa^{55}，他砂话 tsa^{35}，龙山话 tsa^{55}//tshe^{21}tsa^{55}，仙仁话 tsa^{33}，保靖话 tsa^{55}，古丈话 tshe^{21}tɕhɯ^{21}//tshe^{21}tsa^{55}。

南部方言：ŋa^{55}，泸溪话 zo^{35}//tshe^{35}zo^{35}。

2. “洗（手）”

北部方言：坡脚话 uo^{55}，他砂话 wo^{53}，龙山话 wo^{55}，保靖话 wo^{55}。

南部方言：ŋa^{55}。

“洗（手）”：藏文 ɦkhrud，箐花普米语 thə^{13}tsa^{55}，嘉绒语 ka rtʃi，木雅语 ʁo^{55}，贵琼语 jɑ^{35}。

“洗（衣服）”：木雅语 ʁo^{55}，贵琼语 jɑ^{35}，缅文 hljɔ^{2}，缅语 ɕɔ^{22}，阿昌语 phɔp^{55}。

3. “洗（衣服）”

北部方言：坡脚话 tsa^{24}，他砂话 tsa^{35}，龙山话 tsa^{35}，仙仁话 tsa^{33}。

南部方言：ŋa^{55}。

“洗（衣服）”：藏文 ɦkhrud，箐花普米语 thə^{13}tsa^{55}，嘉绒语 ka rtʃi，尔苏语 tshɛ^{33}，纳木义语 tshɿ^{33}，喜德彝语 tshɿ^{33}，傈僳语 tshɿ^{31}，哈尼语 tshi^{31}，拉祜语 tshɿ^{53}，基诺语 tshi^{33}，永宁纳西语 tʂha^{33}。

“洗（手）”：藏文 ɦkhrud，夏河藏语 tɕə，箐花普米语 thə^{13}tsa^{55}，嘉绒语 ka rtʃi，贵琼语 jɑ^{35}，尔苏语 tshɛ^{33}，纳木义语 tshɿ^{33}，史兴语 zɛ^{35}，喜德彝语 tshɿ^{33}，大方彝语 tɕhi^{33}，永宁纳西语 tʂha^{33}，缅文 she^{3}，缅语 hse^{55}，阿昌语 tshi^{31}。

D. 布莱德雷构拟的原始彝语支“洗（人）”为 *tse^{2}//et^{L}，*tse^{2} 与缅语 hce:、傈僳语 htsi^{5}、阿卡语 dzui$_{\wedge}$-eu、姆比语 thi^{1}、共同拉祜语等形式同源；et^{L} 与普诺伊语 cat、阿卡语 dzui$_{\wedge}$-eu、姆比语 ti^{1}//tɯʔ^{1} 等形式同源。①

D. 布莱德雷构拟的原始彝语支“洗（衣服）”为 *klo^{2}，与缅语 hkyui:、普诺伊语 thàw，比傈语 kjàw 等形式同源。②

① ［澳］D. 布莱德雷：《彝语支源流》，乐赛月、陈康、鲁丁译，432 ~ 433 页，成都，四川民族出版社，1992。

② ［澳］D. 布莱德雷：《彝语支源流》，乐赛月、陈康、鲁丁译，432 ~ 433 页，成都，四川民族出版社，1992。

李永燧构拟缅彝语古音“洗（衣 / 手）”为 *tʃhih，“洗澡”为 *qhloh。①

（二）语义演变类型

土家语地区的汉语方言称“游”为“泅水”，土家语“游”来源于同族词“洗”。

五、飞（fly）

“fly 飞”居“百词表”第 64 位。

（一）词源分析

北部方言“飞”：坡脚话 za^{55}//$tɕi^{55}tɕie^{33}$//$tɕi^{55}tɕi^{22}$，他砂话 za^{55}//$tɕi^{55}tɕie^{53}$，龙山话 za^{55}//$tɕi^{55}tɕie^{53}$，仙仁话 $tɕi^{54}tɕe^{33}$，保靖话 $tɕi^{55}tɕi^{21}$，古丈话 za^{55}。

南部方言“飞”：$mu^{33}dzi^{33}$//$mu^{33}dʑi^{21}$。

“飞”的单音节与合成形式并存，合成形式 $tɕi^{55}tɕie^{53}$、$tɕi^{55}tɕi^{22}$、$mu^{33}dzi^{33}$ 与“手”“脚”有关，见“手”“脚”词条。

$mu^{33}dʑi^{21}$“飞”可以跟以下藏缅语进行比较。

“飞（鸟飞）”：麻窝羌语 gzi，桃坪羌语 $dʑe^{541}$，喜德彝语 $dʑi^{33}$，永宁纳西语 dze^{13}，阿昌语 $tʂam^{55}$。

za^{55}“飞”可以跟以下藏缅语进行比较。

“飞（鸟飞）”：桃坪羌语 $dʑe^{541}$，永宁纳西语 dze^{13}，阿昌语 $tʂam^{55}$。

“盘旋”：缅文 $wɑi^{3}$，勒期语 $khaːn^{53}$，喜德彝语 o^{33}//$ndʑɔ^{33}$，巍山彝语 $vɑ^{33}$//tsu^{55}，南华彝语 $tʂɑ^{55}$，撒尼彝语 $vɑ^{44}$。

土家语“飞”的另一个近义词 $piau^{55}$“窜，迸（鱼、鼠等飞快地窜出）”可以跟史兴语 $bu^{33}\tilde{ʑi}^{55}$、南华彝语 biu^{33}//$dɯ^{33}$、缅文 $pjɑm^{2}$、缅语 $pj\tilde{a}^{22}$“飞（鸟飞）”进行比较。

土家语 $piau^{55}$“窜，迸，（鱼、鼠等飞快地窜出）”与 D. 布莱德雷构拟的原始彝语支“飞”*（b）-yam^{1} 对应。D. 布莱德雷认为，原始彝语支“飞”为 *（b）-yam^{1}，与缅语 pyam、傈僳语 bye^{4}、普诺伊语 fa、比傈语 pjàm、阿卡语 zaw-eu、

① 李永燧：《缅彝语音韵学》，875 页，北京，社会科学文献出版社，2011。

姆比语 pjɤŋ^{5}、彝语 dʑi^{33}、共同拉祜语 *po$_{V}$等形式同源。[①]

李永燧认为，原始缅彝语“飞”有两个形式，“飞$_{1}$”为 *bhram，“飞$_{2}$”为 *daŋh。[②] 土家语 piau^{55} 可以跟 *bhram 比较，za^{55} 可以跟 *daŋh 比较。

从李永燧研究结论来看，缅彝语“飞”的声母一个是双唇塞音 b-，一个是舌尖塞音 d-。D. 布莱德雷认为彝语支声母可有双唇塞音 b-，并且与彝语 dʑi^{33}、阿卡语 zaw-eu 形式同源。土家语 za^{55} 与阿卡语形式很接近。

土家语 piau^{55} “窜，迸，（鱼、鼠等飞快地窜出）”可以跟以下白保罗的藏－缅语比较：“藏语 phyo-ba ‘游泳、高飞、浮’，克钦语 pyau~byau ‘飞、浮；玩，如鱼那样飞射而出’（藏－缅语 *pyaw）。”[③]

（二）语义演变类型

tɕi^{55}tɕie^{33}//mu^{33}dʑi^{21} “飞” 与 tɕi^{21}//ʔa^{33}dʑi^{35} “脚”、tɕie^{24}//a^{35}dʑie^{55} “手” 密切相关，详见“脚”“手”词条。

六、走（walk）

“walk 走”居“百词表”第 65 位。

（一）词源分析

1. “走”

北部方言：坡脚语 ɯ^{24}，i^{24}（将行貌），同义词 tsau^{55} “走了”（已行貌，用于提问，意思与 ɯ^{24} 相同）；他砂话 ɣɨ^{35}；龙山话 ɣ-^{35}//ɣɯ^{35}，仙仁话 ɣə^{33}；保靖话 ɣei^{35}；永顺话 ɣe^{24}；古丈话 ɣɯ^{35}。

南部方言：ɣ-^{21}//ɣɯ^{21}。

南北方言内部语音形式一致，声母为舌根浊擦音，主要元音 ɯ~-＜*u，*ɣu。与以下藏缅语有语音对应关系。

① ［澳］D. 布莱德雷：《彝语支源流》，乐赛月、陈康、鲁丁译，430 ~ 431 页，成都，四川民族出版社，1992。

② 李永燧：《缅彝语音韵学》，839 页，北京，社会科学文献出版社，2011。

③ ［美］P.K. 本尼迪克特：《汉藏语言概论》，乐赛月、罗美珍译，44 页，北京，中国社会科学院民族研究所，内部资料，1984。

"走（路）"：藏文 ɦgro，错那门巴语 cε^{13}，墨脱门巴语 de，羌语 sεj，兰坪普米语 ʃə^{55}，九龙普米语 ʃi^{55}，木雅语 xɯ^{53}，扎巴语 ɕə^{53}，贵琼语 ji^{35}，大方彝语 sɯ^{33}，南华彝语 ko^{33}//sɯ^{21}，撒尼彝语 ɣɤ^{44}，弥勒彝语 ɣo̠^{33}，绿春哈尼语 zu^{31}，拉祜语 dʑu^{53}，基诺语 zo^{44}，纳西语 dʑi^{33}，永宁纳西语 se^{33}，缅文 hljɔk，缅语 ɕɑu^{44}，阿昌语 so^{31}，载瓦语 so^{21}，浪速语 su^{35}，福贡怒语 dzɿ^{55}，独龙语 ɑ^{31}gɯ̆ i^{55}。

"跑"：藏文 rgjugs，拉萨藏语 cu^{13}，巴塘藏语 dʑu^{53}，却域语 rdʑu^{55}，贵琼语 xe^{55}，格曼僜语 giɑl^{35}，博嘎尔珞巴语 dʑuk，义都珞巴语 tshu^{53}，南涧彝语 gɯ^{21}，武定彝语 ku̠^{2}，撒尼彝语 hɪ^{55}，傈僳语 tɯ^{35}，绿春哈尼语 ɕe̠^{33}，墨江哈尼语 tshɿ̱^{31}，拉祜语 ɣɯ^{31}，纳西语 dʑiə^{21}。

2. "去"

北部方言：坡脚话 tsau^{33}//tsau^{53}，他砂话 ɣɨ^{35}//tsau^{21}，龙山话：ɣ-^{35}//ɣɯ^{35}，仙仁话 ɣə^{33}//tsɔ^{35}，古丈话 dzau^{21}。

南部方言：je^{21}//jie^{33}dɯe^{35}//dzɯ^{35}（la^{21}）。

土家语"去"可以与以下藏缅语"去"比较：藏文 ɦgro，藏语 ndʑo，门巴语 cε^{13}，羌语 kə，九龙普米语 ʃi^{55}，嘉绒语 ka ptʃᴇ，道孚语 ɕə，却域语 pʃi^{55}，木雅语 xu^{53}，阿侬怒语 dzɿ^{55}，尔苏语 zɿ^{55}，大方彝语 ʑɯ^{21}，南涧彝语 ʑi^{55}，傈僳语 gi^{33}，永宁纳西语 xɯ^{33}，绿春哈尼语 ji^{55}，拉祜语 qi^{33}，基诺语 je^{31}，载瓦语 e^{51}，浪速语 jε^{35}//lɔ^{55}，福贡怒语 dzɿ^{55}//ɑ^{31}gɯ̆ i^{55}。

土家语"走""去""跑"这一组动词都与"脚"*gri 有关，这一组词与多种藏缅语有着语音对应关系。

3. "跑"

北部方言：坡脚话 øu^{55}thu^{21}，za^{24}（"逃跑"），他砂话 ɕi^{53}tsha^{21}，xu^{55}thɔ^{21}（"逃跑"），龙山话 ɕi^{55}tsha^{21}//xu^{55}tsha^{21}//za^{35}，仙仁话 xə^{35}tsha^{55}，保靖话 xu^{35}tho^{55}，古丈话 xɯ^{55}tsha^{21}。

南部方言：zɯ^{21}//bu^{21}ɣe^{13}。

土家语"跑"可以跟藏缅语"跑"比较：藏文 rgjug，夏河藏语 dʑəχ，却域语 rdʑu^{55}，木雅语 thɯ^{55}tsɐ^{53}xɯ^{53}，贵琼语 xe^{55}，达让僜语 tsɑu^{55}，博嘎尔珞巴语 dʑuk，义都珞巴语 tshu^{53}，丽江纳西语 dʑə^{31}，哈雅哈尼语 ɕe^{33}，拉祜语 ɣɯ^{53}，基诺语 thɐ^{31}，独龙语 tɔ^{55}ɕɯ^{31}。

土家语 za^{24} “逃跑”，xu^{55}tsha^{21} “跑” 跟缅彝语 “走” 对应，李永燧认为，原始缅彝语 “走” 为 *zhuah[①]。

还可以跟 D. 布莱德雷提供的原始彝语对比：原始彝语支 “去” *x-ra^{1}，与缅语 swa: 动词、阿卡语 cah 动词、共同拉祜语 ca：同源[②]；“搜查” *x-ra^{1}，与缅语 hra、傈僳语 hwa^{3}、普诺伊语 sa、比傈语 šá，阿卡语 sha^{V}-eu、姆比语 so^{5}、共同拉祜语 *ca: 等形式同源[③]。

（二）语义演变类型

在 “脚” 词条里，分析过土家语 “脚” “手” 早期共同语词为 “肢”，“脚” <*kri <*gri “止” <*gre “肢”。

“走” “去” “跑” 这一组动词都与 “脚” *gri 有关。

七、来（come）

“come 来” 居 “百词表” 第 66 位。

（一）词源分析

1. “来”

北部方言：坡脚话 ən^{22} “来（家里）”，ən^{21}tsɿ^{21} “来了”，n^{21}tɕhie^{24} “来，去”；他砂话 e^{21}tsɿ^{21}；龙山话 ən^{21}tsi^{21}//ẽ ^{21}tɕhe^{35}；仙仁话 ĩ^{53}tɕi^{33}；古丈话 en^{21}tɕhe^{35}。

南部方言：ɯe^{35}dɯe^{55}//ɯ^{35}dɯ^{55}。

南部方言 “去”：dzɯ^{35}（la^{21}）。

藏缅语言里的 “来” 与土家语的 *la “路” 语音形式高度相似：错那门巴语 ra^{35}，木雅语 rɐ^{53}，吕苏语 læ^{31}，缅语 lɑ^{22}，仙岛语 lɔ^{55}，载瓦语 le^{55}，浪速语 lɔ^{31}，波拉语 la^{55}，勒期语 leː^{55}，怒苏怒语 la^{33}，喜德彝语 lɑ^{33}，巍山彝语 la^{55}，南华彝语 le^{33}，傈僳语 lɑ^{33}，绿春哈尼语 la^{55}，墨江哈尼语 lɔ^{55}，拉祜语 lɑ^{31}，基诺语 lɔ^{42}。

---

① 李永燧：《缅彝语音韵学》，885 页，北京，社会科学文献出版社，2011。

② ［澳］D. 布莱德雷：《彝语支源流》，乐赛月、陈康、鲁丁译，452 ~ 453 页，成都，四川民族出版社，1992。

③ ［澳］D. 布莱德雷：《彝语支源流》，乐赛月、陈康、鲁丁译，418 ~ 419 页，成都，四川民族出版社，1992。

土家语 *la“路”还可以与汉语“旅”进行比较。“旅”*răʔ,《广雅 · 释诂》:“旅，客也。”

缅文 laa^2“来”(《词典》842）; laa^3“去，到”(《词典》842）。《白狼歌》中“闻风向化”，用汉字“傚衣随旅”来对译；“携负归仁”用汉字“踪优路人”来对译。郑张尚芳认为这里的“旅”*ra'、“路”*raah 记录的就是缅文的 laah“赴，往”，和汉语的“旅”* ra、藏文 Hgro 对应。①

李永燧认为，原始缅彝语“来”有两个形式，“来 $_1$”*la，“来 $_2$”*leʔ。②

2.“回”

北部方言：坡脚话 $suŋ^{55}kho^{33}$，他砂话 $su^{55}kho^{55}$，龙山话 $sũ^{55}kho^{55}$，仙仁话 $sõ^{54}kho^{33/31}$。

南部方言：$la^{33}d\text{-}^{55}//la^{21}dɯe^{55}$。

从南部方言形式可以看到，“回”与 *la“路”、$dzɯ^{35}$“来，去”有关系。

D. 布莱德雷构拟的原始彝语支“回”*gok^L，与“弯曲”相同，“弯曲”* gok^L，与缅语 kok、傈僳语 gaw^6、普诺伊语 khot、阿卡语 $g^1o_{\wedge}$ -eu、姆比语 $koʔ^1$、彝语 gu^{55}、共同拉祜语 *k^1uh^ 等形式同源。③

土家语 *la“路”可以与缅彝语“回”*laʔ 对比。李永燧认为，原始缅彝语“回”有三个形式，“回 $_1$”*dhem，“回 $_2$”*laʔ，“回 $_3$”*ɢŏk。④

3.“去”

北部方言：龙山话 $ɣ\text{-}^{35}//ɣɯ^{35}$，古丈话 $dzau^{21}$。

南部方言：$je^{21}//jie^{33}dɯe^{35}//dzɯ^{35}$（$la^{21}$）。

土家语“去”可以与藏缅语“去”比较，详见“走”词条。

李永燧认为，原始缅彝语“去”也有两个形式，“去 $_1$”*ghe，“去 $_2$”*laʔ。⑤

---

① 郑张尚芳：《上古缅歌——〈白狼歌〉的全文解读》，见郑张尚芳：《郑张尚芳语言学论文集》，671 ~ 700 页，北京，中华书局，2012。

② 李永燧：《缅彝语音韵学》，852 页，北京，社会科学文献出版社，2011。

③ [澳]D. 布莱德雷：《彝语支源流》，乐赛月、陈康、鲁丁译，410 ~ 411 页，452 ~ 453 页，成都，四川民族出版社，1992。

④ 李永燧：《缅彝语音韵学》，847 页，北京，社会科学文献出版社，2011。

⑤ 李永燧：《缅彝语音韵学》，862 页，北京，社会科学文献出版社，2011。

（二）语义演变类型

土家语里“来”与“去”单词形式相同，在语言交际中，通过语音屈折或增加助词的方式区别“来”与“去”的动作走向和时态。坡脚话中，$ən^{21}tɕhie^{24}$ 表示“来”和“去”，$ən^{21}tsi^{21}$ 表示“来了”。$a^{55}ɕe^{55}$“来”用于向心动趋结构中，如 $xo^{21}a^{21}ɕe^{35}$“拿来”。

八、躺（lie）

“lie 躺”居“百词表”第 67 位。

“躺”与“睡”的形体动作状态实为一个，土家语里这两个词的语音形式也相同。词源分析见“睡”词条，此处存条目。

九、坐（sit）

“sit 坐”居“百词表”第 68 位。

（一）词源分析

1.“坐”“住”

北部方言“坐”：坡脚话 $ʔuŋ^{21}$“坐，住”，他砂话 $wũ^{21}$，龙山话 $oŋ^{21}$，仙仁话 $tõ^{33}$，永顺话 $oŋ^{44}po^{21}$，古丈话 $uŋ^{21}$。

南部方言“坐”：$ɯ^{35}$//$ʔʉ^{35}$//$ʔɯ^{35}$。

北部方言“住”：坡脚话 $ʔuŋ^{21}$“坐，住”，他砂话 $wũ^{21}$，龙山话 $oŋ^{21}$，仙仁话 $ɣõ^{33}$。

南部方言“住”：$ɯ^{35}$//$ʔɯ^{35}$。

方言内部比较一致，主要元音是后高元音 u，喉塞可能是辅音丢失后留下的痕迹，北部方言有鼻音韵尾 ŋ，早期共同语形式可能是 *C-uŋ，与彝语支语言有语音对应关系。

土家语里“坐”与“住（住在家）”是同一个语音形式。

北部方言 $ʔuŋ^{21}$“坐，住”可以与以下藏缅语进行比较。

“坐”：藏文 sdod，巴塘藏语 ndu^{31}，德格藏语 ndu^{31}，错那门巴语 zuk^{13}，羌语 dzuə，道孚语 ndzu，史兴语 dzũ^{55}，缅文 thoŋ^{2}，载瓦语 tsuŋ^{51}，浪速语 tsauŋ^{31}，波拉语 tsauŋ^{31}，勒期语 tsə̠ːŋ^{33}，纳木义语 ndzu^{55}，景颇语 tuŋ^{33}，独龙语 ɹɔŋ^{53}，博嘎尔珞巴语 duŋ。

“住（住在这里）”：藏文 sdod，德格藏语 ndu^{31}，羌语 dzu，纳木义语 ndzu^{55}，独龙语 ɹɔŋ^{53}。

南部方言 ʔɯ^{35} “坐，住”可以与以下藏缅语进行比较。

“坐”：怒苏怒语 n̠i^{33}，喜德彝语 n̠i^{33}，巍山彝语 di^{55}，南华彝语 ɯ̠^{55}，武定彝语 n̠i^{11}，傈僳语 ni̠^{33}tɑ^{55}，丽江纳西语 ndzɯ^{31}，基诺语 tɯ^{42}，基诺语 ni^{35}ɣɯ^{13}，纳木义语 ndzu^{55}。

“住（住在这里）”：错那门巴语 ne^{13}，桃坪羌语 ʒɿ^{33}，喜德彝语 i^{55}，弥勒彝语 ni^{33}，傈僳语 n̠ɛ^{35}，丽江纳西语 ndzɯ^{31}，缅文 ne^{2}，缅语 ne^{22}，阿昌语 ni^{55}，载瓦语 ŋji^{51}，碧江怒语 n̠i^{35}。

土家语里“坐，住”，南北方言分化较早，与藏缅语分别有语音对应关系。

李永燧认为原始缅彝语“坐”有两个形式：“坐$_1$” *ŋhli，“坐$_2$” *dzhoŋ；“住”有三个形式：“住$_1$” *ŋli，“住$_2$” *dʒaŋ，“住$_3$” *ʃhǎ k。①

土家语南部方言可以与原始缅彝语“坐$_1$” *ŋhli、“住$_1$” *ŋli 比较，北部方言可以与原始缅彝语“坐$_2$” *dzhoŋ、“住$_2$” *dʒaŋ 进行比较。

土家语早期共同语形式 *C-uŋ “坐，住”，可以与白保罗的藏－缅语材料进行对比：克钦语 duŋ、南桑语（孔亚克语群）toŋ、缅语 thuiŋ “坐”，藏缅－语 *tu·ŋ ~ du·ŋ；藏语 'dug-pa “坐”。②

D. 布莱德雷认为，原始彝语支“生活”是 *ni^{2}，与缅语 niy、姆比语 ɲi^{5} 同源。③

2. “蹲”

北部方言：坡脚话 ku^{55}tu^{22}，他砂话 ku^{53}tu^{53}，龙山话 khu^{55}tsu^{21}，仙仁话 khu^{54}tu^{55}，古丈话 ku^{55}tu^{21}。南部方言：ku^{33}du^{35}。“蹲”与“坐”有关联。

---

① 李永燧：《缅彝语音韵学》，884 ~ 886 页，北京，社会科学文献出版社，2011。

② ［美］P.K. 本尼迪克特：《汉藏语言概论》，乐赛月、罗美珍译，80 页、435 页，北京，中国社会科学院民族研究所，内部资料，1984。

③ ［澳］D. 布莱德雷：《彝语支源流》，乐赛月、陈康、鲁丁译，420 ~ 421 页，成都，四川民族出版社，1992。

"坐" *sdoolʔ//*sdools。《说文》:"坐，止也。"汉语的"妥"也是"坐、安顿下来"之义，《说文》:"妥，安也。从爪，女。妥与安同义。"《尔雅·释诂》:"妥，坐也。"

（二）语义演变类型

土家语里，"坐"与"住"是一个语音形式，ʔuŋ^{21}、ʔɯ^{35}"坐，住"。

藏缅语中，多种语言里的"坐"与"住"同用一个语音形式表达。比如，藏文 sdod，拉萨藏语 tɛ^{ʔ13}，墨脱门巴语 tɕho，羌语 dzu，阿昌语 ni^{55}，都是既表示"坐"，也表示"住（住在这里）"。

十、站（stand）

"stand 站"居"百词表"第 69 位。

（一）词源分析

北部方言"站"：坡脚话 tsu^{55}，他砂话 tsu^{55}tsu^{55}，龙山话 tsu^{55}tsu^{55}//tsu^{55}，仙仁话 tsu^{54}tsu^{33}，古丈话 tsu^{55}。

南部方言"站"：du^{33}。

南北方言声母对应 ts＜*d-，*du。

tsu^{55}＜*du"站"可以与以下藏缅语"站（站立）"进行比较：尔龚语 dzuŋ，木雅语 tɯ^{55}rɯ^{55}，碧卡哈尼语 thy̩^{55}tsy̩^{55}，拉祜语 xu^{35}，大理白语 tsɯ^{31}，嘎卓语 xɯ^{53}，克伦语 tshø^{55}。

tsu^{55}＜*du"站"与原始彝语支"站着"*ʔ-tu//oŋ^{1} 很接近。

原始彝语支"站着"*ʔ-tu//oŋ^{1}，*oŋ 元音形式与缅语 htoŋ、普诺伊语 con 形式同源，*u 元音形式与阿卡语 tu^{v}-eu、姆比语 tho^{3}、共同拉祜语 *tu: 形式同源。[①]

与汉语"立"对应，"立"*g·rɯ̆p。《说文》:"立，住也。"甲骨文像人站立之形。文献中"立位"古通用，"位"*Grŭps，《逸周书·允文》:"选同氏姓，位之宗子。"朱右曾校释："位立古通用。"

① ［澳］D. 布莱德雷：《彝语支源流》，乐赛月、陈康、鲁丁译，434 ~ 435 页，成都，四川民族出版社，1992。

白保罗对这个词的讨论与 D. 布莱德雷构拟的原始彝语支“站起来”相对应：“列普查语 hryăm＜*hryăp‘用脚尖站立，起来’，基兰提语 rap（巴兴语），rep ～ reb（卡陵语及别的语言），yeb（巴拉利及别的语言）和 rip（桑邦语），瓦尤语 yep ～ ip，怒语 ip，缅语 rap，梅特黑语 lep（古梅特黑语：tśərep），迪马尔语 dźap，克钦语 tsap，莫尚语 tśap，米基尔语 ardźap，埃姆佩奥语 sap‘站’（藏－缅语 *g-ryap）。”①

D. 布莱德雷构拟的原始彝语支“站起来”*ʔ-ryap^{L}，与缅语 rap ryap、傈僳语 h^{1}i^{6}、普诺伊语 hiap、阿卡语 yaw^-eu、姆比语 hɤʔ^{2}ɲi^{5}、彝语 hi^{55}、哈尼语方言 he̱^{55}、共同拉祜语 *hu ˉ //ho ˉ 形式同源。②

（二）语义演变类型

tsu^{55}//du^{33}“站”是否为土家语固有词，有待进一步考证，此处暂不讨论它的语义演变问题。

十一、给（give）

“give 给”居“百词表”第 70 位。

（一）词源分析

1.“给”

北部方言：坡脚话 lie^{24}，他砂话 liɛ^{35}，龙山话 lie^{35}，仙仁话 lie^{33}，古丈话 lie^{35}。

南部方言：lie^{55}。

方言内部语音形式一致，可以与以下藏缅语“给”“留”比较。

“给”：藏文 ster，拉萨藏语 teː^{55}，巴塘藏语 tɛ^{ʔ53}，夏河藏语 hter，阿力克藏语 rter，纳西语 iə^{55}，克伦语 he̱^{31}。

“留（留种）”：拉萨藏语 n̥aː^{13}，道孚语 lɛ，扎坝语 lɛ^{13}，拉祜语 tɛ^{33}。

① ［美］P.K. 本尼迪克特：《汉藏语言概论》，乐赛月、罗美珍译，57 ～ 58 页，北京，中国社会科学院民族研究所，内部资料，1984。

② ［澳］D. 布莱德雷：《彝语支源流》，乐赛月、陈康、鲁丁译，434 ～ 435 页，成都，四川民族出版社，1992。

原始彝语支“保留”*lə³⁵，与共同拉祜语 *leu⁻ 同源。[①]

李永燧认为，原始缅彝语“给”是 *bhleh。[②]

2.“送（赠送）”

北部方言：坡脚话 lie²⁴，li²⁴（将行貌），si²⁴lie²²“送走”；他砂话 sɿ³⁵，龙山话 si³⁵，仙仁话 lie³³。

南部方言：lie⁵⁵。

方言内部语音形式一致，可以与以下藏缅语“留”“送”比较。

“留（留种）”：喜德彝语 tsi³³，武定彝语 tse³³，拉祜语 tɛ³³。

“送（东西）”：藏文 ster，拉萨藏语 teː⁵⁵，载瓦语 te⁵⁵。

“赣”*klooms。《说文》：“贑，賜也。”汉语同族词有“贡”*klooŋs，《尔雅・释诂》：“贡，赐也。”

（二）语义演变类型

土家语里“送”与“给”是一个语音形式，北部方言 lie³⁵“给，送”，南部方言 lie⁵⁵“给，送”。

藏缅语中，多种语言里的“给”与“送”同用一个语音形式表达。比如，藏文 ster、拉萨藏语 teː⁵⁵，既表示“给”，也表示“送（送东西）”。

十二、烧（burn）

“burn 烧”居“百词表”第 84 位。

（一）词源分析

1.“烧”

北部方言：坡脚话 u²⁴//no²⁴//kɯ²²，他砂话 wu³⁵，龙山话 wu³⁵//no³⁵，仙仁话 kɯ³³，古丈话 mi⁵⁵lo²¹。

南部方言：ɯ⁵⁵//lõ ³³。

① ［澳］D. 布莱德雷：《彝语支源流》，乐赛月、陈康、鲁丁译，422 ~ 423 页，成都，四川民族出版社，1992。

② 李永燧：《缅彝语音韵学》，842 页，北京，社会科学文献出版社，2011。

土家语“烧”有 u²⁴、no²⁴ 两个语音形式，其中 no²⁴ 与 lo²⁴ 自由变读。

lõ ³³“烧”可以与以下藏缅语进行比较。

“热（形容词）”：却域语 lu⁵⁵lu³³，浪速语 lauŋ³¹，波拉语 lauŋ⁵⁵，绿春哈尼语 lɔ⁵⁵，墨江哈尼语 l̥u⁵⁵，基诺语 a³³ɬo⁴⁴。

“热（动词）”：独龙语 lɯm⁵³，浪速语 la̠uŋ³¹，波拉语 la̠ i⁵⁵，勒期语 luːŋ³¹，怒苏怒语 l̥ ɔ³¹，绿春哈尼语 lu⁵⁵lɔ⁵⁵，基诺语 m̩⁴²ɬo⁴⁴。

“燃烧”：缅文 lɔŋ²，缅语 lã u²²。

土家语 lo²⁴“烧”与白保罗提供的藏－缅语材料对应：“列普查语 lyam＜*s-lam‘热食物’（参见克钦语 śə-lum，缅语 hlúm），克钦语 lum‘暖’,məlum‘煨，热’,śə-lum‘热（食物）’，怒语 lim‘暖’，缅语 lum‘热’,hlum‘烤火取暖’，hlúm‘煮，把（食物）重新煮热’，博多语 lum-doŋ（霍奇森的材料）~lam（恩德勒的材料）‘热度’，迪马萨语 lim~lum‘热的，发烧’，lim-ba‘病，热病’，还有加罗语 gram tśi‘汗’，博多语 galam‘出汗’，galam doi‘汗’，迪马萨语 gilim di~gulum di‘汗’（＝‘热水’，参见西因语 kwo-ul‘汗’ ~‘暖’）（藏－缅语 *lum）。”①

lo²⁴“烧”可以与原始彝语进行比较：原始彝语支“烧”*dukᴸ，与缅语 tok、傈僳语 a¹taw¹“火”、普诺伊语 tot、阿卡语 do∧ -eu、姆比语 to¹//teʔ¹、彝语 tu̠ ⁵⁵、共同拉祜语 *to∧形式同源。②

汉语“燖”*sɢlŭm。《说文》：“䙳，於湯中瀹肉也。”徐灏笺注：“䙳，古通作尋，久而遂专其义，又增火旁作燖。”“䙳”*sɢlɯm//*sɢlăm。同族词“燂”*sɢlŭm，《礼记·内则》：“燂汤请浴。”这几个字和缅文可以对应，lum̊“熊熊燃烧的火焰”，hlum̊²“烤火取暖”，hlum̊²“取暖，烤火，晒太阳”。

2.“暖和”

北部方言：坡脚话 lo⁵⁵xo²²，他砂话 lo⁵³，龙山话 lo⁵⁵，仙仁话 lo³³tsha⁵⁴。

南部方言：lo³³la³³xɯ³³lo³³hɯ³³。

南北方言语音形式一致，可以与藏缅语“暖和”比较：景颇语 lum³³，独龙

① ［美］P.K. 本尼迪克特：《汉藏语言概论》，乐赛月、罗美珍译，84 页，北京，中国社会科学院民族研究所，内部资料，1984。

② ［澳］D. 布莱德雷：《彝语支源流》，乐赛月、陈康、鲁丁译，452 ～ 453 页，成都，四川民族出版社，1992。

语 lɯm^{53}，阿昌语 lum^{55}，仙岛语 lum^{55}，波拉语 lam^{55}，怒苏语 lɔ^{33}，南华彝语 lu^{33}mə^{21}，绿春哈尼语 lɔ^{55}du^{33}ne^{33}，墨江哈尼语 l̥u^{55}tshɛ^{33}ti^{33}，纳西语 lv̩^{21}fv̩^{55}，克伦语 lø^{33}。

lo^{55} 可以与缅文对应：lum̊^{3} “熊熊燃烧的火焰”，hlum̊^{2} “烤火取暖”；hlum̊^{2} “取暖，烤火，晒太阳”。

还可以与原始缅彝语“热（形容词）” *l̥ huŋ 比较。李永燧认为，原始缅彝语“热（形容词）”有三个形式：“热$_{1}$” *tsha，“热$_{2}$” *l̥ huŋ，“热$_{3}$（水）” *bu。①

3. “热”

北部方言：坡脚话 kɯ^{21}，他砂话 kɨ^{21}，龙山话 kɯ^{21}，仙仁话 kɯə^{33}，古丈话 kɯ^{21}。kɯ^{21} 还表示“着火”“发烧”的意思。农耕的一种生产方式“烧荒”也是 kɯ^{21}。

南部方言：si^{33}to^{33}。

土家语 kɯ^{21} 与原始彝语形式很接近，“灼热”的原始彝语形式之一 *cu^{1}，与傈僳语 hchu^{4}、阿卡语 cuiᵛ-eu 形式同源。②

木雅语 khu^{55}tsæ^{53} “热（动词）”。

（二）语义演变类型

土家语里有多个表示“烧”的词，其语义演变问题尚待进一步梳理。但是，“烧”与“热”“暖和”等意义密切相关。

---

① 李永燧：《缅彝语音韵学》，863 页，北京，社会科学文献出版社，2011。

② ［澳］D. 布莱德雷：《彝语支源流》，乐赛月、陈康、鲁丁译，406 ~ 407 页，成都，四川民族出版社，1992。

第三章　性质、状态词

第一节　形容词

一、多（many）

“many 多”居“百词表”第 10 位。

（一）词源分析

1. “多”

北部方言：坡脚话 zɿ^{22}，kai^{55}ti^{22}，pho^{55}la^{55}“多，很多”，xau^{24}lan^{55}“很多，许多”，kɨ^{55}tiu^{21}“够了”，kɨ^{55}ti^{21}“够多了”；他砂话 zɿ^{21}，a^{55}zɿ^{55}，pho^{55}la^{55}；龙山话 zi^{21}，kei^{55}ti^{21}，pho^{55}la^{21}，四音格形式 kho^{21}lo^{21}kho^{21}lo^{21}；保靖话 zi^{21}，古丈话 zɿ^{21}。

南部方言：zi^{35}。

“多”“少”是一个相对概念，因各语言习惯不同而表达的方式各异。土家语里，表示“多”的词也有多个。南北方言一致的语音形式是 zi。

zɿ^{22} 可以跟藏缅语“多”比较：兰坪普米语 ʒə^{55}，九龙普米语 ʑi^{11}py^{55}，桃巴普米语 ʑ-^{55}mə^{53}，道孚语 ɣre ɣre，达让僜语 dɯ^{35}，扎巴语 ʑi^{55}ʑi^{53}，碧江怒语 dʑɯ^{31}。

多种彝语支语言的“大”与土家语 zɿ^{22}“多”语音相近或相似：喜德彝语 a^{44}ʑɿ^{33}，巍山彝语 ɣɯ^{21}//ʑᴇ^{21}，南涧彝语 ʑe^{21}，丽江纳西语 dɯ^{31}，永宁纳西语 dɿ^{13}。

D. 布莱德雷构拟的原始彝语支“很多”有两个形式：*ʔ-ci^{2} 和 *C-jik^{L}。①

白保罗根据藏语 bra-ba“有很多或很丰富，多”，卡瑙里语 mra，弥药语（西蕃语群）təbra，缅语 myà“多”，构拟了藏 – 缅语 *mra。②

2.“多少”

北部方言：坡脚话 kɨ^{55}（kəi^{55}）//kai^{55}，他砂话 kai^{53}，龙山话 kai^{55}kɯ^{55}，仙仁话 kɛ^{35}na$^{54/35}$，古丈话 zʅ^{21}phi^{55}。

南部方言：dɯ^{35}bo^{55}ji^{35}//phu^{33}zi^{13}。

（二）语义演变类型

多种彝语支语言的“大”与土家语“多”语音相近或相似。D. 布莱德雷构拟的原始彝语支“很多”*ʔ-ci^{2} 和“大（动词）”*k/ʔ-ri^{2}，语音也相近。

二、大（big）

“big 大”居“百词表”第 13 位。

（一）词源分析

北部方言“大”：坡脚话 tsʅ^{55}，tsʅ^{55}pa^{55}“大的，名词性”，tshʅ^{55}，tshʅ^{55}pa^{55}“大的，形容词”；他砂话 tshʅ^{53}，pau^{21}tshʅ^{21}；龙山话 tshi^{55}，tshi^{55}pa^{55}；仙仁话 tɕhi^{54}pa^{33}，lɔ^{55}ka^{33}；古丈话 lau^{35}ka^{55}。

南部方言“大”：tɕhi^{33}//tɕhi^{55}。

土家语南北方言语音对应整齐，可以与以下藏语支、羌语支、缅语支语言“大”进行比较：藏文 tɕhen po，巴塘藏语 tɕhɪ^{53}，阿力克藏语 tɕhe，墨脱门巴语 tɕhi lo，尔龚语 tɕhɛ，扎坝语 tɕi^{55}tɕhi^{55}，木雅语 ki^{33}kɐ^{53}，吕苏语 kɯ^{53}kɯ^{53}，缅文 kri^{3}，缅语 tɕi^{55}，阿昌语 kzə̰^{31}，仙岛语 kɯ^{31}，载瓦语 ko̱^{21}，勒期语 kjiː^{33}。

土家语“大”与门巴语、羌语支、彝语支、克伦语“小”有语音对应关系：

---

① ［澳］D. 布莱德雷：《彝语支源流》，乐赛月、陈康、鲁丁译，458 页，成都，四川民族出版社，1992。

② ［美］P.K. 本尼迪克特：《汉藏语言概论》，乐赛月、罗美珍译，41 页，北京，中国社会科学院民族研究所，内部资料，1984。

墨脱门巴语 ze mo，嘉绒语 kə ktsi，却域语 $za^{13}zi^{11}//zi^{13}za^{55}$，木雅语 $tsə^{33}tsæ^{53}$，扎巴语 $tsi^{35}ka^{55}$，怒苏怒语 dzi^{33}，喜德彝语 $e^{55}tsɿ̱^{33}$，拉祜语 i^{33}，纳西语 $tɕi^{55}$，木兹语 $a^{33}tsɿ^{53}$，克伦语 $tshi^{55}$。

D. 布莱德雷构拟的原始彝语支“大（动词）”$*k/ʔ\text{-}ri^{2}$，与缅语 kriː、傈僳语 wu^{5}、普诺伊语 hɬ//ʔá̃、比傈语 hlũ、阿卡语 hui_{V}-eu、姆比语 $hɯ^{1}$、共同拉祜语 *ui_ 等形式同源。①

李永燧构拟缅彝语古音“大”为 *ghruih。②

土家语“大”与汉语“耆”对应，“耆”*grǐ，缅文 $krii^{3}$“大，多”（《词典》65）。这个意思和汉语的“祁”*grǐl//*kljǐlʔ 对应。缅文的 $krii^{3}$ 又作“长者”讲。这个意思对应汉语的“耆”。《说文》：“耆，老也。”《礼记·曲礼》：“六十曰耆。”“耆”是重纽三等字，应该有一个介音 r，和“耆”对应的缅文正有 r 音。从对音材料来看，“耆”多对高元音 i。③

“太”*kthaats，“大”*gdaats，《诗经·鲁颂·泮水》：“大赂南金。”“大”字见于甲骨文。

白保罗把原始藏－缅语的“大”构拟成 *tay，并拿缅文的 tai、原始藏－缅语的 tay 和汉语的“太”进行比较。④

土家语“大”与白保罗论及的藏－缅语“小”语音相近：“西部藏语 zi‘非常小或非常少的东西’，克钦语 zi‘小’，zi-zi‘小，微细的’，缅语 sè‘小，细的，微小的’，拉祜语 i＜*yi＜*ˀzi（藏－缅语 *ziy）。”⑤

（二）语义演变类型

土家语里，“大”与“多”的语音形式相似，语义也相关联。

① ［澳］D. 布莱德雷：《彝语支源流》，乐赛月、陈康、鲁丁译，448～449 页，成都，四川民族出版社，1992。

② 李永燧：《缅彝语音韵学》，835 页，北京，社会科学文献出版社，2011。

③ 黄树先：《汉缅语比较研究》，130 页，武汉，华中科技大学出版社，2003。

④ ［美］P.K. 本尼迪克特：《汉藏语言概论》，乐赛月、罗美珍译，69 页、228 页，北京，中国社会科学院民族研究所，1984。

⑤ ［美］P.K. 本尼迪克特：《汉藏语言概论》，乐赛月、罗美珍译，24 页，北京，中国社会科学院民族研究所，内部资料，1984。

三、长（long）

“long 长”居“百词表”第 14 位。

（一）词源分析

1. “长”

北部方言：坡脚话 ɯɤ^{22}，ɯɤ^{22}pa^{22}“长，形容词”；他砂话 ɣɤ^{21}，ɣɤ^{21}pa^{21}，ɣɤ^{21}pa^{21}tshʅ^{21}；龙山话 ɣɨe^{21}，ɣɨe^{21}pa^{21}，ɣɯe^{21}pa^{21}，ɣɯe^{21}；仙仁话 ɣə^{33}pa^{33}，ɣə$^{33/31}$；古丈话 ɣəu^{21}。

南部方言：ɣɨe^{35}//ɣɯe^{35}。

根据笔者的田野调查情况来看，土家语形容词“长”的实际读音为 ɯɤ^{22}，与各家记录的音节实际上是相同的。由于各记音人对这个音节处理方式的不同导致，所记符号有些差异。各语言中，人们在发元音起头的音节时会自然带有摩擦，土家语“长”的起首元音为舌根高元音，所以发音时自然带着舌根摩擦，故有的记音人记录为辅音 ɣ。这里的舌根摩擦 ɣ 不区别意义，有或者没有都表示完全相同的意义，在实际的语言交际中，各人发音习惯不同，有的发音摩擦重一些，有的轻一些，都不区别意义。所以，为了音位经济原则，笔者把这里的 ɣ 不单独列出作为一个音位，“长”记录为 ɯɤ^{22}。ɯɤ^{22}pa^{22} 中的 pa^{22} 是词缀。这个词南北方言的语音形式一致。

ɯɤ^{22}“长”可以跟藏缅语“长”进行比较：木雅语 ʐɯ^{33}ʐɯ^{55}，基诺语 la^{33}ɕɯ^{55}，弥勒彝语 xɛ^{33}，怒苏怒语 xɹɯ^{33}，嘎卓语 sɤ^{24}。

2. “远”

北部方言：坡脚话 ɯɤ^{22}，他砂话 ɣɤ^{21}，龙山话 ɣɯe^{21}//la^{55}ɣɯe^{21}，仙仁话 ɣə^{33}，古丈话 ɣəu^{21}。

南部方言：ɯ^{33}ji^{55}//ʔʉ^{13}ji^{55}。

土家语北部方言中，“长”与“远”用同一个语音形式表达；南部方言中，“长”与“远”的语音形式也只是以语音内部屈折的方式稍加区别。

ɯɤ^{22}“远”可以跟缅彝语“远”“长”进行比较。

“远”：羌语 guɛ^{1} χɑ，缅文 we^{3}，缅语 we^{55}，阿昌语 ve^{31}，仙岛语 vɛ^{31}，载

瓦语 ve^{21}，波拉语 vɛ^{31}，勒期语 vɛ:^{33}，怒苏怒语 ue^{55}，南华彝语 və^{21}，武定彝语 vi^{33}，傈僳语 ɯ^{31}，绿春哈尼语 xɯ^{31}，墨江哈尼语 ɣɛ^{31}，拉祜语 vɯ^{53}，基诺语 a^{44}xɯ^{44}，苏龙珞巴语 a^{33}ciɛ^{33}。

“长”：基诺语 la^{33}çɯ^{55}。

ɯɣ^{22}“远”可以跟原始彝语副词“远”*ʔəwe^{3} 进行比较。原始彝语支副词“远”*ʔəwe^{3}，与傈僳语 a^{3}rgh^{3}、共同拉祜语 *fui: 同源。动词“远”*we^{2}，与比傈语 vɣ、姆比语 hɣ^{1}、共同拉祜语 *fui: 同源。①

李永遂认为，原始缅彝语“远”为 *ʔhueh。② 土家语 ɯɣ^{22}“远”与这个原始缅彝语形式语音对应。

汉语“远”材料。“引”*k · ĺinʔ。《尔雅 · 释诂》：“引，长也。”郝懿行《义疏》：“《说文》云：長，久遠也。”此指时间长久。又有指物体的长短，《左传 · 成公十三年》：“我君景公引领西望。”

（二）语义演变类型

土家语中“长”与“远”密切相关。

四、小（small）

“small 小”居“百词表”第 15 位。

（一）词源分析

北部方言“小”：坡脚话 suan^{55}；pi^{35}“小，形容词”（凡是小的东西、动物，都可用 pi^{35} 或 pi^{53}）；pi^{24}khuei^{33}“小的，泛指”。pi^{24}khuei^{53}、pi^{24}tshie^{53}“小”。pi^{35}tshie^{53} 与 thie^{35}pa^{55}（“大”）相对。pi^{35}lan^{53}“很少”。pi^{35}tshi^{33}“小的”。龙山话：suã^{55}，pi^{35}khuei^{55}，pi^{35}。他砂话 pi^{35}khuei^{55}，pi^{35}tshei^{55}，suã^{53}，suã^{53}khuei^{21}。仙仁话 so^{54}，pi^{35}khe^{54}。古丈话 pi^{35}khue^{53}。

南部方言：sa^{33}//sai^{33}。

① ［澳］D. 布莱德雷：《彝语支源流》，乐赛月、陈康、鲁丁译，446 ~ 447 页，成都，四川民族出版社，1992。

② 李永燧：《缅彝语音韵学》，881 页，北京，社会科学文献出版社，2011。

pi^{35} 形容“小”又义“崽”，大多附加使用，如，小牛 u^{35}pi^{35}、小羊 ʐo^{35}pi^{35}、小腹 me^{21}pi^{35}。pi^{35} 又义“儿”“后生，男子汉”，即青年男子，一般指未婚的。

D. 布莱德雷构拟的原始彝语支“小”*n-yay^{1}，与缅语 nay：、普诺伊语 sá，阿卡语 nyi$^{\vee}$-eu、姆比语 ɲɯ^{5}、共同拉祜语 *i：等形式同源。①

李永燧构拟的缅彝语古音“小”为 *ŋai。②

土家语“小”可以与以下藏缅语“小”进行比较：藏文 tɕhuŋ ŋu，拉萨藏语 tɕhỹ^{55}tɕhỹ^{55}，错那门巴语 priu^{53}，墨脱门巴语 ze mo，却域语 za^{13}zi^{11}//zi^{13}za^{55}。

土家语“大”（北部方言 tshi^{55}，南部方言 tɕhi^{33}）与以下藏缅语中的门巴语、羌语支、彝语支、克伦语“小”有语音对应关系：墨脱门巴语 ze mo，嘉绒语 kə ktsi，却域语 za^{13}zi^{11}//zi^{13}za^{55}，木雅语 tsə^{33}tsæ^{53}，扎巴语 tsi^{35}ka^{55}，怒苏怒语 dzi^{33}，喜德彝语 e^{55}tsɿ̱^{33}，拉祜语 i^{33}，纳西语 tɕi^{55}，木兹语 a^{33}tsɿ^{53}，克伦语 tshi^{55}。

汉语“细”*snɯɯs，《说文》：“細，微也。”

缅文 se^{3}“小，细”（《词典》979）。龚煌城、丁邦新认为缅文的 se＜*siy。

土家语“大”与白保罗论及的藏－缅语“小”语音相近，他认为：“西部藏语 zi‘非常小或非常少的东西’，克钦语 zi‘小’，zi-zi‘小，微细的’，缅语 sè‘小，细的，微小的’，拉祜语 i＜*yi＜*ʔzi（藏－缅语 *ziy）。”③

（二）语义演变类型

“小”在土家语有多个形式，暂未确定哪一个形式是最基础的，暂不讨论它的语义演变问题。

五、热（hot）

“hot 热”居“百词表”第 93 位。

① ［澳］D. 布莱德雷：《彝语支源流》，乐赛月、陈康、鲁丁译，448～449 页，成都，四川民族出版社，1992。

② 李永燧：《缅彝语音韵学》，876 页，北京，社会科学文献出版社，2011。

③ ［美］P.K. 本尼迪克特：《汉藏语言概论》，乐赛月、罗美珍译，24 页，北京，中国社会科学院民族研究所，内部资料，1984。

（一）词源分析

北部方言“热（天气热）”：坡脚话 kɯ^{21}，他砂话 kɨ^{21}，龙山话 kɯ^{21}，仙仁话 kɯə^{33}，古丈话 kɯ^{21}。

南部方言：si^{21}to^{13}。

北部方言 kɯ^{21}“热”可以与藏缅语“热”比较。

“热”：夏河藏语 hŋu（天气热），扎坝语 kʊ^{55}lyø^{55}（天气热），独龙语 ɑ^{31}kɑt^{55}，阿依怒语 ɑ^{31}kheŋ^{55}，博嘎尔珞巴语 agu，缅文 ok^{4}，缅语 ɑi^{4}，载瓦语 ŋje^{55}，勒期语 ŋɛː^{55}，怒苏怒语 tshɯ^{33}，喜德彝语 tshɑ^{55}，南华彝语 xɯ̠^{33}，傈僳语 tshɑ̠^{33}，拉祜语 xɔ^{33}，克伦语 go^{31}。

“热（动词）”：却域语（mdy^{13}）kɯ^{55}ɬlu^{55}，木雅语 khu^{55}tsæ^{53}，博嘎尔珞巴语 a gu，缅文 hnwe^{3}，缅语 n̥ we^{55}，喜德彝语 tshɑ^{33}，巍山彝语 ly^{55}，南华彝语 mɯ^{55}，武定彝语 tsu^{33}，傈僳语 tsɑ^{33}，拉祜语 xɔ^{33}，基诺语 m̩^{42}ɬo^{44}，白语 ŋue^{55}。

土家语 kɯ^{21}“热”与原始彝语形式很接近，“灼热”的原始彝语形式之一 *cu^{1}，与傈僳语 hchu^{4}、阿卡语 cui$^{\vee}$-eu 形式同源。①

土家语 kɯ^{21}“热，烧荒”可以跟藏缅语“燃烧”比较：载瓦语 ŋje^{55}，白语 xu^{55}khə^{33}，达让僜语 xɹɑɯ^{53}，格曼僜语 gɹi^{35}//xɯ^{31}nɑi^{55}，博嘎尔珞巴语 guː。

土家语 kɯ^{21}“热”还可以跟藏缅语“汗”比较：夏河藏语 hŋu tɕə，兰坪普米语 skhi^{55}，独龙语 gɯɹ^{55}，缅文 khjwe^{3}，阿昌语 a^{31}xə^{35}，怒苏怒语 xɹi^{55}，喜德彝语 ku^{21}，墨江哈尼语 khɯ^{31}fy̩^{55}，拉祜语 kɯ^{31}，基诺语 khi^{44}，纳木兹 ku^{33}ɬu^{55}，嘎卓语 kɤ^{55}。

kɯ^{21}“烧荒”可以跟原始缅彝语进行比较，李永燧认为，原始缅彝语“烧荒”是 *ŋ̊ leʔ。②

汉语材料。“灸”*k^{W}lɯʔ，《说文》：“灸，灼也。”

（二）语义演变类型

1.“热”与“烧”

土家语 kɯ^{21} 既表示“热（形容词）”，也表示“烧荒”，也就是说“烧”与

① ［澳］D. 布莱德雷：《彝语支源流》，乐赛月、陈康、鲁丁译，406 ～ 407 页，成都，四川民族出版社，1992。

② 李永燧：《缅彝语音韵学》，865 页，北京，社会科学文献出版社，2011。

"热"是有密切关系的。

藏缅语中多种语言的"热"与"烧"是密切相关的。珞巴语 guː"燃烧"，agu"热"。载瓦语 ŋje^{55}，既表示"热（形容词）"，也表示"燃烧"。

2."汗"与"热"

土家语 ku^{55}tshə^{21}"汗"与 kɯ^{21}"热"有关。

六、冷（cold）

"cold 冷"居"百词表"第 94 位。

（一）词源分析

北部方言"冷（天气冷）"：坡脚话 u^{33}//sa^{55}，他砂话 sa^{53}，龙山话 sa^{55}//sa^{53}，仙仁话 sa^{54}，古丈话 sa^{55}。

南部方言"冷（天气冷）"：si^{21}dza^{13}//si^{33}dza^{35}。

土家语早期共同形式为 *s-gra，可以跟以下藏缅语进行比较。

"冷"：藏文 graŋ mo，缅文 khjɑm^{3}，缅语 tɕhɑ̃^{55}，阿昌语 kʐuat^{55}，波拉语 kja^{31}，勒期语 ŋaːm^{55}，怒苏怒语 gɹa̠^{53}，喜德彝语 ŋgo^{33}，绿春哈尼语 ga̠^{33}，墨江哈尼语 ka^{33}，拉祜语 kɑ^{54}，嘎卓语 tɕa^{53}，克伦语 khɯ^{31}"冷"。

"凉快"：藏文 bsil po，拉萨藏语 siː^{55}pu^{55}，夏河藏语 si mo，错那门巴语 siː^{55}pho^{53}，墨脱门巴语 sis po，喜德彝语 ŋgo^{34}si^{33}，基诺语 a^{33}tshø^{44}，纳西语 se^{33}se^{21}。

D. 布莱德雷构拟的原始彝语支"冷"*C-grak^{H}，与傈僳语 jya^{5}、阿卡语 ga^-eu//yaw tseh$_{\wedge}$、姆比语 kja^{3}、共同拉祜语 *ka^ 形式同源。①

李永燧认为，原始缅彝语"（天气）冷"有两个形式："冷$_{1}$" *tʃhŏk，"冷$_{2}$" *gruat。②

汉语材料："癛"*brŭm、"凛"*grŭm//*grŭmʔ，"澿"*grŭmʔ//*grɯms。《说文》："癛，寒也。""凛"是后起字，《玉篇》："凛凛，寒也。""澿"，《玉篇》："澿，寒极也。"

---

① ［澳］D. 布莱德雷：《彝语支源流》，乐赛月、陈康、鲁丁译，406 ~ 407 页，成都，四川民族出版社，1992。

② 李永燧：《缅彝语音韵学》，853 页，北京，社会科学文献出版社，2011。

缅文 khjam³ “冷，感到冷”。

白保罗根据克钦语 khyen~gyen~tśen “雪，冰”，缅语 khyàm “冷”，构拟了原始藏－缅语 “冷” *kyam。①

白保罗还有论述：“藏语 graŋ-ba ‘冷，凉；感冒或发冷’，卢舍依语 ṭaŋ ‘干燥’，ṭaŋ-thom ‘冷（天气）’，米基尔语 niŋ-kreŋ ‘冷（天气），冬天’（niŋ ‘季节’）（藏－缅语 *graŋ）。” ②

（二）语义演变类型

“冷” 在土家语有多个形式，暂未确定哪一个形式是最基础的，暂不讨论它的语义演变问题。

七、满（full）

“full 满” 居 “百词表” 第 95 位。

（一）词源分析

北部方言 “满”：坡脚话 pə²⁴，龙山话 to²¹to²¹si³⁵si³⁵，古丈话 do⁵⁵do⁵⁵。

南部方言 “满”：mʉ³³//moŋ⁵⁵。

北部方言 “空”：他砂话 khu⁵⁵li⁵⁵//wũ²¹ka²¹，保靖话 uŋ²¹ka²¹，古丈话 thau³⁵。

北部方言中，单音节词形式与四音格形式并存，四音格形容词是土家语特色构词特色，四音格词和双音词形式的单音词根为 to＜*do，可以跟藏缅语 “空” “满” 比较。

“空”：藏文 stoŋ pa，拉萨藏语 toŋ⁵⁵pa，夏河藏语 htoŋ wa，阿力克藏语 khok rtoŋ//rtoŋ ŋæ，错那门巴语 toŋ⁵⁵pa³¹，墨脱门巴语 toŋ pa，兰坪普米语 skõ⁵⁵lõ⁵⁵，道孚语 stoŋ ba，却域语 stoŋ⁵⁵pe⁵⁵，扎坝语 to⁵⁵mba⁵⁵，木雅语 to⁵⁵mbɐ⁵³，贵琼语 tõ⁵⁵pu⁵⁵，史兴语 tõ⁵⁵bɑo⁵⁵，缅文 hoŋ³loŋ³，缅语 hãu⁵⁵lãu⁵⁵。

① ［美］P.K. 本尼迪克特：《汉藏语言概论》，乐赛月、罗美珍译，51 页，北京，中国社会科学院民族研究所，内部资料，1984。

② ［美］P.K. 本尼迪克特：《汉藏语言概论》，乐赛月、罗美珍译，35 页，北京，中国社会科学院民族研究所，内部资料，1984。

“满”：木雅语 to^{55}sə^{33}，尔苏语 dɑ^{33}ba^{55}，独龙语 dɑm^{53}。

to＜*do “满” 可以跟白保罗提供的材料对比：“巴兴语 dyam ‘满的（如容器）’，瓦尤语 dam ‘满的’，tam ‘充满’，藏语 ltam-pa ‘满的状态，如充满水的容器’，ltam（s）-pa ‘满的’，gtam（s）-pa ‘满’，tham-pa~them-pa ‘完全、满’（藏－缅语 *dyam~*tyam）。” ①

坡脚话 pə^{24}“满” 与缅彝语 “满” 语音对应：缅文 prɑŋ̥^{1}，缅语 pje^{53}，阿昌语 pʐ̥əŋ^{35}，仙岛语 pɯŋ^{35}，载瓦语 pjiŋ^{55}，浪速语 pjaŋ^{55}，波拉语 pjaŋ^{35}，勒期语 pjəːŋ^{55}，怒苏怒语 bɹ̃ə^{31}，墨江哈尼语 pu^{33}，基诺语 a^{44}prɯ^{33}，克伦语 buɛ^{33} “满”。

pə^{24} “满” 与原始缅彝语 “满” *breŋʔ 对应，李永燧认为，原始缅彝语 “满” 为 *breŋʔ②。

D. 布莱德雷构拟的原始彝语支 “满” *m-bliŋ^{3}，与缅语 pranyʔ、傈僳语 bi^{3}、普诺伊语 ʔã piɲ、比傈语 plɯŋ、阿卡语 byah-eu、姆比语 ʔɯʔ^{2}pjɯ^{3}、共同拉祜语 *peh: 同源。③

（二）语义演变类型

“满” 在土家语有多个形式，暂未确定哪一个形式是最基础的，暂不讨论它的语义演变问题。

八、新（new）

“new 新” 居 “百词表” 第 96 位。

（一）词源分析

北部方言 “新”：坡脚话 a^{24}sɿ^{55}，他砂话 a^{35}ɕi^{55}，龙山话 a^{35}si^{55}，仙仁话 a^{31}ɕi^{33}//ɕi^{54}ɕi^{33}，古丈话 a^{35}ɕi^{35}。

南部方言：a^{55}ɕi^{21}//a^{33}ɕi^{33}。

---

① ［美］P.K. 本尼迪克特：《汉藏语言概论》，乐赛月、罗美珍译，52 页，北京，中国社会科学院民族研究所，内部资料，1984。

② 李永燧：《缅彝语音韵学》，853 页，北京，社会科学文献出版社，2011。

③ ［澳］D. 布莱德雷：《彝语支源流》，乐赛月、陈康、鲁丁译，410 ~ 411 页，成都，四川民族出版社，1992。

土家语方言内部一致，a^{24}si^{55}＞a^{35}ɕi^{35}“新”与藏缅语“新”语音对应：藏文 gsar pa，巴塘藏语 sɛ^{55}ba^{53}，错那门巴语 se^{55}ro^{53}，墨脱门巴语 siŋ ma，兰坪普米语 ʂi^{13}ʂi^{13}，九龙普米语 sə^{55}pa^{55}，扎坝语 se^{55}pi^{55}，缅文 tθɑs^{4}，缅语 tθi^{4}，阿昌语 ʂək^{55}，仙岛语 ʂɯk^{55}，载瓦语 a^{21}sik^{55}，浪速语 sa̱k^{55}，波拉语 sak^{55}，勒期语 sə̱ːk^{55}，喜德彝语 ɑ^{33}ʂɿ^{55}，巍山彝语 xɯ̱^{21}，南华彝语 ɕi^{55}，撒尼彝语 ɕi^{2}，傈僳语 ʃi̱^{31}，绿春哈尼语 sɿ̱^{31}，拉祜语 ɔ^{31}si^{35}，基诺语 a^{33}ɕi^{55}，纳西语 ʂɿ^{55}，嘎卓语 si^{55}。

李永燧认为，原始缅彝语“满”为 *ʃhă s。①

D. 布莱德雷认为，原始彝语支“新”*C-ʃik^{L}，与缅语 sac、傈僳语 yi^{1}shı̆^{6}、姆比傈僳语 ʔaŋ šɯ̀、阿卡语 yaw shui$_{\wedge}$、姆比语 ʔɑ^{2}sɯʔ^{2}、哈尼语方言 ʃɿ^{31}、彝语 a^{33}ʂɿ̱^{55}、共同拉祜语 *suh^{-} 形式同源。②

对比汉语：“新”*sĭŋ。“新”字见于甲骨文，《说文》训为取薪。古籍或指新鲜，《左传・成公十年》：“不食新矣。”

缅文 sas^{4}“新，新颖”（《词典》1002）。《缅甸馆译语・杂字》用“阿息”来对译缅文的“新”，元音似乎也是 i。

（二）语义演变类型

“新”，暂未在土家语里找到更多的语义演变线索，暂不讨论。

九、好（good）

“good 好”居“百词表”第 97 位。

（一）词源分析

1.“好”

北部方言：坡脚话 tsha^{24}，tshai^{24}“好的”；他砂话 tsha^{35}//tshai^{35}；龙山话 tsha^{35}；仙仁话 tsha^{33}//tshɛ^{33}；保靖话 tsha^{35}；古丈话 tshai^{35}。

---

① 李永燧：《缅彝语音韵学》，876 页，北京，社会科学文献出版社，2011。

② ［澳］D. 布莱德雷：《彝语支源流》，乐赛月、陈康、鲁丁译，410～411 页，成都，四川民族出版社，1992。

南部方言：$tsho^{33}//tsho^{21}$。

土家语方言内部一致，$tsha^{24}>tsho^{33}$“好”与藏缅语“好”“美”语音对应。

“好”：夏河藏语 a dzo，缅语 $k\tilde{a}u^{55}$，浪速语 kai^{31}，波拉语 kai^{55}，纳西语 $kɑ^{33}$。

“美”：景颇语 $tso̱m^{31}$，僜语 $tsho^{35}mɑ^{31}tshe^{55}$，阿昌语 $tɔm^{35}$，仙岛语 tom^{35}，载瓦语 $tʃo̱i^{21}$，怒苏怒语 $dʑo^{55}$，喜德彝语 $ndzɑ̱^{55}$，绿春哈尼语 $dza^{31}tɕhu^{55}$，墨江哈尼语 $tʃɔ^{31}$，拉祜语 $dɑ^{21}pɯ^{35}$。

D. 布莱德雷认为，原始彝语支“好”$*m\text{-}dyak^{L}$ 与共同拉祜语 $*deh_{\wedge}$ 形式同源。①

土家语 $tsha^{24}$ 与原始缅彝语“好”*glai 语音对应。李永燧认为，原始缅彝语“好”有两个形式：“好$_1$”*glai，“好$_2$”*mlenh。原始缅彝语“美丽”*dhah。②

汉语材料：“孔”*khooŋʔ。《尔雅・释言》：“孔，甚也。”“孔”也有美好之义，《汉书・礼乐志》：“令问在旧，孔容翼翼。”《玉篇》：“孔，嘉也。”

2. “美”

北部方言：坡脚话 $zə^{55}$，tse^{22}“好看”（比 $zə^{55}$ 美的程度低一点，褒义词”）；他砂话 $zɤ^{53}//tsɤ^{21}$；龙山话 zie^{53}；保靖话 ze^{55}；古丈话 $zə^{53}//dzə^{21}$。

南部方言：$mu^{21}tsho^{55}//bo^{33}tsho^{33}$。

z^{55}、tse^{22}“美”与藏缅语“美”“好”语音对应。

“美”：藏文 mdzes po，拉萨藏语 $tseː^{13}po^{55}$，义都珞巴语 $ɑ^{31}tshe^{53}$，南华彝语 $dzə^{55}$，基诺语 $tɕi^{44}mrə^{44}$，纳西语 $lə^{21}$，克伦语 $ɣe^{33}$。

“好”：贵琼语 $ge^{35}wu^{55}$，史兴语 r^{35}，仙岛语 $cɛ^{55}$，载瓦语 ke^{51}，勒期语 $kɛː^{31}$，怒苏怒语 ge^{33}，南华彝语 $tsə^{55}$，傈僳语 dʑi，纳西语 $ɣɯ^{33}$，克伦语 $ɣe^{33}$。

（二）语义演变类型

土家语“好”与“美”关系密切。北部方言仙仁话中用 $pa^{54/35}tsha^{33/54}$“好看”（直译为看好）表示“美”。南部方言 $mu^{21}tsho^{55}$“美”由 $tsho^{33}$“好”派生。

藏缅语“美”与“好”有关。比如，克伦语 $ɣe^{33}$，既表示“好”，也表示

① ［澳］D. 布莱德雷：《彝语支源流》，乐赛月、陈康、鲁丁译，458 页，成都，四川民族出版社，1992。

② 李永燧：《缅彝语音韵学》，844 页，北京，社会科学文献出版社，2011。

“美”。汉语亦用“好”形容美丽的女子。

D. 布莱德雷认为，原始彝语“美丽”与“好”*-min^{1} 形式相同。①

原始缅彝语“好”*glai 与原始缅彝语“美丽”*dʒhah 也有着语音对应关系。②

十、圆（round）

“round 圆”居“百词表”第 98 位。

（一）词源分析

北部方言“圆（球很圆）”：坡脚话 pu^{21}lo^{33}li^{55}，po^{24}“圆形的东西”，kha^{22}po^{24}li^{55}“菜坨坨，圆形的东西”，thuŋ^{33}po^{24}li^{55}“桐油果”；他砂话 kho^{21}lo^{55}li^{55}//jiã^{21}pu^{55}lo^{21}；龙山话 khu^{21}lo^{55}lo^{21}。

南部方言“圆（球很圆）”：duan^{33}。

“圆（指平面）”：坡脚话 thuan^{21}ko^{55}li^{55}，龙山话 je^{21}kho^{21}lo^{35}，古丈话 kho^{35}zo^{21}ze^{55}，泸溪话 duɛ̃^{33}。

北部方言中，多音节形式中的 thuan^{21} 为汉语语素“团”，je^{21} 为当地汉语方言“圆”，土家语无前高圆唇元音 y，汉语撮口呼 -y 借入土家语后读为前高不圆唇元音 -i。po^{24}li^{55}、kho^{21}lo^{35} 表示“圆”的意思，po^{24}“圆形的东西”。南部方言是汉语借词“团”。

土家语“圆”与藏缅语比较：藏文 sgor sgor，拉萨藏语 koː^{13}koː^{55}，夏河藏语 hkor hko，木雅语 gø^{33}gø^{53}，史兴语 gu^{55}gu^{55}//ku^{55}tu^{33}lu^{33}，博嘎尔珞巴语 kor kor，缅文 waŋ^{3}，缅语 wɑ̃ i^{55}，绿春哈尼语 ɣɔ^{33}，墨江哈尼语 ɣu^{33}lu^{33}sa^{33}，拉祜语 u^{35}，克伦语 gă^{31}wɔ^{33}。

汉语材料：“圓”*ɢŏn，“員”*ɢŏn。《说文》：“圓，圜，全也。读若員。”“員”有圆之义：《孟子·离娄上》：“规矩，方員之至也。”

缅文 wan^{3}“环绕；圆，环状的”（《词典》943）。

白保罗依据克钦语 wan、缅语 wàn、卢舍依语 val“圆形的”，构拟了原始

① ［澳］D. 布莱德雷：《彝语支源流》，乐赛月、陈康、鲁丁译，412 页，成都，四川民族出版社，1992。

② 李永燧：《缅彝语音韵学》，844 页，北京，社会科学文献出版社，2011。

藏 – 缅语 *wal。①

白保罗论述："藏语 kor '圆的，圆形'，西部藏语 kor '坑，洞'，卢舍依语 kor '溪谷，深谷'，加罗语 a-khol，迪马萨语 ha-khor '山洞'，博多语 ha-khor '洞，山谷'（a~ha '土地'）（藏 – 缅语 *kor）。"②

白保罗还根据克钦语 khoi "围绕，围住"、缅语 khrwe-ram "围绕，伴随"，构拟了原始藏 – 缅语 *kroy。③

D. 布莱德雷认为，原始彝语支"圆，绕圈" *woŋ^{2}，与缅语 wanː//wuiŋː、傈僳语 waw^{6}、普诺伊语 ʔā́ bón、比傈语 ʔaŋ bun、阿卡语 g^{1}aw^{v}-eu、姆比语 ko^{5}//woŋ^{3}、共同拉祜语 *g^{1}aw^{-} 形式同源。④

李永燧构拟缅彝语古音"圆"为 *leŋʔ。⑤

（二）语义演变类型

土家语里，表示"圆"的词有多个，暂未确定哪个是基础形式，暂不讨论它的语义演变问题。

十一、干（dry）

"dry 干"居"百词表"第 99 位。

（一）词源分析

1. "干"

北部方言：坡脚话 ka^{21} "干旱，（衣服）干了"，kha^{55}thai^{55}kha^{55}thai^{55} "很干很干"，la^{22}ka^{22} "干旱"；他砂话 a^{55}ka^{21}//ka^{21}；龙山话 ka^{21}//a^{55}ka^{21}；仙仁话

① ［美］P.K. 本尼迪克特：《汉藏语言概论》，乐赛月、罗美珍译，29 页，北京，中国社会科学院民族研究所，内部资料，1984。
② ［美］P.K. 本尼迪克特：《汉藏语言概论》，乐赛月、罗美珍译，78 页，北京，中国社会科学院民族研究所，内部资料，1984。
③ ［美］P.K. 本尼迪克特：《汉藏语言概论》，乐赛月、罗美珍译，71 页，北京，中国社会科学院民族研究所，内部资料，1984。
④ ［澳］D. 布莱德雷：《彝语支源流》，乐赛月、陈康、鲁丁译，414 ~ 415 页，成都，四川民族出版社，1992。
⑤ 李永燧：《缅彝语音韵学》，881 页，北京，社会科学文献出版社，2011。

ka^{33}；古丈话 ka^{21}//a^{55}ka^{21}。

南部方言：go^{55}// go^{35}。

南北方言分化较早，北部方言单音节词根形式为 ka^{21}，可以跟藏缅语“干”比较。

“干”：藏文 skam po，拉萨藏语 kam^{55}po^{55}，巴塘藏语 ka^{55}mbʊ^{53}，夏河藏语 hka mbo，景颇语 ka̱^{33}，缅文 khrɔk^{4}，缅语 tɕhɑu^{4}，波拉语 kja̱ u^{55}，勒期语 kju̱ː^{55}，巍山彝语 gu^{33}，傈僳语 dʒu̱^{33}，绿春哈尼语 gɯ^{33}，墨江哈尼语 kɯ^{33}，基诺语 a^{44}kɯ^{44}。

“干（干了）”：藏文 skem，拉萨藏语 kam^{52}，夏河藏语 hkam，阿力克藏语 rkam，景颇语 ka̱ ^{33}，缅文 khrɔk^{4}，缅语 tɕhɑu^{ʔ4}。

南部方言单音节词根形式为 go^{55}，可以跟藏缅语“干”比较。

“干”：兰坪普米语 ɢu^{55}，九龙普米语 ɣu^{11}ɣu^{55}，道孚语 ɣro ɣro，景颇语 khʒo^{55}，波拉语 kja̱ u^{55}，勒期语 kju̱ː^{ʔ55}，巍山彝语 gu^{33}，傈僳语 dʒu̱^{33}，绿春哈尼语 gɯ^{33}，墨江哈尼语 kɯ^{33}，基诺语 a^{44}kɯ^{44}。

“干（干了）”：兰坪普米语 ɢu^{55}，道孚语 ɣro ɣro，绿春哈尼语 gɯ^{33}，墨江哈尼语 kɯ^{33}，基诺语 kɯ^{33}。

南部方言 go^{55} 可以跟原始缅彝语比较，D. 布莱德雷认为，原始彝语支“干的”有两个原始形式：*s-we^{2} 和 *gwe^{3}，*s-we^{2} 与缅语 sweʔ、傈僳语 hu^{3} 形式同源；*gwe^{3} 与普诺伊语 ʔã k//pat、比傈语 kɯ、阿卡语 gui-eu//ko^-eu、姆比语（*g-w）kɯ^{3}、共同拉祜语 *vi://fi_ 形式同源。①

李永燧也认为，原始缅彝语“(衣）干”有两个形式，“干$_{1}$”*xhuaiʔ 和 “干$_{2}$”*guiʔ。②

北部方言 ka^{21} “干旱”可以与缅文 khan^{3} “干涸”(《词典》116）比较。还可以跟汉语“乾”*kaan，“旱”*gaanʔ 比较。《诗经 · 国风 · 中谷有蓷》：“暵其乾矣。”《说文》：“旱，不雨也。”杨树达《释旱》谓“旱”和“干”“乾”音义同。③

① ［澳］D. 布莱德雷：《彝语支源流》，乐赛月、陈康、鲁丁译，410 ~ 411 页，成都，四川民族出版社，1992。

② 李永燧：《缅彝语音韵学》，841 页，北京，社会科学文献出版社，2011。

③ 杨树达：《积微居小学金石论丛》，北京，商务印书馆，2011。

白保罗的藏－缅语材料有 -ŋ 尾："克钦语 kaŋ'干燥的，如稻谷、衣服或类似的东西'，卢舍依语 kaŋ'蒸发，干涸'，还有'煎'（藏－缅语 *kaŋ）。"[①]

2."湿"

北部方言：坡脚话 kha^{33}piə^{33}，他砂话 kha^{55}piɛ^{53}，龙山话 kha^{55}pe^{55}//kha^{55}pe^{55}le^{55}，仙仁话 kha^{54}pi^{33}lie^{33}，古丈话 kho^{35}tɕhe^{21}tɕhe^{21}。

南部方言：zo^{55}//zo^{35}。

（二）语义演变类型

土家语"干"与"湿"语音形式成对应关系。

第二节　副词

一、不（not）

"not 不"居"百词表"第 8 位。

（一）词源分析

土家语中，表示否定的副词有多个。

北部方言：坡脚话 tha^{55}（否定副词"不"），组词时 tha^{22}，单用时 tha^{55}；thai^{24}"没有，无"（动词）。龙山话 tha^{55}"不"，tha^{55}to^{21}"别"，ta^{35}"未"，thai^{35}，thau^{35}，xɯ^{35}。他砂话 ta^{55}//tha^{55}。仙仁话 tha^{33}。

南部方言：ma^{55}，mi^{35}，ta^{33}，tsi^{21}"不"，da^{33}"不"，mai^{13}ji^{55}"不"，mai^{35}ȵie^{33}"未曾"。

土家语中表示否定的副词，可以跟藏缅语的否定副词比较。

"不（不去）"：藏文 mi，拉萨藏语 ma^{13}，门巴语 ma，羌语 ma，普米语 ma^{35}，嘉绒语 ma，扎巴语 ma^{35}，喜德彝语 a^{21}，大方彝语 ma^{21}，傈僳语 mɑ^{31}，

① ［美］P.K. 本尼迪克特：《汉藏语言概论》，乐赛月、罗美珍译，75 页，北京，中国社会科学院民族研究所，内部资料，1984。

丽江纳西语 mə^{33}，哈雅哈尼语 ma^{53}，拉祜语 m^{53}，缅文 mɑ^{1}…bhu^{3}，缅语 mɑ^{53}…bu^{55}，阿昌语 ma^{31}，载瓦语 a^{21}，碧江怒语 mɑ^{33}。

“别（别吃）”：藏文 ma，拉萨藏语 ma^{13}，门巴语 ma，羌语 ma，普米语 ta^{13}，嘉绒语 mə，扎巴语 tɛ^{35}，尔苏语 thɑ^{55}，史兴语 thɑ^{55}，喜德彝语 tha^{31}，大方彝语 tha^{21}，南涧彝语 thɑ^{21}，傈僳语 thɑ^{31}，丽江纳西语 mə^{33}thɑ^{31}，哈雅哈尼语 tha^{31}，拉祜语 tᴀ^{53}，基诺语 thɐ^{33}，缅文 mɑ^{1}…hnɑŋ^{1}，缅语 mɑ^{53}…n̥ĩ ^{53}，阿昌语 ta^{31}，碧江怒语 thɑ^{31}。

D. 布莱德雷构拟的原始彝语支表示否定意义的词有多个，否定词“不” *ma^{2}、否定命令词 *ta^{2} 和表示“什么也没有”的 *dat^{L} 和 C-cik^{L}。“不” *ma^{2}，与缅语 maʔ（动词）、傈僳语 ma^{5}（动词）、普诺伊语 m̀（动词）、比傈语 ma（动词）、阿卡语 ma$_{V}$（动词）、姆比语 mɑ^{2}（动词）、共同拉祜语 *ma$^{\vee}$ 形式同源。*ta^{2} 与傈僳语 hta^{5}（动词）、阿卡语 ta$_{V}$（动词）、姆比语 ʔɑ^{2}（动词）、彝语 tha^{55}、共同拉祜语 *ta$^{\vee}$ 形式同源。*dat^{L} 与阿卡语 ti$_{V}$je$_{V}$i$_{V}$、共同拉祜语 *te$_{\wedge}$ 形式同源。C-cik^{L} 与傈僳语 a^{1}shï^{5}、阿卡语 ti$_{V}$je$_{V}$i$_{V}$、共同拉祜语 *chi^{-} //*chweh^{-} 形式同源。①

李永燧认为，原始缅彝语“不”有两个形式，“不$_{1}$（去）” *mah，“不$_{2}$” *maʔ。②

汉语：“無” *mǎʔ，《说文》：“無，亡也。”

缅文 ma^{1}，表示否定的副词（《词典》641）。

白保罗认为：“藏－缅语中，否定成分 *ma 和 *ta 放在动词前面（*ma 经常放在动词前面，如缅语）。单纯否定词 *ma，几乎分布于整个藏－缅语言……祈使否定词 *ta，几乎同 *ma 一样，也得到了很充分的反映。”③

（二）语义演变类型

土家语里，表示否定的词有多个，既有多个单音节形式，也有多音节形式，暂未确定哪个是基础形式，暂不讨论它的语义演变问题。

---

① ［澳］D. 布莱德雷：《彝语支源流》，乐赛月、陈康、鲁丁译，458 ～ 459 页，成都，四川民族出版社，1992。

② 李永燧：《缅彝语音韵学》，841 页，北京，社会科学文献出版社，2011。

③ ［美］P.K. 本尼迪克特：《汉藏语言概论》，乐赛月、罗美珍译，101 页，北京，中国社会科学院民族研究所，内部资料，1984。

二、都（all）

“all 都”居“百词表”第 9 位。

（一）词源分析

北部方言“都”：坡脚话 ɸu²⁴ȵi⁵⁵，龙山话 xu³⁵ni⁵⁵//xu³⁵ȵi⁵³//ɯe³⁵si⁵⁵，仙仁话 khɯ³³li⁵⁵，他砂话 xu³⁵ni⁵⁵。

南部方言：bu¹³//bu³⁵li⁵⁵。

表示“全部”的副词“都”，土家语方言内部语音形式对应，南北方言分化较早，各自发展，北部方言是舌根塞音、擦音，而南部方言是双唇塞音，主元音都是后高元音。早期共同语可能是 *gru-sli//*bru-sli。可以跟藏缅语比较。

“全部”：羌语 zu，怒苏怒语 tshɯ⁵⁵，巍山彝语 xɑ³³xu⁵⁵，傈僳语 xɯ³³thi²²，墨江哈尼语 ʃɛ³¹ti³³，纳西语 dɯ³³xə³³，克伦语 khɛ̰⁵⁵lø̰ ³¹。

“全（全了）”：景颇语 khum³³，独龙语 ŋɯm⁵³，缅文 sum²，缅语 sõ ²²，阿昌语 ku⁵⁵，仙岛语 kum³⁵，载瓦语 khuŋ⁵⁵，喜德彝语 ŋɯ³³kɯ⁵⁵mu³³。

还可以跟白保罗提供的藏 – 缅语材料比较：“藏语 kun‘所有、全部’，缅语 kun‘至结尾，被用上’,ăkun‘全部’（藏 – 缅语 *kun）。”① “藏语 kun‘所有，全部’＜藏 – 缅语 *m-kul。”②

缅文 kun² “都，表示多数”（《词典》37）。缅语此字见于《白狼歌》“父子同赐”，用汉字对译为“捕茞菌毗”。郑张尚芳等学者认为，这里的“菌”*gwrɯn，记录缅文的 kun、藏文 kun 和汉语的“均”*kwlin 对应。③

汉语“均”*kwl̆i n,《说文》：“均，平徧也。”字又作“钧”,《左传・昭公二十八年》：“钧将皆死。”杜预注：“钧，同也。”

北部方言形式可以跟原始缅彝语“全（全了）”*kum 比较。李永燧认为，原

① ［美］P.K. 本尼迪克特：《汉藏语言概论》，乐赛月、罗美珍译，15 页，北京，中国社会科学院民族研究所，内部资料，1984。

② ［美］P.K. 本尼迪克特：《汉藏语言概论》，乐赛月、罗美珍译，193 页，北京，中国社会科学院民族研究所，内部资料，1984。

③ 郑张尚芳：《上古缅歌——〈白狼歌〉的全文解读》，见郑张尚芳：《郑张尚芳语言学论文集》，671 ~ 700 页，北京，中华书局，2012。

始缅彝语“全（全了）”语音形式为 *kum。[①]

（二）语义演变类型

“都”，暂未在土家语里找到更多的语义演变线索，暂不讨论。

① 李永燧：《缅彝语音韵学》，862 页，北京，社会科学文献出版社，2011。

第四章　数词与指代词

第一节　数词

一、一（one）

“one 一”居“百词表”第 11 位。

（一）词源分析

北部方言“一”：坡脚话 la^{24}//la^{55}，他砂话 la^{35}，龙山话 na^{35}//la^{35}，仙仁话 na^{54}，保靖话 la^{55}，永顺话 la^{24}，古丈话 la^{35}。

南部方言“一”：la^{55}//la^{33}。

土家语数词“一”南北方言内部形式一致，边音 l- 与鼻音 n- 在元音 -a 前不区分意义，自由变读。

土家语 la^{35} 可以跟藏缅语“一”比较：羌语 ɑ，九龙普米语 ta^{11}，木雅语 tɐ^{53}，贵琼语 ta^{55}，缅文 tɑs^{4}，缅语 ti^{ʔ4}，阿昌语 ta^{31}，仙岛语 ta^{31}，载瓦语 ʒa^{21}//lǎ^{21}，浪速语 ta^{31}，波拉语 ta^{31}，勒期语 ta^{31}。

D. 布莱德雷构拟了原始彝语支“一”*ti^{2}//di^{2}。*di^{2} 与缅语 tac、比傈语 nɯŋ//tɯ̆、阿卡语 ti$_{\wedge}$ //ti$_{\vee}$、共同拉祜语 *te^ 形式同源；*ti^{2} 与傈僳语 hti^{5}、普诺伊语 n-ŋ//thə̆、姆比语 thɯʔ^{2}//tho^{2} 形式同源。①

李永燧构拟缅彝语古音“一”有 4 个形式，分别为 *da，*tʃhih，*dhah，*tăs。②

① ［澳］D. 布莱德雷：《彝语支源流》，乐赛月、陈康、鲁丁译，400 ~ 401 页，成都，四川民族出版社，1992。

② 李永燧：《缅彝语音韵学》，879 页，北京，社会科学文献出版社，2011。

汉字“一”*qlik。缅文 as^{4}“一”（《词典》371）。多位学者都将汉语的“一”字与缅文的 as^{4}“一”进行比较。龚煌城认为，缅文的 ʔac < *ʔik。[1] 潘悟云也认为缅文的 as^{4} < *ik^{4}，对应汉语的“一”*qǐk > ʔit。[2]

“隻”*tjĕk，《说文》：“隻，鳥一枚也。”甲骨文有“隻”，像以手持隹形。

白保罗把原始藏 - 缅语的“一”构拟为 *tyik，原始汉藏语的“一”构拟成 *tyak//*tyik，原始汉语的“隻”来自 *tyak。[3]

（二）语义演变类型

土家语数词 la^{35}“一”广泛应用于计量，包括序数、名物计量、动作计量等等。

土家语序数词“第一”：龙山话 na^{35}ti^{55}kuei^{55}，古丈话 la^{35}ti^{55}kuei^{55}。

“十一”：北部方言坡脚话 la^{24}xɯ^{33}la^{24}，龙山话 la^{35}xɯ^{55}la^{35}；南部方言：la^{21}çi^{21}la^{21}bu^{21}//la^{33}xɯ^{33}la^{33}。

动词前面的计数“一”：la^{35}pa^{53}“一看，看一下”；la^{35}phe^{53}“一包，包一下”；la^{35}su^{53}“一锁，锁一下”；la^{35}thie^{55}“一撮，撮一下”；la^{35}tha^{53}“一接，接一下”（主要指接液体）。

名词前面的计数“一”：la^{35}si^{55}“一月，一个月”。

二、二（two）

“two 二”居“百词表”第 12 位。

（一）词源分析

北部方言“二”：坡脚话 n̥ie^{24}，他砂话 niɛ^{55}，龙山话 ne^{55}//n̥ie^{55}（lie^{55}），仙仁话 n̥e^{54}，保靖话 n̥ie^{55}，永顺话 nie^{44}，古丈话 n̥e^{55}。

南部方言“二”：le^{55}//lie^{55}。

---

① 龚煌城：《汉藏语研究论文集》，12 页，北京，北京大学出版社，2004。

② 潘悟云：《缅甸文元音的转写》，载《民族语文》，2000（2），17 ~ 21 页。

③ ［美］P.K. 本尼迪克特：《汉藏语言概论》，乐赛月、罗美珍译，245 页，北京，中国社会科学院民族研究所，内部资料，1984。

土家语数词 ȵie^{24}“二”南北方言内部形式一致，可以跟藏缅语“二”比较：藏文 gȵis，拉萨藏语 ȵiː^{55}，巴塘藏语 ȵi^{55}，夏河藏语 hȵi，错那门巴语 nai^{35}，墨脱门巴语 ȵik tsiŋ，兰坪普米语 ni^{13}，道孚语 ɣnə，却域语 ȵi^{55}，扎坝语 nɛ^{13}，木雅语 nə^{53}//ȵi^{53}，独龙语 ɑ^{31}ni^{55}，博嘎尔珞巴语 a ȵi，缅文 hnɑs^{4}，缅语 n̥i^{44}，喜德彝语 ȵi^{21}，傈僳语 ȵi^{31}，绿春哈尼语 ȵi^{31}，拉祜语 ni^{53}，基诺语 ni^{55}，纳西语 ȵi^{21}。

D. 布莱德雷构拟的原始彝语支“二”*s-ni（k）$^{2/L}$，与缅语 hnac、傈僳语 nyï^{5}、普诺伊语 sŏŋ//hnə̆ 、比傈语 sɔ̀ŋ//nɪ、阿卡语 nyi$_{\wedge}$//nyi$_{\vee}$、姆比语 ɲiʔ^{2}//ɲi^{2}、彝语 ȵi^{21}、共同拉祜语 *ni$^{\vee}$ 形式同源。①

李永燧构拟的缅彝语古音字汇“二”为 *n̥hă s。②

汉语“二”*njis，《说文》：“地之數也。”

缅文 hnas^{4}“二，两”。多位学者都拿汉语的“二”和缅语的 hnas^{4} 比较。龚煌城认为，缅文的 hnas＜*hnit。③ 潘悟云认为缅文 hnas^{4} 来自 *hnis，可以和藏文的 gȵis 比较。④

白保罗把原始藏－缅语的“二”构拟成 *g-nis，⑤ 这和汉语“二”的读音接近。

（二）语义演变类型

土家语数词 ȵie^{24}“二”广泛应用于计量，包括序数、名物计量、动作计量等。

土家语序数词“第二”：龙山 ne^{55}ti^{55}kuei^{55}，古丈 ȵe^{55}ti^{55}kuei^{55}。

“十二”：北部方言 na^{35}x^{35}ne^{55}pu^{55}//la^{35}xɯ^{55}ȵie^{55}，南部方言 la^{21}çi^{21}lie^{55}bu^{21}//la^{33}xɯ^{33}lie^{55}。

---

① ［澳］D. 布莱德雷：《彝语支源流》，乐赛月、陈康、鲁丁译，400 ～ 401 页，成都，四川民族出版社，1992。

② 李永燧：《缅彝语音韵学》，839 页，北京，社会科学文献出版社，2011。

③ 龚煌城：《汉藏语研究论文集》，12 页，北京，北京大学出版社，2004。

④ 潘悟云：《缅甸文元音的转写》，载《民族语文》，2000（2），17 ～ 21 页。

⑤ ［美］P.K. 本尼迪克特：《汉藏语言概论》，乐赛月、罗美珍译，13 页，北京，中国社会科学院民族研究所，内部资料，1984。

第二节　人、物指代词

一、我（I）

“I 我”，第一人称代词单数，居“百词表”第 1 位。

（一）词源分析

北部方言“我”：坡脚话 ŋa^{24}，他砂话 ŋa^{35}，龙山话 ŋa^{35}，仙仁话 ŋa^{33}，保靖话 ŋa^{35}，古丈话 ŋa^{35}。

南部方言“我”：ŋo^{35}//ŋo^{33}。

这个词藏缅语言中比较一致，基本上都是舌根音声母 ŋ，韵母也比较一致为 a 或 o，比较古老的藏文、藏羌语、缅文韵母都为 a，所以，土家语的早期形式推测为 *ŋa。

“我”：藏文 ŋa//bdag，拉萨藏语 ŋa^{13}，夏河藏语 ŋa，阿力克藏语 ŋæ，错那门巴语 ŋe^{35}，羌语 qɑ，嘉绒语 ŋɑ，道孚语 ŋa，却域语 ŋa^{13}，扎坝语 ma^{13}，木雅语 ŋə^{53}，贵琼语 ŋə^{35}，史兴语 ŋa^{55}，阿依怒语 ŋɑ^{55}，博嘎尔珞巴语 ŋoː，义都珞巴语 ŋɑ^{35}，缅文 ŋɑɑ^{2}，缅语 ŋɑ^{22}，阿昌语 ŋɔ^{55}，仙岛语 ŋɔ^{55}，载瓦语 ŋo^{51}，浪速语 ŋɔ^{31}，波拉语 ŋa^{55}，勒期语 ŋo^{31}，怒苏怒语 ŋa^{33}，喜德彝语 ŋɑ^{33}，南华彝语 ŋo^{33}，傈僳语 ŋuɑ^{33}，绿春哈尼语 ŋa^{55}，墨江哈尼语 ŋɔ^{55}，拉祜语 ŋɑ^{31}，基诺语 ŋɔ^{42}，纳西语 ŋə^{21}，纳木兹语 ŋa^{55}，嘎卓语 ŋa^{33}。

D. 布莱德雷构拟的原始彝语支“我”为 *c-ŋa^{1}，与缅语 kywan taw//ŋa、傈僳语 ngwa^{4}、普诺伊语 ga´nǒm、比傈语 ga、阿卡语 nga^{v}、姆比语 ŋo^{6}、彝语 ŋa^{33}、哈尼语方言 ŋɔ^{55}、共同拉祜语 *nga^{v} 形式同源。①

李永燧构拟的缅彝语古音“我”为 *ŋha。②

① ［澳］D. 布莱德雷：《彝语支源流》，乐赛月、陈康、鲁丁译，392 ~ 393 页，成都，四川民族出版社，1992。

② 李永燧：《缅彝语音韵学》，874 页，北京，社会科学文献出版社，2011。

土家语与汉语“吾”对应，“吾”*ŋaa，《说文》：“吾，我自稱也。”

白保罗的论述如下：“藏语 ŋed（带后缀 -d）‘我，我们’（雅语），克钦语 ŋai ‘我’，卢舍依语 ŋei ‘自己’（藏 – 缅语 *ŋay）。”[①]

缅文 ŋaa^{2} “我”（一般为长辈对下辈或平辈之前用），仰光缅语 ŋɑ^{22} “我”。

“我” *ŋaalʔ，《说文》：“我，施身自謂也。”“我”见于甲骨文，本义是一种戈类的兵器。后来用来指代自身“我”。

（二）语义演变类型

“我”，暂未在土家语里找到更多的语义演变线索，暂不讨论。

二、你（you）

“you 你”，第二人称代词，居“百词表”第 2 位。

（一）词源分析

1. “你”

北部方言：坡脚话 ȵi^{24}，他砂话 ni^{35}，龙山话 ȵi^{35}//ni^{35}，仙仁话 ȵi^{33}，保靖话 ȵi^{21}，古丈话 ko^{35}。

南部方言：ȵi^{35}//ni^{33}。

土家语第二人称代词单数“你” ȵi^{35}，方言内部语音形式一致，与藏缅语有着广泛的语音对应关系。

“你”：错那门巴语 ʔi^{53}，普米语 ȵi^{35}，尔龚语 ȵi，道孚语 ȵi，却域语 ȵe^{13}，木雅语 nɛ^{53}，扎巴语 ȵe^{35}，尔苏语 ne^{53}，史兴语 ni^{35}，喜德彝语 nɯ^{33}，南涧彝语 ṇ（ʅ）^{55}，南华彝语 ȵi^{33}，弥勒彝语 ni^{33}，傈僳语 nu^{33}，丽江纳西语 nv̩^{31}，哈尼语 nv̩^{55}，基诺语 nə^{42}，嘎卓语 nɛ^{33}，克伦语 ne^{31}。

“你们”：普米语 ȵi^{35}rə^{53}，尔龚语 ȵi ȵɯ，道孚语 ȵi ȵi，却域语 ȵe^{13}nɯ^{55}，木雅语 næ^{33}nə^{53}，尔苏语 nɛ^{55}rɪ^{55}，史兴语 ni^{55}rɛ̃^{55}，喜德彝语 nɯ^{21}ȵi^{55}，基诺语 nɯ^{33}ni^{33}。

① ［美］P.K. 本尼迪克特：《汉藏语言概论》，乐赛月、罗美珍译，67 页，北京，中国社会科学院民族研究所，内部资料，1984。

白保罗提供的材料：“塔米语、马加里语、切邦语的 naŋ，克钦语 naŋ~na，缅语 naŋ‘你’，加罗语 naʔa“您’，naŋ-ni“你的’，卢舍依语 naŋ，还有迪巴尔语和怒语 na‘你’。”① 他将藏－缅语的“你”构拟为 *naŋ，与汉语“汝”比较。又认为根据汉语的“戎”可以构拟出一个同源异形词 *na · ŋ。②

李永燧也认为，原始缅彝语“你”是 *naŋ。③

D. 布莱德雷认为，原始彝语支“你”*naŋ^{1}，与缅语 hkaŋ byaː//naŋ、傈僳语 nu^{4}、普诺伊语 nã、比傈语 naŋ、阿卡语 naw^{v}、姆比语 noŋ^{6}、彝语 nɯ^{33}、哈尼语方言 nu̠^{55}//nu^{55}、共同拉祜语 *naw^{v} 形式同源。④

汉语“汝”*njaʔ，《尚书 · 舜典》：“命汝典乐。”《诗经 · 魏风 · 硕鼠》：“三岁贯女。”“女”为假借用法。

“卬”*ŋaaŋ，《诗经 · 邶风 · 匏有苦叶》：“人涉卬否，卬须我友。”

缅文 naŋ^{2}“你”（卑称或在平辈之间用），naŋ^{1}“你的”（对同辈或晚辈讲话时用）。仰光缅语 mĩ ^{55}//nĩ ^{22}。

土家语 ȵi^{35}“你”与汉语“尔”更接近。“尔”* njelʔ。⑤

2. “你们”

北部方言：坡脚话 siə^{24}，他砂话 sɤ^{35}//sɤ^{35}ni^{55}，龙山话 sie^{35}//sie^{35}ȵi^{55}，仙仁话 sə^{33}，保靖话 se^{21}ȵi^{21}，古丈话 se^{35}ka^{55}ɣɯ^{21}。

南部方言：ka^{33}sie^{33}。

土家语第二人称复数 sie^{35}ȵi^{55}“你们”，后一个音节往往脱落成单音节 sie^{35}。

（二）语义演变类型

“你”，暂未在土家语里找到更多的语义演变线索，暂不讨论。

① ［美］P.K. 本尼迪克特：《汉藏语言概论》，乐赛月、罗美珍译，97 页，北京，中国社会科学院民族研究所，内部资料，1984。

② ［美］P.K. 本尼迪克特：《汉藏语言概论》，乐赛月、罗美珍译，287 页，北京，中国社会科学院民族研究所，内部资料，1984。

③ 李永燧：《缅彝语音韵学》，857 页，北京，社会科学文献出版社，2011。

④ ［澳］D. 布莱德雷：《彝语支源流》，乐赛月、陈康、鲁丁译，392 ~ 393 页，成都，四川民族出版社，1992。

⑤ 郑张尚芳：《上古音系》（第二版），311 页，上海，上海教育出版社，2013。

三、我们（we）

“we 我们”，居“百词表”第 3 位。

（一）词源分析

北部方言“我们”：坡脚话 a^{22}ȵi^{24}，他砂话 a^{35}ni^{55}//ã^{35}，龙山话 ŋa^{35}ni^{35}//a^{35}ȵi^{55}，仙仁话 a^{33}ȵi^{33}，保靖话 ŋa^{35}ȵi^{21}，古丈话 ŋa^{35}ȵi^{35}。

南部方言“我们”：a^{21}ni^{33}//a^{21}ȵi^{21}。

土家语第一人称代词复数“我们”，南北方言形式一致，为 ŋa^{24}“我”和 ni^{24}“你”的组合。ŋa^{24}ni^{24} 起首舌根辅音 ŋ- 时有脱落，成 a^{22}ȵi^{24}。

坡脚话中，an^{24} 也表示自称“我，我们”，自称 ŋa^{24}；ŋan^{24} 自称，有时带有复数意义“我们”，an^{24} 和 ŋan^{24}“我，我们”可视作自称 ŋa^{24}“我”通过内部语音屈折的方式来表达相近意义复数“我们”。

土家语 a^{22}ȵi^{24}“我们”与藏缅语“我们”语音对应：藏文 ŋa tsho，拉萨藏语 ŋã^{13}tsho^{55}，错那门巴语 ŋa^{35}ra^{53}，墨脱门巴语 ai，道孚语 ŋa ji，却域语 ŋa^{13}（ȵa^{55}）nɯ^{33}，木雅语 ŋə^{33}nə^{53}，史兴语 ŋa^{55}r̃ɛ^{55}，缅文 ŋaa^{2} to^{1}，仰光缅语 ŋɑ^{22}to^{53}，载瓦语 ŋa^{55}mo^{55}，波拉语 ŋă^{55}ma^{31}，怒苏怒语 ŋa^{33}dɯ^{31}，喜德彝语 ŋo^{21}ɣo^{34}，绿春哈尼语 ŋa^{55}ja^{33}，拉祜语 ŋɑ^{31}xɯ^{33}，纳木兹语 ŋa^{55}χuo^{31}，嘎卓语 ŋa^{33}tshɤ^{31}。

白保罗的论述如下：“藏语 ŋed（带后缀 -d）‘我，我们’（雅语），克钦语 ŋai‘我’，卢舍依语 ŋei‘自己’（藏－缅语 *ŋay）。”①

D. 布莱德雷认为，原始彝语支“我们”*ʔ-way^{2}，与缅语 kywan taw、傈僳语 ngwa^{4}、普诺伊语 gu、阿卡语 a$_{V}$dui、姆比语 ŋa^{4}tɕu^{2} 形式同源。②

（二）语义演变类型

土家语 a^{22}ȵi^{24}//ŋa^{35}ȵi^{35}“我们”是由 ŋa^{24}“我”和 ȵi^{24}“你”合成的，此处暂不讨论它的语义演变问题。

---

① ［美］P.K. 本尼迪克特：《汉藏语言概论》，乐赛月、罗美珍译，67 页，北京，中国社会科学院民族研究所，内部资料，1984。

② ［澳］D. 布莱德雷：《彝语支源流》，乐赛月、陈康、鲁丁译，394～395 页，成都，四川民族出版社，1992。

四、这（this）

“this 这”居“百词表”第 4 位。

（一）词源分析

北部方言“这”：坡脚话 ən^{55}ti^{55}，他砂话 ẽ^{55}//kai^{35}，龙山话 kai^{35}//kɯe^{21}//kɯ^{35}ti^{55}，仙仁话 i^{54}ti^{33}，古丈话 en^{55}//ge^{21}。

南部方言“这”：dʑia^{21}//dʑia^{21}tɯe^{35}。

kai^{35} 可以跟缅语支“这”比较：缅文 hnii^{2}，阿昌语 xai^{55}，仙岛语 xai^{55}，载瓦语 xji^{51}，勒期语 xjɛ^{33}。

ən^{55}、kɯe^{21} 可以跟藏缅语“这”比较：羌语 tsɛ，兰坪普米语 di^{13}，九龙普米语 dɯ^{11}，扎坝语 kʊ^{13}，木雅语 ɐ^{53}tsə^{33}，吕苏语 the^{33}，阿依怒语 iɛ^{55}，达让僜语 e^{55}，义都珞巴语 i^{55}he^{55}，傈僳语 thḛ^{33}，墨江哈尼语 jɛ^{55}。

D. 布莱德雷构拟的原始彝语支“这”*i^{1}//hi^{1}、*ti^{1}//ci^{1}、*ni^{1}。*i^{1}//hi^{1} 与缅语 di//ʔi、阿卡语 heu、姆比语 hɤ^{6}//he^{6} 形式同源；*ti^{1}//ci^{1} 与缅语 di//ʔi、傈僳语 hte^{-4}、共同拉祜语 *chi: 形式同源；*ni^{1} 与普诺伊语 hɲã、比傈语 niŋ//ni 形式同源。①

李永燧认为，原始缅彝语音“这”为 *xlai。②

汉语“其”*gɯ̌，王力认为，“其”用于指示时，是特指的指示代词，不是近指，也不是远指③。

“爾”*njělʔ＜*mljelʔ，“若”用作指示代词，作定语。“若”常用于近指。“爾”常用于远指，但在某些情况下，近、远指的分别不清晰。

土家语用来表指示的“这”有多个形式，各形式在语言交际有细微差异。

① ［澳］D. 布莱德雷：《彝语支源流》，乐赛月、陈康、鲁丁译，396 ~ 397 页，成都，四川民族出版社，1992。

② 李永燧：《缅彝语音韵学》，882 页，北京，社会科学文献出版社，2011。

③ 王力：《汉语史稿》，365 页，北京，中华书局，2004。

（二）语义演变类型

土家语里表示近指“这”的词有多个，既有多个单音节形式，也有多音节形式，暂未确定哪个是基础形式，因此暂不讨论它的语义演变问题。

五、那（that）

“that 那”居“百词表”第 5 位。

（一）词源分析

北部方言“那”：坡脚话 khai^{24}//ai^{55}ti^{55}，他砂话 ai^{55}//ai^{55}ti^{55}，龙山话 ai^{55}//au^{55}//a^{55}ti^{55}，仙仁话 ɛ^{54}ti^{33}。

南部方言“那”：ta^{21}//ta^{21}tɯe^{35}。

南部方言 ta^{21} 可以跟藏缅语“那”比较：藏文 de，拉萨藏语 the^{13}，巴塘藏语 e^{55}de^{53}，错那门巴语 tho^{53}，缅文 tho^{2}，缅语 tho^{22}，浪速语 thø^{31}。

白保罗根据藏语 de“那，那个”，克钦语 dai“这，那”，怒语 dɐ“这”，构拟了藏－缅语 *day。①

au^{55} 可以跟藏缅语“那”比较：吕苏语 ɦa^{33}，博嘎尔珞巴语 a，缅文 ho^{2}，缅语 ho^{22}，载瓦语 xau^{51}，喜德彝语 o^{33}，傈僳语 go^{33}//ko^{33}，绿春哈尼语 ø^{55}，拉祜语 o^{53}。

a^{55}ti^{55} 与以下藏缅语“那”形式相近：史兴语 thi^{53}，喜德彝语 ɑ^{33}di^{55}。

D. 布莱德雷也认为，原始彝语支“那（指附近）”有多个语音形式：*ʔo//ho^{1}，*go^{1}，*to^{1}//no^{1}，*ʔ-nam$^{1/2}$“那（指较高处）”，*mam^{2}“那（指较低处）”，*jam$^{1/2}$“那（指远处）”。②

李永燧认为，原始缅彝语“那”有两个形式：“那$_1$”*tho，“那$_2$”*thue。③

汉语“其”*gɯ̆，王力认为，“其”用于指示时，是特指的指示代词，不是

---

① ［美］P.K. 本尼迪克特：《汉藏语言概论》，乐赛月、罗美珍译，16 页，北京，中国社会科学院民族研究所，内部资料，1984。

② ［澳］D. 布莱德雷：《彝语支源流》，乐赛月、陈康、鲁丁译，396 ~ 397 页，成都，四川民族出版社，1992。

③ 李永燧：《缅彝语音韵学》，857 页，北京，社会科学文献出版社，2011。

近指，也不是远指①。

缅文 hɯ¹“那，那个”。

（二）语义演变类型

土家语用来表示的“那”有多个形式，各形式在语言交际时有细微的意义差异。

1.“那里”

北部方言：坡脚话 $tshai^{22}$//$au^{55}tshai^{21}$，他砂话 au^{55}//$au^{55}tshai^{21}$//$a^{55}tu^{55}$//$a^{35}kɤ^{55}$，龙山话 $ai^{55}tu^{55}$//$au^{55}tu^{55}$//$ən^{55}kɯe^{55}$//$en^{35}kɯe^{55}$，古丈话 $a^{35}gə^{55}$。

南部方言：$ta^{21}te^{21}$//$ta^{21}tɯe^{35}$//$ta^{33}te^{33}$。

2.“那个”

北部方言：龙山话 $ai^{55}ti^{55}$，他砂话 $ai^{55}ti^{55}$，古丈话 $a^{55}di^{55}$。

南部方言：$ta^{33}bu^{33}$。

3.“那些”

北部方言：龙山话 $ai^{55}te^{55}$，他砂话 $ai^{55}ti^{55}tiɛ^{55}$，古丈话 $e^{55}di^{55}$。

南部方言：$ta^{33}wo^{55}$。

六、谁（who）

“who 谁”居“百词表”第 6 位。

（一）词源分析

北部方言“谁”：坡脚话 $a^{55}sə^{22}$//$a^{55}so^{21}$，他砂话 $a^{55}sɤ^{21}$，龙山话 $a^{55}sie^{21}$，仙仁话 $a^{33/31}so^{55}$，保靖话 $a^{21}so^{55}$，古丈话 $a^{35}sə^{55}$。

南部方言“谁”：$ʔa^{33}si^{33}$。

方言内部语音形式比较一致，$a^{55}sie^{21}$ 与藏缅语“谁”存在广泛的语音对应关系：夏河藏语 shə，阿力克藏语 sə，错那门巴语 su^{53}，羌语 sə，兰坪普米语 $xɛ^{55}$，嘉绒语 sə，道孚语 shə，却域语 $ɕe^{55}$，扎坝语 $shə^{55}$，贵琼语 s^{55}，吕苏语 se^{53}，南华彝语 $ɑ^{21}se^{21}$，武定彝语 $ɑ^{11}se^{33}$，绿春哈尼语 $a^{21}so^{55}$，拉祜语 $ɑ^{31}ɕu^{33}$，

① 王力：《汉语史稿》，365 页，北京，中华书局，2004。

基诺语 khɔ^{33}su^{33}。

土家语 a^{55}sie^{21} 可以与原始彝语比较。D. 布莱德雷认为，原始彝语支“谁” *ʔəsu^{1}，与缅语 bhay su、普诺伊语 sí、比傈语 ʔa sàŋʔɤ、阿卡语 a$_{V}$su^{V}、姆比语 sɤ^{5}、共同拉祜语 *aːshuː 形式同源。①

李永燧认为，原始缅彝语“谁”有 3 个形式：“谁$_{1}$”*xo，“谁$_{2}$”*saŋ，“谁$_{3}$” *kha。②

（二）语义演变类型

“谁”，暂未在土家语里找到更多的语义演变线索，暂不讨论。

七、何（what）

“what 何”居“百词表”第 7 位。

（一）词源分析

土家语中一般表述为“什么”。

北部方言“什么”：坡脚话 lai^{55}ɕi^{22}//tɕhiə^{22}ɕi^{22}，他砂话 khei^{35}//tɕhiɛ^{53}//tɕhiɛ^{53}ɕiɛ^{21}，龙山话 tɕhie^{53}ɕi^{21}//la^{55}ɕi^{21}//tɕhi^{35}lai^{55}//nai^{55}ɕi^{21}，仙仁话 tɕhe^{35}ɕe$^{33/31}$，古丈话 tɕhe^{35}ɕi^{35}。

南部方言：tshu^{55}mo^{21}//tshɯ^{55}gu^{33}//tshʉ^{55}ɣ^{21}。

la^{53}ɕi^{21}、la^{53} 疑问代词“什么”，la^{53} 是 la^{53}ɕi^{21} 的省略形式，la^{53}ɕi^{21} 不带宾语，而且可以独立成句，la^{53} 要带宾语，不能独立成句。如，la^{53}tsu^{35}xu^{21}“什么要出来了”，la^{53}sa^{21}“什么话”，la^{53}sa^{53}te^{21}“有的人”。

北部方言形式可以跟藏羌语“什么”进行形式比较：藏文 tɕi，巴塘藏语 tɕhɪ^{53}，夏河藏语 tɕhə zəχ，阿力克藏语 tɕhə zuk，道孚语 a tɕhə，却域语 ndie^{13}，扎坝语 tɕh^{33}ʐʌ^{55}，史兴语 tɕhi^{55}hã^{53}，达让僜语 ɕim^{55}。

原始彝语支 *ʔəje^{2} 可以跟土家语 la^{53}ɕi^{21} 比较。D. 布莱德雷认为，原始彝语支“谁”有 3 个原始形式：*ʔəje^{2}，*ʔəpa^{1}，*ʔətap^{L}。*ʔəje^{2} 与傈僳语 a^{1}shï^{5}、普

① ［澳］D. 布莱德雷：《彝语支源流》，乐赛月、陈康、鲁丁译，392 ~ 393 页，成都，四川民族出版社，1992。

② 李永燧：《缅彝语音韵学》，865 页，北京，社会科学文献出版社，2011。

诺伊语 ʔa cǒ 、阿卡语 $a_{\vee}$ $je_{\vee}$、姆比语 $ɲ^{4}tɕe6a^{5}$ 等形式同源；$*ʔəpa^{1}$ 与缅语 bha、阿卡语 $a_{\vee}pa$ $je_{\vee}$、巴考语 $aːhpa_{\vee}$ 同源；$*ʔətap^{L}$ 与共同拉祜语 $*a_{\vee}$ $hto_{\wedge}$ 形式同源。①

李永燧认为，原始缅彝语“什么”是 *xha②。这个形式可以跟土家语 la^{53} 比较。

（二）语义演变类型

土家语里表示疑问“什么”的词有多个，既有多个单音节形式，也有多音节形式，暂未确定哪个是基础形式，暂不讨论它的语义演变问题。

① ［澳］D. 布莱德雷：《彝语支源流》，乐赛月、陈康、鲁丁译，392 ~ 393 页，成都，四川民族出版社，1992。

② 李永燧：《缅彝语音韵学》，865 页，北京，社会科学文献出版社，2011。

结　语

一、小结

M.Swadesh 斯瓦迪士的“百词表”100 个核心词，即 100 个核心语义，并不一一对应土家语中相应的核心语义。

“百词表”中的第 3 条 we“我们”，在土家语里是由 I“我”和 you“你”形式的组合。第 23 条 tree“树”，在土家语里更为基础和核心的语义应该是 kha^{21}“柴”。第 26 条 root“根”，在土家语里是从 foot“脚”派生出来的。第 27 条 bark“皮”和第 28 条 skin“肤”，在土家语里不区分，统一称为“皮”。第 45 条 claw“爪”、第 47 条 knee“膝”，在土家语里是由 foot“脚”派生出来的。第 51 条 breast“胸”与第 52 条 heart“心”，土家语里的形式是词根形式相同、词尾不同，两个词关系密切。第 55 条 eat“吃”和第 56 条 bite“咬”，在土家语里是一个词 ka^{24}（北部方言）、go^{35}（南部方言）。第 63 条 swim“游”，在土家语里是更为基础的语义“洗”。第 67 条 lie“躺”与第 60 条 sleep“睡”的形体动作十分接近，土家语的这两个语义用一个形式“睡”来表达。第 76 条 rain“雨”，在土家语里是由 water“水”派生出来的。第 78 条 sand“沙”，在土家语里是由 stone“石”派生出来的。

综合以上词条，M.Swadesh 斯瓦迪士“百词表”的 100 个核心词，基本上可以作为土家语的 89 个核心词或者核心语义场。其中，“ person 人、woman 女、man 男、fish 鱼、bird 鸟、dog 狗、louse 虱、grease 油、egg 蛋、horn 角、tail 尾、feather 羽、tree 树、seed 果、leaf 叶、bark 皮、flesh 肉、blood 血、bone 骨、hair 发、head 头、ear 耳、eye 眼、nose 鼻、mouth 口、tooth 牙、tongue 舌、foot 脚、hand 手、belly 腹、neck 颈、heart 心、sun 日、moon 月、star 星、water 水、stone 石、earth 地、cloud 云、smoke 烟、fire 火、ash 灰、path 路、mountain 山、night 夜、red 红、

white 白、black 黑、drink 喝、eat 吃、see 看、hear 听、say 说、sleep 睡、die 死、kill 杀、fly 飞、walk 走、come 来、sit 坐、stand 站、give 给、burn 烧、many 多、big 大、long 长、small 小、hot 热、cold 冷、full 满、new 新、good 好、round 圆、dry 干、not 不、all 都、one 一、two 二、I 我、you 你、this 这、that 那、who 谁、what 何”这 84 个核心语义，基本可以找到土家语的固有词或者同族词群，建立相应的语义场。这 84 个核心语义场基本上都可以与汉藏语系语言进行比较，与藏缅语族有较为清晰的亲源关系。

另外，“name 名、liver 肝、green 绿、yellow 黄、know 懂”5 个核心词，是否有土家语固有词，尚未有有力证据证明其是固有词或者借词。

土家语北部方言与南部方言的当前语言形式差异较大，这 89 个核心词中，当代南北方言形式相同或基本相同的只有“虱、蛋、角、肉、血、牙、水、石、烟、火、白、睡、死、走、给、多、长、一、二、你”20 个。有 34 个核心词当代南北部方言形式不同，但南北方言形式之间具备整齐的语音对应关系。其他 35 个核心词暂时还未找到南北部方言的准确对应关系。这些还未找到准确对应关系的南北部方言形式，基本上都可以找到分别与藏缅语族语言对应或者相似的形式，或者与汉语相应的对应词语。也就是说，土家语的这些核心词，北部方言与南部方言分化较早，或者有共同来源，但不同流，分别发展。

人类语言中最为基础的核心概念（词），比如，“水”“火”“女”“男”“日”“肉”“吃”，等等，在土家语南北方言里语音形式比较一致，一般也跟藏缅语族中藏语支、缅语支、彝语支、羌语支语言有着广泛的语音对应关系，或者语音形式相同、相近。

还有不少词与汉语有对应关系，而且大部分可以推定不是借词，因为同时也跟多种藏缅语的语音形式相同或相近。例如“角”“牙”“肉”“脚”“火”，等等。

从“百词表”的 89 个核心语义场逐一对比的结果来看，土家语与藏缅语族语言有着密切关系，尤其是与缅彝语的关系更为密切。是否可以就此来判断土家语在藏缅语族内的语支关系，从分布的广度来看，只有“百词表”89 个语义场的比较结果是不够的，还有待更广范围的语义比较成果。

二、创新点

本书在选题上具有创新性。从核心词出发，运用历史比较法对土家语核心词进行一一比对，是土家语历史研究中的首创。

本书在研究方法上具有创新性。运用语义场—词族—词“三级比较法”和“比较词义法”比较、甄别土家语核心词，并与藏缅语族语言进行比较，进一步探索土家语的早期面貌，为土家语系属问题研究提供了新的方法和思路。

此外，本书逐一地研究土家语核心词，厘清土家语内部语言面貌，为土家语在藏缅语族中的支系系属划分提供有效依据，也是一个创新和尝试。

三、后续研究与展望

虽然本书利用亲属语言对比进行了土家语借词辨别，但尚未建立有效的借词鉴别机制，高效而准确的土家语固有择对词借词鉴别工作有待进一步突破。鉴于土家语与汉语等语言接触历史较长的特点，如何甄别土家语借词以及借词的历史层次，如何建立甄别借词的有效机制，是后续研究要继续探索的问题。

土家语历史上没有文字，没有土家语文献，没有更多前贤的历史比较研究成果，在一定程度上增加了语义比较的难度，同时也缺乏相应的历史文献材料的佐证。虽然笔者针对“百词表”的 100 个核心词进行了逐一比对和甄别，但就目前土家语描写成果来看，有些词是否有土家语固有词还有待进一步考证和研究，因此有些词的对比还显得不够精细，需要进一步提升比较的广度、深度和精度。

主要参考文献

一、古籍、词典

［1］［汉］许慎，［清］段玉裁，注．说文解字注．经韵楼藏本．上海：上海古籍出版社，1988.

［2］诗经．十三经注疏本．中华书局影印阮刻本，北京：中华书局，1980.

［3］礼记．十三经注疏本．中华书局影印阮刻本，北京：中华书局，1980.

［4］仪记．十三经注疏本．中华书局影印阮刻本，北京：中华书局，1980.

［5］左传．十三经注疏本．中华书局影印阮刻本，北京：中华书局，1980.

［6］尚书．十三经注疏本．中华书局影印阮刻本，北京：中华书局，1980.

［7］论语．十三经注疏本．中华书局影印阮刻本，北京：中华书局，1980.

［8］周易．十三经注疏本．中华书局影印阮刻本，北京：中华书局，1980.

［9］谷梁传．十三经注疏本．中华书局影印阮刻本，北京：中华书局，1980.

［10］孟子．十三经注疏本．中华书局影印阮刻本，北京：中华书局，1980.

［11］周礼．十三经注疏本；孙诒让正义，北京：中华书局，1987.

［12］［清］郝懿行．尔雅义疏．王其和，吴庆峰，张金霞，点校．北京：中华书局，2019.

［13］［清］王念孙．广雅疏证．钟宇讯，点校．北京：中华书局，2004.

［14］［梁］顾野王．大广益会玉篇．北京：中华书局，1987.

［15］余迺永．新校互注宋本广韵．上海：上海辞书出版社，2000.

［16］［宋］丁度，等．宋刻集韵．北京：中华书局，1989.

［17］［清］王先谦．释名疏证补．上海：上海古籍出版社，1984.

［18］钱绎．方言笺疏．李发舜，黄建中，点校．北京：中华书局，2013.

［19］黄怀信，张懋镕，田旭东．逸周书汇校集注．上海：上海古籍出版社，1995.

［20］王先谦．荀子集解．上海：商务印书馆，1933.

［21］［宋］司马光，等．类篇．北京：中华书局，1984

［22］［清］孙诒让．墨子间诂．孙启治，点校．北京：中华书局，2017.

［23］朱谦之．老子校释．北京：中华书局，1984.

［24］［清］郭庆藩．庄子集释．北京：中华书局，1961.

［25］高华平，王齐洲，张三夕，译注．韩非子．北京：中华书局，2015.

［26］［周］管仲．管子．上海：上海书店，1989.

［27］杨伯俊．列子集释．北京：中华书局，1985.

［28］黄晖．论衡校释．北京：中华书局，1990.

［29］［汉］司马迁．史记．北京：中华书局，1982.

［30］［汉］班固．汉书．北京：中华书局，1983.

［31］［宋］范晔，撰．［唐］李贤，等，注．后汉书．北京：中华书局，1982.

［32］［汉］刘向．战国策．北京：中华书局，2012.

［33］［清］郝懿行．山海经笺疏．沈海波，点校．上海：上海古籍出版社，2019.

［34］张伯行．朱子语类辑略．新 1 版．北京：中华书局，1985.

［35］［元］杜道坚．文子缵义．新 1 版．北京：中华书局，1985.

［36］［元］脱脱，等．宋史．新 1 版．北京：中华书局，1985.

［37］［梁］萧子显．南齐书．北京：中华书局，1972.

［38］四库全书．第三八三册．上海：上海古籍出版社，1987.

［39］［清］张玉书，等．康熙字典．王引之改本．［清］王引之，等，校订．上海：上海古籍出版社，1996.

［40］汉语大字典编辑委员会．汉语大字典．九卷本．成都：四川辞书出版社，2010.

［41］罗竹风，汉语大词典编辑委员会，汉语大词典编纂处．汉语大词典．上海：上海辞书出版社，2011.

［42］［汉］许慎．说文解字．［宋］徐铉，等，校订，北京：中华书局，2013.

［43］北京大学东方语言文学系缅甸语教研室．缅汉词典．北京：商务印书馆，2009.

二、其他专著

［1］［美］爱德华·萨丕尔．语言论．陆卓元译．北京：商务印书馆，1985.

［2］［法］梅耶．历史语言学中的比较方法．岑麒祥，译．北京：世界图书出版公司，2008.

［3］［美］布龙菲尔德．语言论．袁家骅，赵世开，甘世福，译．北京：商务印书馆，2002.

［4］陈保亚．论语言接触与语言联盟：汉越（侗台）语源关系的解释．北京：语文出版社，1996.

［5］陈康．土家语研究．北京：中央民族大学出版社，2006.

［6］［澳］D. 布莱德雷．彝语支源流．乐赛月，陈康，鲁丁，译．成都：四川民族出版社，1992.

［7］戴庆厦．藏缅语族语言研究．昆明：云南民族出版社，1990.

［8］戴庆厦．汉语与少数民族语言关系概论．北京：中央民族学院出版社，1992.

［9］戴庆厦．二十世纪的中国少数民族语言研究．太原：书海出版社，1998.

［10］戴庆厦．中国濒危语言个案研究．北京：民族出版社，2004

［11］戴庆厦，黄布凡，傅爱兰，等．藏缅语十五种．北京：北京燕山出版社，1991.

［12］戴庆厦，田静．仙仁土家语研究．北京：中央民族大学出版社，2005.

［13］丁邦新．历史层次与方言研究．上海：上海教育出版社，2007.

［14］丁邦新，孙宏开．汉藏语同源词研究（一）：汉藏语研究的历史回顾．南宁：广西民族出版社，2000.

［15］段超．土家族文化史．北京：民族出版社，2000.

［16］［加］蒲立本．上古汉语的辅音系统．潘悟云，徐文堪，译．北京：中华书局，1999.

［17］［瑞士］费尔迪南·德·索绪尔．普通语言学教程．高名凯，译．岑麒祥，叶蜚声，校注．北京：商务印书馆，1980.

［18］傅懋勣．论民族语言调查研究．北京：语文出版社，1998.

［19］［瑞典］高本汉．汉语的本质和历史．聂鸿飞，译．北京：商务印书馆，2010.

[20] 龚煌城 . 汉藏语研究论文集 . 北京：北京大学出版社，2004.

[21] 何大安 . 规律与方向：变迁中的音韵结构 . 北京：北京大学出版社，2004.

[22] 何光岳 . 南蛮源流史 . 南昌：江西教育出版社，1988.

[23] [丹] 裴特生 . 十九世纪欧洲语言学史 . 钱晋华译，北京：世界图书出版公司，2010.

[24] 黄布凡 . 藏缅语族语言词汇 . 北京：中央民族学院出版社，1992.

[25] 黄树先 . 汉缅语比较研究 . 武汉：华中科技大学出版社，2003.

[26] 黄树先 . 汉藏语论集 . 武汉：华中科技大学出版社，2007.

[27] 黄树先 . 汉语核心词探索 . 武汉：华中师范大学出版社，2010.

[28] 黄树先 . 比较词义探索 . 成都：巴蜀书社，2012.

[29] 黄树先 . 汉语身体词探索 . 武汉：华中科技大学出版社，2012.

[30] 黄树先 . 比较词义再探 . 成都：巴蜀书社，2015.

[31] 黄行 . 中国少数民族语言活力研究 . 北京：中央民族大学出版社，2000.

[32] 金理新 . 汉藏语系核心词 . 北京：民族出版社，2012.

[33] 江荻 . 汉藏语言演化的历史音变模型：历史语言学的理论与方法探索 . 北京：社会科学文献出版社，2007.

[34] 蒋绍愚 . 古汉语词汇纲要 . 北京：商务印书馆，2005.

[35] 李方桂 . 上古音研究 . 北京：商务印书馆，1980.

[36] 李方桂 . 比较台语手册 . 北京：清华大学出版社，2011.

[37] 李方桂 . 汉藏语论文集 . 北京：清华大学出版社，2012.

[38] 李敬忠 . 泸溪土家语 . 北京：中央民族大学出版社，2000.

[39] 李启群，等 . 土家语汉语词典 . 北京：商务印书馆，2021.

[40] 李新魁 . 中古音 . 北京：商务印书馆，2000.

[41] 李永燧 . 缅彝语音韵学 . 北京：社会科学文献出版社，2011.

[42] 李云兵 . 中国南方民族语言语序类型研究 . 北京：北京大学出版社，2008.

[43] 罗安源，田心桃，田荆贵，等 . 土家人和土家语 . 北京：民族出版社，2001.

［44］马学良 . 汉藏语概论 . 北京 : 民族出版社，2003.

［45］马学良 . 马学良民族语言研究文集 . 北京：中央民族大学出版社，1999.

［46］梅祖麟 . 汉藏比较暨历史方言论集 . 上海：中西书局，2014.

［47］［美］包拟古 . 原始汉语与汉藏语 . 潘悟云，冯蒸，译 . 北京：中华书局，2009.

［48］潘光旦 . 中国民族史料汇编 . 明史 . 天津：天津古籍出版社，2007.

［49］［美］P.K. 本尼迪克特 . 汉藏语言概论 . 乐赛月，罗美珍，译 . 北京：中国社会科学院民族研究所，内部资料 .1984.

［50］施向东 . 汉语和藏语同源体系的比较研究 . 北京：华语教学出版社，2000.

［51］［俄］斯・阿・斯塔罗斯金 . 古代汉语音系的构拟 . 林海鹰，王冲，译 . 郑张尚芳，冯蒸，审校 . 上海：上海教育出版社，2010.

［52］孙宏开 . 藏缅语族羌语支研究 . 北京：中国社会科学出版社，2016.

［53］孙艳 . 汉藏语四音格词研究 . 北京：民族出版社，2005.

［54］田德生，何天贞，等 . 土家语简志 . 北京：民族出版社，1986.

［55］田恒金 . 土家语言历史比较研究 . 石家庄：河北人民出版社，2006.

［56］吴安其 . 汉藏语同源研究 . 北京 : 中央民族大学出版社，2002

［57］吴安其 . 历史语言学 . 上海：上海教育出版社，2006.

［58］汪大年 . 缅甸语与汉藏语系比较研究 . 北京：昆仑出版社，2008.

［59］汪大年 . 缅甸语汉语比较研究 . 北京：北京大学出版社，2012.

［60］汪锋 . 汉藏语言比较的方法与实践：汉、白、彝语比较研究 . 北京：北京大学出版社，2013.

［61］王力 . 汉语语音史 . 北京：商务印书馆，2008.

［62］王力 . 汉语史稿 . 北京：中华书局，2004.

［63］王力 . 汉语音韵 . 北京：中华书局，2003.

［64］向魁益，贾心惠，向治学 . 保靖县土家语实录 . 长沙：湖南师范大学出版社，2012.

［65］向亮 . 土家语方言的类型学研究 . 北京：民族出版社，2021.

［66］熊英 . 土家语语言生态研究 . 北京：中央文献出版社，2008.

[67] 徐世璇 . 濒危语言研究 . 北京：中央民族大学出版社，2001.

[68] 杨再彪 . 湖南西部四种濒危语言调查：土家语　小章苗语　关峡平话　麻塘话 . 北京：民族出版社，2011.

[69] 叶德书 . 土家语研究 . 吉首：吉首大学湘楚文化研究所，内部资料 . 1995.

[70] 叶德书 . 土家语言与文化 . 贵阳：贵州民族出版社，2008.

[71] 叶德书，向熙勤 . 中国土家语地名考订 . 北京：民族出版社，2001.

[72] 应骥 . 巴人源流及其文化 . 昆明：云南大学出版社，2007.

[73] 俞敏 . 俞敏语言学论文集 . 北京：商务印书馆，1999.

[74]《藏缅语语音和词汇》编写组 . 藏缅语语音和词汇 . 北京：中国社会科学出版社，1991.

[75] 张博 . 汉语同族词的系统性与验证方法 . 北京：商务印书馆，2003.

[76] 张济川 . 藏语词族研究：古代藏族如何丰富发展他们的词汇 . 北京：社会科学文献出版社，2009.

[77] 张伟权 . 土家语汉语词典 . 贵阳：贵州民族出版社，2002.

[78] 张伟权 . 汉语土家语词典 . 贵阳：贵州民族出版社，2006.

[79] 张伟权 . 土家语探微 . 贵阳：贵州民族出版社，2004.

[80] 张雄 . 中国中南民族史 . 南宁：广西人民出版社，1989.

[81] 张永言 . 词汇学简论 . 武汉：华中工学院出版社，1982.

[82] 张永言 . 语文学论集 . 增订本 . 上海：复旦大学出版社，2015.

[83] 张志毅，张庆云 . 词汇语义学 . 北京：商务印书馆，2001.

[84] 郑张尚芳 . 上古音系 . 第二版 . 上海 : 上海教育出版社，2013.

[85]《彝缅语研究》编委会 . 彝缅语研究 . 成都：四川民族出版社，1997.

[86] Aikhenvald, Alexandra Y. Classifier: A Typology of Noun Categorization Devices.Oxford:Oxford University Press,2003.

[87] Cobin,W. South. A Sinologist's Handlist of Sino-Tibetan Lexical Comparisons.Monumenta Serica Monograph Series,0179-261X;18.Netteal:Steyler Verlag,1986.

[88] Graham Thurgood. A Subgrouping of the Sino-Tibetan Languages:The Interaction Between Language Contact, Change, and Inheritance. The Sino-Tibetan

Languages.ed.by Graham Thurgood and Randy J.LaPolla.London and New York: Routledge,2003:3-21.

［89］Matisoff,James A. Handbook of Proto-Tibeto-Burman: System and Phiolsophy of Sino-Tibetan Reconstraction. Berkeley,Calif.: University of California Press,2003.

［90］Swadesh, Morris. The Origin and Diverification of Language.ed.by Joel Sherzer. London:Routledge & Kegan Paul Ltd,1972.

三、论文

［1］何天贞．土家语的支属问题．中南民族学院学报（人文社会科学版），2003（1）．

［2］黄树先，张芳．汉语文献几个词的解释．民族语文，2009（2）．

［3］黄树先．比较词义研究："薪柴"与"燃烧"．汉语学报，2008（4）．

［4］黄树先．汉语耕元部语音关系初探．民族语文，2006（5）．

［5］黄树先．从核心词看汉缅语关系．语言科学，2005（3）．

［6］李启群，鲁美艳．土家语后缀 -I 的语法功能及分布．民族语文，2009（4）．

［7］田德生．土家语概况．民族语文，1982（4）．

［8］田恒金，王国栓．土家语多音节词的一个来源．语文研究，2006（2）．

［9］田静．仙仁土家语濒危现象个案研究．北京：中央民族大学硕士学位论文，2003.

［10］向亮．湘西土家语南部方言研究．北京：中央民族大学博士学位论文，2008.

［11］熊英．土家语衰落趋势刍论——以湘西土家族苗族自治州龙山县坡脚乡万龙村为例．南宁：广西大学硕士学位论文，2005.

［12］徐世璇．土家语语音的接触性演变．民族语文，2010（5）．

［13］徐世璇，鲁美艳．土家语句子中的选择性语流变调．语言科学，2005（6）．

［14］叶德书．土家语的判断句．民族语文，2006（4）．

［15］张军．土家语语音研究．香港：香港科技大学博士学位论文，2006.

［16］张军．土汉接触与土家语高调的分化．中国语文，2008（4）．

［17］张军．土家语的形态．民族语文，2008（2）．

［18］Bradley, David. Counting the Family Group Classifiers of the Yi. Indiana: Anthropological Linguisitics, C-12,43.1:1-17,2001.

［19］Gong,Hwang-cherng. A Comparative Study of the Chinese,Tibetan,and Burmese Vovel Systems. Bulletin of the Institute of History and Philology（BIHP）51.3:455-490,1980.

［20］Gong,Hwang-cherng. The System of Finals in Proto-Sino-Tibetan. The Ancestry of the Chinese Language.ed.by William S.-Y. Wang,41-92.Journal of Chinese Linguistics Monograph Series Number 8. Berkeley:Journal of Chinese Linguistics,1995.

［21］Gong,Hwang-cherng. The Fist Palatalization of Velars in Late Old Chinese. In Honor of William S.-Y. Wang: Interdisciplinary Studies on Language and Language Change.1994:131-142.

［22］Li, Fangkuei. Languages and Dialects of China. Journal of Chinese Linguistics. Vol.1,pp.1-13,1973.

［23］Matisoff,James A. Sino-Tibetan Linguistics:Present State and Future Prospects. Annual Review of Anthropology,20:469-504,1991.

［24］Ostapirat,Weera. Proto-Kra. Linguistics of the Tibeto-Bruman Area23（1）:1-251,2000.

图书在版编目（CIP）数据

土家语核心词研究 / 熊英著 . -- 北京 : 民族出版社 , 2024. 11. -- ISBN 978-7-105-17411-9

Ⅰ. H273.3

中国国家版本馆 CIP 数据核字第 2024KT3274 号

土家语核心词研究
TUJIAYU HEXINCI YANJIU

策划编辑：向　征
责任编辑：向　征
封面设计：金　晔
出版发行：民族出版社
地　　址：北京市东城区和平里北街 14 号
邮　　编：100013
电　　话：010—64228001（编辑室）
　　　　　010—64224782（发行部）
网　　址：http://www.mzpub.com
印　　刷：北京中石油彩色印刷有限责任公司
经　　销：各地新华书店
版　　次：2024 年 12 月第 1 版 2024 年 12 月北京第 1 次印刷
开　　本：787 × 1092 毫米 1/16
字　　数：290 千字
印　　张：14.5
定　　价：80.00 元
书　　号：ISBN 978-7-105-17411-9/H·1266（汉 441）

该书若有印装质量问题，请与本社发行部联系退换